DRUCKER
DRUCKER
forever
DRUCKER
DRUCKER

FRANCISCO ALBERTO MADIA DE SOUZA

DRUCKER
DRUCKER
forever
DRUCKER
DRUCKER

AO ADORADO MESTRE – criador da Administração Moderna e de sua ideologia, o Marketing – COM CARINHO

M.Books do Brasil Editora Ltda.

Rua Jorge Americano, 61 - Alto da Lapa
05083-130 - São Paulo - SP - Telefone: (11) 3645-0409
www.mbooks.com.br

Dados de Catalogação na Publicação

Madia de Souza, Francisco Alberto.

Drucker, Forever / Francisco Alberto Madia de Souza.

São Paulo – 2022 – M.Books do Brasil Editora Ltda.

1. Marketing   2. Administração   3. Negócios

ISBN: 978-85-7680-350-8

© 2022 by Francisco Alberto Madia de Souza

Editor
Milton Mira de Assumpção Filho

Produção Editorial
Lucimara Leal

Capa
Isadora Mira

Editoração
Crontec

2022

M.Books do Brasil Editora Ltda.
Proibida a reprodução total ou parcial.
Os infratores serão punidos na forma da lei.
Direitos exclusivos cedidos à M.Books do Brasil Editora Ltda.

A ABRAMARK – Academia Brasileira de Marketing é uma iniciativa do MadiaMundoMarketing, idealizada no final dos anos 1990, institucionalizada em março de 2004 e que tem como missão induzir e disseminar a melhor cultura e práticas da Administração Moderna e de sua ideologia, o Marketing, no ambiente corporativo brasileiro, conforme os ensinamentos de Peter Ferdinand Drucker.

ACADÊMICOS

Agostinho Gaspar
Alberto Saraiva
Alex Periscinoto
Alexandre Costa
Álvaro Coelho da Fonseca
Amália Sina
Antonio Jacinto Matias
Armando Ferrentini
Carlos Augusto Montenegro
Chieko Aoki
Cristiana Arcangeli
Edson de Godoy Bueno
Eduardo Souza Aranha
Einhart Jacome da Paz
Elcio Aníbal de Lucca
Francisco Alberto Madia de Souza
Francisco Gracioso
Gilmar Pinto Caldeira
Guilherme Paulus
Ivan Zurita
João Appolinario

João De Simoni Soderini Ferracciù
José Bonifácio de Oliveira Sobrinho (Boni)
José Estevão Cocco
José Victor Oliva
Lincoln Seragini
Luiz Antonio Cury Galebe
Luiz Carlos Burti
Luiza Helena Trajano
Marcelo Cherto
Marcos Henrique Nogueira Cobra
Miguel Krigsner
Milton Mira de Assumpção Filho
Nizan Guanaes
Paulo Sérgio Kakinoff
Pedro Cabral
Peter Rodenbeck
Régis Dubrule
Viviane Senna
Walter Zagari

Marketers Commitment
Compromisso dos Profissionais e Empresários do Marketing

"Comprometo-me a jamais prestar serviços e alocar ou dispor de minhas competências, conhecimentos, habilidades e inteligência, assim como recorrer e utilizar quaisquer das ferramentas, matrizes e plataformas do marketing, para empresas, produtos e serviços, e ainda ideologias, causas e religiões, que afrontem a essência e os valores do ser humano, e que em hipótese alguma 'compraria' para minha propriedade e uso, assim como jamais recomendaria para meus familiares e amigos, e demais pessoas, indistintamente".

Sumário

Prefácio 13

Agradecimentos 19
    Sócios..21
    Associados..21

Razões e Motivos..23

O Plano da Obra..27
    Peter Drucker, o Criador da Administração Moderna e de sua
    Ideologia, o Marketing 28

1. Capital Humano 33
    Leitura 47
    Ética e Valores Pessoais, e Pessoas Educadas.....................47
        Quais são os Meus Valores? 47
        Pessoas Educadas 48

2. Liderança..51
    Leitura 58
    Bertha Bondi 58
        1955..58
        Um Telegrama 59

Vovó Bertha 59

Cenas de um Casamento 60

Bertha e o Empobrecimento da Família 61

Vovó "Maluquinha" 62

Uma outra História 62

Bertha e seu Apartamento 63

Bertha e o Conselho para as Netinhas 63

Os Passaportes de Bertha 64

A Iminência de uma Guerra Civil 64

Derradeiras Lembranças 65

Bertha Bondi, segundo seu Neto Peter Ferdinand Drucker 65

Bertha e as Mulheres 66

Minha Avó, Bertha Bondi 66

3. Estratégia 69

Leitura 84

Os Fundamentos da Administração Moderna e de sua Ideologia,
o Marketing, segundo Peter Ferdinand Drucker 84

Manifesto 85

Narrativa 85

Propósito 86

Os Sacramentos da Administração Moderna e de sua Ideologia,
o Marketing 86

Os Mandamentos da Administração Moderna e de sua Ideologia,
o Marketing 86

4. Conhecimento 89

Leitura 102

Tio Henry 102

Drucker Descreve o Tio Henry 103

Tio Henry por Tio Henry.. 104

Tio Henry e os Pequenos Roubos 105

Tio Henry e Peter Drucker, Pregador... 105

Tio Henry, Previsão Consumada 106

5. Inovação 107

Leitura 121

Hemme e Genia.. 121

Hermann Schwarzwald 121

Hemme 123

Eugenie Schwarzwald 126

Últimos Registros... 130

6. Pesquisa... 133

Leitura 145

Dona Elsa e Dona Sophy... 145

7. Gestão.. 149

Leitura 165

O Conde Traun-Trauneck e a Atriz Maria Mueller 165

8. Marketing.. 169

Leitura 179

Drucker e Kotler... 179

Philip Kotler.. 179

9. Cidadania 183

Leitura 198

Peter Drucker e Sigmund Freud.. 198

10 ■ DRUCKER, FOREVER

10. Execução 201

Leitura 217

Drucker, Sloan, GM, o Berço da Administração Moderna e
de sua Ideologia, o Marketing... 217

Drucker, anos 1940 217

18 de outubro de 1943 218

25 de outubro de 1943 219

Fim das Entrevistas e suas Primeiras Impressões 221

Marvin Coyle, Divisão Chevrolet 222

Nick – Nicholas Dreystadt... 223

O Fim das Primeiras Entrevistas... 223

Visor de Bombardeio e as Prostitutas Negras......................... 225

As Primeiras Recomendações 226

O Aguardado Encontro, Sloan e Drucker 227

Drucker Conta sobre Sloan.. 228

Uma Reunião 229

As Reuniões de Diretoria 230

Um Momento Sublime 231

Decisões sobre Pessoas 231

Ataques de Fúria... 232

O Livro de Sloan... 233

Amizade e Trabalho.. 233

A Eleição de Eisenhower.. 234

A reação de Sloan ao Livro de Drucker................................... 234

Visões Opostas... 235

Drucker Fala Sobre Sloan.. 236

Henry Ford na Visão de Sloan, e o Relato de Drucker........... 237

Um Título Errado.. 238

A Dimensão do Homem 238

Últimos Relatos 239

SUMÁRIO ▪ 11

11. Drucker 241

Casualidades, Causalidades e Circunstâncias, na Vida de Nosso
Adorado Mestre e Mentor 241

    1. Drucker e "O Monstro" 241

    2. O Dia em que Thomas John Watson Ligou para Peter Drucker.......... 243

    3. Drucker Testemunha uma Epifania.................................... 245

    4. Drucker e as Pequenas Universidades................................ 247

    5. O Sonho Americano 249

    6. O Nascimento do Ensino da Administração......................... 249

    7. "Geração Romântica" 250

    8. Henry Ford, Segundo Peter Drucker.................................. 252

    9. José Salibi Neto, o Amigo Brasileiro de Peter Drucker 255

    10. Adeus a uma Velhinha Boba 256

Obras de Peter Drucker 260

Referências Bibliográficas.. 261

Obras sobre Peter Drucker 262

Prefácio

(AQUECIMENTO PARA LER PETER)

Por José Salibi Neto

Começo pedindo desculpas ao leitor e ao querido Madia, que me apresenta generosamente neste livro como "o amigo brasileiro de Drucker". Desculpo-me porque, para mim, é muito difícil escolher o que falar de Peter; sempre tenho muito a falar sobre ele. Pela nossa amizade, sim, mas, sobretudo pela influência gigantesca que ele tem sobre o meu pensamento e a minha carreira, o que me torna um devedor eterno da sua iluminação. Não só ele foi extremamente importante para o sucesso da empresa de educação executiva que ajudei a fundar, a HSM – e da gestão brasileira influenciada pela HSM –, como é extremamente importante na fase atual da minha carreira, em que sou autor de livros e palestrante. Em quase todos os meus livros há ideias de Peter; ele é inescapável – no mais recente, *Estratégia Adaptativa*, a contribuição dele é absurda, por exemplo. E, no meu portfólio de palestras, eu tenho uma palestra e um workshop inteiramente dedicados a ele, e ambos são muito concorridos. O que, de imediato, significa que você fez muito bem em decidir ler o livro que tem em mãos.

Madia foi muito feliz no mergulho que deu no universo de Peter, trazendo à tona, fielmente, a essência do pensamento desse grande homem, como você perceberá nas próximas páginas. Então, para não ser redundante nem dar *spoiler*, proponho aqui um aquecimento pré-jogo, como bom ex-tenista e autor de livro sobre técnicos esportivos que sou.

A fim de preparar você para aproveitar ao máximo desta leitura, proponho cinco "exercícios": (1) sobre a vida pessoal dele, (2) sobre um conceito em especial que é fundamental e que poucos associam a ele, (3) sobre sua incrível e misteriosa capacidade de antecipar o futuro, (4) sobre a última entrevista de Peter em termos mundiais, que foi dada a um brasileiro – eu – e publicada numa revista brasileira a *HSM Management* – e (5) sobre uma história trazida por Madia que eu achei "a cara" do Peter. Fiz questão de numerar os itens como uma homenagem a Peter, inclusive. Ele gostava do número 5. Frequentemente organizava seu pensamento pragmático em *bullet points*, e muitas vezes eram cinco os itens listados.

1. De fato, Peter e eu éramos amigos, não foi exagero do Madia. Fomos amigos por 15 anos, com direito a todos os sinais exteriores de amizade: eu o chamava de Peter, ele me chamava de José. Nos falávamos sempre por telefone, eu o visitava com frequência em sua casa na Califórnia e filava almoço de vez em quando. Chegamos a viajar juntos uma vez, eu, ele e a querida Doris, sua esposa, para o Sul do Brasil, por sete dias. Quando ele morreu, fiquei tão destroçado que demorei cinco dias para ter coragem de ligar para a Doris. Ela não estava falando com ninguém, como me explicou a filha ao atender, mas veio falar comigo, e fez questão de me contar como foi a despedida.

   Então, cometo uma indiscrição, mas que é compatível com o humanismo radical de Peter, contando como ele e Doris, sua companheira por 65 anos e mãe de seus quatro filhos, se conheceram. Ela era aluna da graduação a universidade de Frankfurt, na Alemanha. Ele, que estava prestes a obter o doutorado, precisou substituir um professor que adoecera em seu curso. Foi assim que se conheceram e que se tornaram bons amigos. Mas por muitos anos praticamente não tiveram contato. Até que, um dia, em Londres, ela subia a longa escada rolante na estação Picadilly do metrô quando alguém acenou e a chamou. Era ele – que descia. Ficaram subindo e descendo por algum tempo – cena de comédia romântica –, porque nenhum dos dois tinha a ideia de parar e esperar o outro chegar. Até que conseguiram encontrar-se e o resto é história. Mas uma história que poderia ter passado de comédia romântica a tragédia de Romeu e Julieta, porque as duas famílias eram contra o casamento. A família alemã, da Doris, não gostava dos austríacos – seriam frívolos – e a família austríaca – de Peter –, achava que Doris seria um atraso na vida dele, impedindo seu sucesso.

2. O conceito fundamental de Peter que poucos associam a ele é o famoso "job to be done", referindo-se à atividade que determinado produto ou serviço executa para o cliente. Todo mundo associa o JBTD ao grande Clayton Christensen, que trabalhou muito com isso, mas o pai da ideia é Peter. Seu insight original se deu no livro *Managing for Results*, que ele lançou em 1964, e depois ele o desenvolveu no livro *Inovação e Empreendedorismo*, que publicou em 1985. De acordo com o conceito, as organizações devem entender a atividade que o cliente deseja ver executada e oferecer exatamente isso, algo que a maioria das empresas ainda não faz – até hoje. Pergunto: você precisa de todos os jobs que seu smartphone te oferece? Como Peter dizia, as empresas vendem as coisas por uma razão, e os clientes compram essas mesmas coisas por outra razão. Por exemplo, um cliente comprava um CD, mas não queria o CD inteiro; queria ouvir uma música específica – e o JBTD, no caso, era ouvir essa música. (Nesse caso, as gravadoras entenderam o JBTD e vendem as músicas específicas.)

3. Madia reproduz um texto meu em que digo que o Peter "analisava a tecnologia como ninguém e usava fax e máquina de escrever". E que eu matei a charada: ele estudava muito, mas estudava para viver. Então, vivia aquilo e depois criava em cima do que vivia, de dentro para fora, como acontece com os grandes artistas. Neste livro, você vai ver como ele tinha o Zeitgeist da década de 2020, como se ele tivesse entrado numa máquina do tempo, vindo até o futuro, dado uma espiada e voltado para escrever a respeito. Ele falou de trabalho remoto! "Qual o sentido de se continuar trazendo para os centros das cidades corpos pesando 80 ou mais quilos, se tudo o que as empresas precisam é de seus cérebros e que pesam, no máximo, 3,8 quilos?". Ele falou que "a inovação depende, sempre, do que poderíamos denominar de abandono organizado". E ainda citou um antigo ditado médico: "Enquanto o paciente eliminar existe uma chance. Mas quando intestino e bexiga param, a morte bate à porta". Ou seja, segundo o Peter, "todas as organizações que não conseguem livrar-se de seus produtos superados estão envenenando-se". Não é perfeito? Não é perfeito? Até as pequenas dicas que ele deu vestem como uma luva os desafios atuais: "Sempre que tomar uma decisão importante anote o que espera que aconteça. Nove ou doze meses depois, compare os resultados com suas expectativas. Faço isso há 20 anos e sempre me surpreendo. Prati-

cado constantemente, esse método simples mostrará a você em dois ou três anos onde estão seus pontos fortes".

4. Estudar era muito, muito, muito importante para Peter. E seu conceito de "pessoa educada", que ele introduz em seu livro *Sociedade Pós-Capitalista*, tem a ver com isso, não com dizer "por favor, com licença, obrigado". Veja a história que o Madia resgatou: "Um jovem que conheço desde que era criança e que hoje está com 40 anos é, provavelmente, o melhor radiologista de toda a Costa Leste deste país. Chefia o departamento de imagens de nossa melhor escola de medicina. Um dia eu ia fazer uma palestra perto de onde ele mora e liguei para que nos encontrássemos. Sua resposta, 'Peter, sinto muito, estou num curso em Minnesota'. Naturalmente, perguntei: O que você está lecionando? E ele respondeu, 'Não estou lecionando, vou ficar uma semana estudando novos aspectos da tecnologia de ultrassom. Sabe, eu deveria ter feito isso no passado, mas não pude. Agora estou atrasado.'" Pessoa educada é a pessoa que se educa constantemente, consciente de que nunca pode parar de aprender. Peter dizia, e eu assino embaixo, que "pessoas educadas mudarão o mundo em que vivemos e trabalhamos".

5. O último exercício do seu aquecimento é a última entrevista de Peter a um veículo de comunicação, que foi publicada pela revista brasileira *HSM Management* em 2005. Eu lhe perguntei se a estratégia mais lucrativa para uma empresa era ser a primeira a desbravar um mercado. Ele respondeu que não; a estratégia mais lucrativa, segundo ele, é ter parceiros, compartilhar o trabalho e os ganhos com outras empresas. Eis o conceito de ecossistema. Veja um trecho da resposta, em que ele se referiu à Xerox como exemplo de pioneira que não capitalizou o pioneirismo: "Entre 1875 e 1880, Alfred Nobel inventou o primeiro explosivo não-militar, que jamais poderia ser usado no campo de batalha, e criou o cartel da dinamite Nobel, que ele dominou até a Segunda Guerra. Em cada região do mundo havia uma empresa com o direito de fabricar dinamite. Na região do norte europeu, por exemplo, ele próprio detinha esse direito. Nos Estados Unidos e no Canadá, os direitos foram divididos entre a DuPont e os ingleses, numa *joint venture*. E assim por diante. Nobel também inventou as melhorias anuais sistemáticas na produção da dinamite, o que hoje chamamos de kaizen: cada empresa tinha de melhorar tudo 3% ao ano, ou perderia sua licença. Além disso, a cada cinco anos, todos eram

obrigados a reduzir o preço em 20%. Tudo isso tornava impossível que um novo concorrente entrasse no mercado. Quando introduziu o náilon, mais ou menos no período da Segunda Guerra Mundial, a DuPont licenciou meia dúzia de empresas para fabricá-lo. E, quando uma dessas empresas descobria um novo mercado, todas as outras se beneficiavam. Por exemplo, não foi a DuPont que descobriu o mercado de pneus para o náilon, foi uma licenciada. Já a Xerox não licenciou ninguém. Tentou reter tudo para si e assim abriu caminho para os japoneses. Isso é típico; acontece sempre. Mas a estratégia de dividir o bolo da iniciativa com outras empresas é a estratégia mais lucrativa, quando o produto ou serviço decola".

Eis os cinco exercícios de aquecimento para você ler esta obra maravilhosa do Madia. Termino com uma paráfrase a uma frase de Henry Ford de que o Peter gostava bastante. A frase fordiana é: "Você pode tirar de mim minhas fábricas, queimar todos os meus prédios, mas, se deixar o meu pessoal comigo, construirei outra vez todos os meus negócios..." Eis minha paráfrase: "Você pode tirar de mim meus negócios, mas, se me deixar as lições de Drucker, construirei tudo outra vez..." Boa leitura!

José Salibi Neto é cofundador da empresa de educação executiva HSM, palestrante, mentor de líderes, coautor dos livros *Gestão do Amanhã*, *Código da Cultura*, *Estratégia Adaptativa* e *O Algoritmo da Vitória*, entre outros, e amigo de Peter e Doris Drucker.

Assista no YouTube "Peter Drucker, o pai da Administração Moderna", no HSM World Business Forum.

Agradecimentos

No dia 15 de agosto de 1980, decidi criar a MADIA E ASSOCIADOS. Alugamos um pequeno conjunto na Rua Maranhão, em frente à Igreja de Santa Terezinha.

Tomada a decisão, eu, Madia, sentei-me com um telefone daqueles pretos na minha frente e comecei a ligar para as pessoas que me cobravam sobre a sequência de minhas atividades profissionais.

No correr dos meses, enquanto pensava em meu futuro, fui fazendo uma listinha dos que me cobraram e comecei a ligar respeitando a ordem.

Explicava que tinha me decidido por montar uma empresa de Consultoria Empresarial, detalhava os serviços que passaria a prestar, e os três primeiros, ROSE e VANDERLEY SALDIVA, ALFREDO ROSA BORGES e LIVIO RANGAN, me responderam, rigorosamente, a mesma coisa: "Madia, não entendi porra nenhuma do que você pretende fazer, mas sou seu primeiro cliente".

A ROSE e ao VANDERLEY, ao ALFREDO, ao LIVIO e a todas as 528 empresas e suas 3.912 marcas que confiaram em nossos serviços em nossos primeiros 40 anos de consultoria, dedico e homenageio, em nome de todos os consultores da MADIA, aqui representados pelo FABIO MADIA – Coordenador e Consultor responsável pelo projeto deste livro – e a MARCIA SOUSA e ao DANILO NARDI – revisores técnicos –, repito e reitero, dedico este DRUCKER FOREVER.

Aos Empresários e Profissionais, que confiaram em nossos serviços, e em conjunto com nossos consultores possibilitaram que PETER FERDINAND DRUCKER tivesse todos os seus ensinamentos e sabedoria colocados em prática e prova, num experimento único em todo o mundo, revelando-se, ao final, iluminados, decisivos, instigantes, inspiradores e, acima de tudo, como dizia e queria o mestre, EFICAZES!

A todos vocês, queridos clientes, sem os quais esta obra jamais poderia ter sido nem mesmo imaginada, nossos eternos reconhecimento e agradecimento.

MUITO OBRIGADO!

Sócios

Fabio Madia

Rosamaria Barna

Marcia Sousa

Maria Helena Carvalho

Francisco Alberto Madia de Souza

Associados

Danilo Nardi

Ed Carlos Buri Batista

Marco Aurélio Candido

Maria Cristina Araújo

MADIAMUNDOMARKETING

Razões e Motivos

No início de 1971, recebi um telefonema. De uma das maiores empresas de head-hunting do mundo, a KORN FERRY. Criada em 1969, na cidade de Los Angeles, por LESTER KORN e RICHARD FERRY.

"Tivemos ótimas referências sobre sua pessoa, acompanhamos o trabalho revolucionário de marketing que você e sua equipe vêm desenvolvendo na Cia. Anhanguera de Crédito, Financiamento e Investimentos, e estamos neste momento trabalhando num projeto para um cliente, um banco em processo de formação, que ambiciona um dia alcançar a Liderança de seu mercado de atuação, e decidiu, em caráter pioneiro, montar uma área de marketing. Você teria interesse em conhecer maiores detalhes do projeto?"

Uma semana depois, me encontrei com o consultor da KORN FERRY. No centro velho da cidade de São Paulo. Como é de praxe, ele não disse o nome de seu cliente. Fez uma série de perguntas, e disse que ligaria no máximo em duas semanas para voltarmos a conversar. Uma semana depois revelou seu cliente, o BANCO ITAÚ AMÉRICA, um banco produto de algumas fusões, com 300 agências, que ambicionava ser o maior banco privado do país, e seu líder acreditava que para tanto precisaria ter uma robusta área de marketing. Perguntou-me se eu autorizava apresentar meu nome e currículo para o Diretor Geral de Desenvolvimento do Banco, Dr. Alex Cerqueira Leite Thiele, e eu disse que sim. Mais uma semana, e eu estava sentado na sala do Dr. ALEX, no prédio da Av. Paulista com a Frei Caneca. Duas entrevistas em sequência, e na semana seguinte fui conhecer a sede na Rua Boa Vista, e conversar com o Dr. Olavo Setúbal. Em menos de dois meses, eu comandava o primeiro departamento de marketing de um banco no Brasil. Por lá permaneci pouco mais de três anos, um trabalho que até hoje é lembrado muito especialmente pela maneira como aquela equipe pioneira plantou as primeiras sementes de uma marca espetacular.

Quase todo final de tarde eu subia ao 4º andar, para conversar com meu chefe, ALEX THIELE. E volta e meia, por insistência do ALEX, que era um fã apaixonado de PETER FERDINAND DRUCKER, falávamos sobre seus ensinamentos. Por razões que a própria razão desconhece, naquele momento até me incomodava um pouco a paixão do ALEX por PETER DRUCKER.

Mal sabia que, com o correr dos anos, o adorado e generoso mestre passaria a ser parte integrante de minha vida. E mesmo tendo partido em 2005, me reencontro com ele todos os dias, várias vezes por dia, através de sua obra monumental que já reli algumas vezes, e sempre me surpreendendo, descobrindo preciosidades que me escaparam nas leituras anteriores.

Anos depois, e por duas vezes, mantive contato com meu adorado mestre PETER DRUCKER. Combinamos dois encontros, um em Nova York, e outro na sua casa de Claremont, cidade localizada na Califórnia. Mas, uma vez por ele, e outra por mim, precisamos cancelar os encontros. E, assim, jamais nos encontramos pessoalmente.

Em março de 2004, 18 meses antes de sua partida, em conjunto com empresários e profissionais de nosso país, criamos a ACADEMIA BRASILEIRA DE MARKETING. E decidimos mais que merecidamente homenageá-lo, como patrono da Academia. Ele que intuiu, formatou, deu sentido e disseminou o verdadeiro marketing, como a ideologia da Administração Moderna. DRUCKER, agradeceu pela homenagem e, através de um amigo comum, nos mandou um exemplar de seu *THE DAILY DRUCKER* com a seguinte mensagem, "To the Brazilian Academy of Marketing. I feel honored to have my name remembered by ABM. With my sincere appreciation to AMB AND BRAZIL. P.F. DRUCKER, Claremont, october, 10, 2004".

Simultaneamente, e como fazia com frequência, fui almoçar um dia com meu querido filho FABIO MADIA, na unidade do ESPLANADA GRILL do MORUMBI SHOPPING. E conversa vai, conversa vem, o FABIO me disse que estava cético quanto ao futuro das agências de propaganda, onde trabalhou a primeira parte de sua vida profissional, e que considerava se reposicionar profissionalmente.

Naquele momento perguntei se não gostaria de passar uns tempos na Madia, e experimentar a profissão de consultor de empresas, considerando a experiência e musculatura adquiridas em mais de 10 anos de publicidade.

Dias depois o FABIO me ligou, aceitando o convite, e viemos conversando desde aquele momento sobre o PROJETO DRUCKER. E que agora culmina com este livro.

Este projeto ficou sob sua responsabilidade, na medida em que sua essência traduz os resultados práticos da utilização dos ensinamentos de DRUCKER, em todas as empresas que contrataram os serviços de consultoria da MADIA.

E assim, depois de mais de 15 anos, comandando todos os trabalhos de consultoria da MADIA, FABIO assina este livro na qualidade de CONSULTOR MASTER e responsável pelo PROJETO DRUCKER FOREVER, assim como a MARCIA SOUSA, querida sócia e amiga de mais de 30 anos, e DANILO NARDI, consultor senior associado, também assinam este livro na qualidade de REVISORES TÉCNICOS.

Voltando ao mestre, por essas e muitas outras razões não poderia despedir-me desta vida sem prestar uma mais que merecida homenagem ao homem que anunciou, com décadas de antecedência, que estávamos ingressando na sociedade e na economia do conhecimento, e, simultaneamente, intuiu, em 1968, que a partir da virada do milênio, ano 2000, começaríamos a testemunhar o nascimento de um verdadeiro e Admirável Mundo Novo.

Assim, estou eu aqui cumprindo o que me prometi. Depois de um trabalho de leituras e pesquisas de, seguramente, quase 50 anos, selecionar de toda uma obra abarrotada de ensinamentos essenciais, devidamente testados, aplicados, e aprovados na prática, aqueles que mais me impactaram e me possibilitaram alcançar um relativo sucesso em minha vida profissional e empresarial. Um tributo e homenagem à memória de um gênio, e de um ser humano simplesmente espetacular. O homem que mudou para sempre e para melhor a performance e a história das empresas. E, em assim sendo, ofereceu uma contribuição inestimável para um mundo melhor, mais eficaz, mais rico, mais generoso, mais humano.

E de tanto ler e mergulhar, todos os dias, na obra de meu adorado mestre e mentor, estou absolutamente convencido e seguro de que assimilei seu modo de pensar. Assim mais que tomar a liberdade, senti-me no dever de proceder a pequenos ajustes e eventuais correções em algumas de suas extraordinárias lições, que vinham perdendo um pouco, ou muito, de sua força pela não familiaridade de determinados tradutores com sua forma de ser, pensar, falar, escrever. E, assim, a tradução acabou tirando muito da essência de alguns de seus ensinamentos.

A maior parte das informações sobre a vida do adorado mestre fui buscar num único livro de sua autoria, do ano de 1978, *ADVENTURES OF A BYSTAN-DER*, no qual Drucker conta histórias e lembranças, sem jamais, como diz no Prólogo, tentar trazer "uma história de nossa época, ou mesmo de meus tempos, nem propriamente uma autobiografia [...] Utilizo", diz ele, "a sequência de minha vida principalmente para ordenar a apresentação dos meus *dramatis personae*... Trata de pessoas e acontecimentos que me impressionam até hoje e sobre os quais quis lembrar, refletir, meditar". E depois dessa busca, procurei checar e conferir em diferentes fontes no correr de mais de 50 anos. Assim, amigos, é com incontida emoção e maior felicidade que tenho a honra de apresentar a vocês meu adorado mestre e mentor, PETER FERDINAND DRUCKER. Não há quem não se apaixone por ele.

FRANCISCO MADIA

O Plano da Obra

Este livro DRUCKER FOREVER, é um projeto de 15 anos, comandado na prática pelo FABIO MADIA, revisado tecnicamente pela MARCIA SOUSA e pelo DANILO NARDI, e de minha autoria, FRANCISCO MADIA.

Foi escrito em três etapas. A primeira etapa, uma seleção de 100 dentre as mais importantes lições do mestre, que se converteu num pequeno livro, de tamanho e dimensões, claro, não de importância, que continuamos imprimindo e oferecendo a empresários, profissionais e amigos, na missão que elegemos de disseminar a obra do adorado mestre e mentor.

Em 2020, quando a MADIA completou seus primeiros 40 anos, publicamos o livro PETER DRUCKER, AO MESTRE COM CARINHO, em edição de apenas 500 exemplares e fora do comércio, e que oferecemos a nossos clientes, amigos e alunos, com informações relevantes para a compreensão e entendimento desse ser humano espetacular que é DRUCKER, e ainda 277 lições e ensinamentos.

E agora, chegamos ao ápice deste projeto, com este DRUCKER FOREVER, organizado em 10 grandes temas e 11 capítulos, e com a Introdução do AMIGO BRASILEIRO DE PETER DRUCKER, JOSÉ SALIBI NETO.

SALIBI, o empresário e profissional que com sua HSM mudou a história da administração e dos negócios em nosso país, para muito melhor, tornando possível o acesso de milhares de profissionais e empresários brasileiros aos ensinamentos dos grandes mestres.

Capítulos em sequência natural, e sem qualquer preocupação de, ao ordená-los, insinuar precedências ou importância maior. E, ao final de cada um dos 10 grandes temas/capítulos, – Capital Humano, Liderança, Estratégia, Conhecimento, Inovação, Pesquisa, Gestão, Marketing, Cidadania, Execução – preparei um pequeno texto tentando trazer um pouco, para cada um dos leitores, do ser humano extraordinário – amizades, lugares, relacionamentos, vida – num exercício de resultados modestos, diante da dimensão e magnitude da pessoa que foi e continua sendo PETER DRUCKER. Hoje, e para sempre, meu adorado mestre e mentor.

E um último e derradeiro capítulo – DRUCKER, CASUALIDADES, CAUSALIDADES E CIRCUNSTÂNCIAS – na tentativa lancinante de fazer com que este livro não termine nunca, e numa espécie de "bis" ou "quero mais", como acontece em todas as manifestações aclamadas pelo público.

Claro, todos os aplausos dirigidos a ele, PETER FERDINAND DRUCKER, O CRIADOR DA ADMINISTRAÇÃO MODERNA E DE SUA IDEOLOGIA, O MARKETING.

Peter Drucker, o Criador da Administração Moderna e de sua Ideologia, o Marketing

Desde cedo, PETER DRUCKER sabia-se um CIRCUNSTANTE. Tinha consciência de que era uma pessoa com uma cabeça diferente. Em um de seus escritos revela o que é ser um CIRCUNSTANTE:

"Os CIRCUNSTANTES não têm história própria. Mesmo no palco, não fazem parte do espetáculo. Também não se encontram na plateia. O êxito da peça e de cada ator depende da reação da plateia. Já as reações de um circunstante restringem-se a sua própria pessoa. Nem atores nem plateia registram sua presença. Sua perspectiva é diferente; seu ângulo de visão, exclusivo [...] um CIRCUNSTANTE reflete não como um espelho, mas como um prisma. E assim, ao refletir, refrata seu testemunho e filtra seus sentimentos."

Essa sua característica única o qualificou, em refratando e filtrando seus sentimentos sobre tudo o que viu e viveu durante dois anos na General Motors, intuir e eclodir os fundamentos e a essência da administração moderna e de sua ideologia, o marketing.

Drucker descobriu-se um CIRCUNSTANTE no dia 11 de novembro de 1923. Coube a ele, por escolha dos mestres e de seus colegas, liderar, levando a bandeira, o desfile do DIA DA REPÚBLICA DA ÁUSTRIA e à frente de milhares de estudantes. Resistiu poucos quarteirões e passou a bandeira para outro estudante mais próximo. Não era seu negócio marchar, e muito menos em tropa. Queria seguir seu caminho, sem precisar conduzir e muito menos ser conduzido. Nos dias seguintes, e pensando sobre seu comportamento, foi se lembrando de outras manifestações anteriores em que a componente CIRCUNSTANTE também se fez presente.

Filho DE ADOLPH e CAROLINE DRUCKER, sua casa em Viena era frequentada pela elite política e intelectual da época. Duas vezes por semana, os artistas reuniam-se em sua casa com intelectuais, médicos, advogados, psicólogos. DRUCKER fazia de tudo para não cruzar com eles. Aborrecia-se com essas pessoas, e com suas conversas. Por outro lado, era apaixonado por sua avó, Bertha Bondi. "Uma velhinha boba", como ela mesma se definia, e já preparando um próximo golpe. Nas palavras de DRUCKER, sua avó Bertha "era simples e direta. Sem maiores brilhos. Olhos abertos para tudo. Não era nem esperta, ou sagaz, nem mesmo inteligente. Apenas sábia".

BERTHA BONDI estudou piano com CLARA SCHUMANN, tocou mais de uma vez para BRAHMS, e na sua breve carreira de pianista tocou sob a regência de GUSTAV MAHLER. BERTHA notabilizava-se pelas frases, horrorizando seus filhos e divertindo os netos, "Meninas, vistam sempre lingerie limpa quando saírem. Nunca se sabe o que vai acontecer".

Dentre as figuras mais importantes da primeira parte da vida de DRUCKER, na cidade de Viena, as professoras DONA ELSA e DONA SOPHY, o casal HERMANN e EUGENIE SCHWARZWALD (HEMME e GENIA), e ainda um casal de artistas, CONDE TRAUN-TRAUNECK e MARIA MUELLER.

Com as professoras, diz DRUCKER, aprendeu que sempre é possível ensinar mantendo um elevado padrão de qualidade simultaneamente a um interesse inabalável e constante.

De HEMME recebeu o empurrão definitivo que o catapultou para a realização de uma obra única e magistral. Praticamente foi expulso por ele de Viena quando, numa tarde, ao visitar o casal, insinuou que considerava mudar-se para Londres, e ouviu, "Quando se decide partir, parte-se. Não se fica fazendo visitinhas de falsas despedidas. Dê um beijo de adeus em Genia, levante-se e vá para sua casa arrumar a mala. O trem de Londres parte amanhã ao meio-dia, e você estará nele". E, assim, aconteceu.

E do casal de artistas, CONDE TRAUNECK E MARIA MUELLER, o exemplo de que valores e princípios não são passíveis de negociação. Cometeram suicídio quando Hitler e seus seguidores entraram em Viena.

No ano de 1934, PETER FERDINAND DRUCKER casou-se com DORIS SCHMITZ, com quem teve quatro filhos, que lhes deram seis netos. Antes de conhecer DORIS, trabalhou como repórter num jornal da cidade de FRANKFURT, na Alemanha, enquanto doutorava-se em Direito Público e Internacional pela UNIVERSIDADE DE FRANKFURT no ano de 1931.

Mudou-se para Londres, trabalhou num banco comercial, imigrou para os Estados Unidos, passando a escrever para várias publicações da Europa. Em 1939, publica seu primeiro livro, *The End of Economic Man: The Origins of Totalitarianism*. Livro de cabeceira de CHURCHILL e odiado pelos nazistas. No outono de 1943, recebe um telefonema do Relações Públicas da General Motors. Em nome de Alfred Sloan Jr., convidava Drucker para conhecer a obra de SLOAN na GM.

Durante dois anos, o CIRCUNSTANTE PETER DRUCKER praticamente mora na General Motors. Decifra e assimila todos os conhecimentos da primeira empresa do mundo que se destruiu e reconstruiu de fora para dentro. Sob a ótica do mercado. Confere todo esse conhecimento em outras manifestações empresariais como consultor de empresas, e no ano de 1954 revela ao mundo a ADMINISTRAÇÃO MODERNA e sua ideologia, o MARKETING, no livro *Prática de Administração de Empresas*. E a partir daí, começam a brotar a sociedade e a economia do conhecimento. Onde, finalmente, o ser humano, sob a sensibilidade única de um circunstante, PETER DRUCKER empodera-se e resgata a Liderança e o comando da vida, dos fatos e dos acontecimentos.

Diz o mestre, cortando a fita e descerrando a placa do futuro:

"O conhecimento não é impessoal, como o dinheiro. Não pertence a um livro, banco de dados ou software que contém exclusivamente informações. O conhecimento está incorporado a uma pessoa, sempre. Pertence a ela, carregado com ela, aprimorado por ela. Aplicado, ensinado e transmitido por essa pessoa. Por decorrência, a sociedade alicerçada no conhecimento coloca a pessoa no centro. E, ao fazer isso, impõe novos desafios, questões e perguntas, sem precedentes, sobre aquele que representa a sociedade baseada no conhecimento: a pessoa instruída.

No passado, a pessoa instruída era um ornamento. Atemorizava e era ridicularizada. Na sociedade do conhecimento, a pessoa instruída é o porta--estandarte, o símbolo, o melhor representante, seu verdadeiro e único arquétipo. Se na Idade Média, prevaleceu o cavaleiro; no capitalismo, o burguês, a pessoa instruída é o verdadeiro representante de uma sociedade onde o conhecimento tornou-se o recurso essencial."

Ele, PETER FERDINAND DRUCKER.

1 Capital Humano

1.1 *Não sou especialista em Brasil, mas em uma única coisa me sinto muito à vontade para dizer. Jamais creiam que mão de obra barata seja uma vantagem competitiva.*

1.2 *Qual o sentido de se continuar trazendo para os centros das cidades corpos pesando 80 ou mais quilos, se tudo o que as empresas precisam é de seus cérebros e que pesam, no máximo, 3,8 quilos?*

1.3 *Gerentes são pagos para se sentirem desconfortáveis. Se você está confortável é porque está fazendo coisas irrelevantes.*

1.4 *Vou fingir que entendo o momento atual da economia americana, onde prevalece uma ganância não contestada e desmedida dos profissionais nas empresas. Constato perplexo, bônus de US$ 20 milhões ou mais serem pagos – obscenos e socialmente destrutivos – para muitos desses profissionais cuja maior virtude foi a de terem demitido mais de 100 mil empregados.*

1.5 *A primeira manifestação consistente de uma nova realidade acontecerá por volta de 2010, quando os então bebês do "baby boom" (pós-Segunda Grande Guerra), alcançarem a idade de aposentadoria. Trata-se do primeiro grupo de toda a história que em sua quase totalidade não foi buscar seu sustento na força de seus músculos e sim na qualidade de seus conhecimentos. Assim, o primeiro grupo que depois de 30 ou 40 anos de trabalho integral revela-se em bom ou ótimo estado físico e apto a seguir trabalhando física e mentalmente.*

1.6 *Para se conhecer, cinco perguntas: Quem eu sou?*
Quais são os meus pontos fortes? Como eu trabalho?
Qual é o meu lugar?
Qual a minha contribuição?

1.7   *A nova forma de relacionamento entre chefes e subordinados assemelha-se mais ao relacionamento entre músicos e maestro do que ao ainda existente em algumas empresas, onde prevalece a subordinação decorrente de organogramas. Assim como o maestro é incapaz de tocar tuba, por exemplo, a chefia não pode realizar o trabalho de um suposto subordinado. O trabalhador do conhecimento depende da orientação de sua chefia, no tocante a padrões, valores, desempenho e resultados esperados.*

1.8   *Cada vez mais os colaboradores das organizações são cada vez menos empregados e cada vez mais parceiros. E, por parceria, subentende-se igualdade no relacionamento. Assim, e a eles não se dá mais ordens. O desafio dos líderes é persuadi-los.*

1.9   *Sabemos, há no mínimo 50 anos, que o dinheiro por si só não é motivação para um melhor desempenho. Mas, sua insuficiência, desmotiva. O que verdadeiramente motiva os trabalhadores do conhecimento é o mesmo que motiva os voluntários. Alcançar maior satisfação com seu trabalho que os trabalhadores remunerados. Precisam de desafios, de conhecer a missão da organização e nela acreditar, de treinamento contínuo, e de ver e alcançar resultados.*

1.10   *Se você tem dificuldade em hierarquizar suas prioridades quanto a seu futuro, recorra a seus amigos e companheiros de trabalho que o conhecem e sabem do seu potencial e suas características. Eles irão ajudá-lo a separar e eleger o que é verdadeiramente essencial, e o que é apenas complementar. Mesmo porque, se você não eleger claramente o que é prioritário, acabará por alocar tempo e energia escassos em outras providências talvez mais divertidas, porém absolutamente irrelevantes.*

1.11   *Conheço muitos executivos que se aposentaram de fato, mas fingem que não sabem.*

1.12   *Enquanto não existir comprometimento, tudo o que temos são promessas e esperanças.*

1.13   *É impossível prever e suportar uma catástrofe, mas é possível preparar uma equipe para todas as demais contendas desde que exista plena confiança entre todos.*

CAPITAL HUMANO ■ **35**

1.14 *Enquanto as expectativas de vida e, ainda mais, as expectativas de vida profissional das pessoas tenham aumentado muito rapidamente, as expectativas de vida das empresas vêm seguindo a direção contrária. Diminuindo em igual ou maior velocidade. Assim, um contingente cada vez maior de pessoas, muito especialmente dos trabalhadores do conhecimento, viverá mais que suas organizações empregadoras. E assim, devem estar preparados para desenvolver novas carreiras, qualificações, identidades sociais, relacionamentos, para um segundo ato em suas vidas.*

1.15 *Uma vez que a moderna organização consiste de especialistas intelectuais, precisa ser uma organização de iguais, de colegas e associados. Nenhum conhecimento se classifica como superior a outro; cada conhecimento é avaliado por sua contribuição à uma tarefa comum e específica, e não por qualquer superioridade ou inferioridade inerente. Assim não faz sentido falar-se em chefes e subordinados na organização moderna. Só pode ser organizada como equipe.*

1.16 *Homens brilhantes muitas vezes são ineficazes; não se deram conta que ter uma visão brilhante não se traduz, necessariamente, em realização. Insights só se convertem em eficácia mediante trabalho árduo e sistemático. Enquanto os supostamente brilhantes trabalham numa agitação frenética, os batalhadores colocam um pé a frente do outro e chegam antes e primeiro, à semelhança da tartaruga na fábula.*

1.17 *Jamais encontrei qualquer pessoa desinteressante. Por mais conformistas, convencionais ou estúpidas que sejam, a partir do momento que falam sobre o que fazem, conhecem e se interessam, tornam-se fascinantes. A partir desse momento, convertem-se em um indivíduo. Sempre me interessei mais por pessoas do que por conceitos.*

1.18 *Uma empresa começa a declinar quando é incapaz de atrair os jovens.*

1.19 *Engajar pessoas é um desafio do marketing. É preciso saber o que as motiva.*

1.20 *Quando diferentes pessoas não dão certo numa mesma função, o problema é da função não das pessoas.*

1.21 *É inaceitável que gestores ganhem fortunas por despedir trabalhadores. E ninguém numa empresa deve ganhar mais que 20 vezes do que ganha o trabalhador que menos ganha.*

1.22 *Saiba gerir a si próprio. Não é o RH que vai cuidar de você.*

1.23 *Os que não retornam às escolas recorrentemente tornam-se obsoletos.*

1.24 *Fazer MBAs sem alguns anos de experiência é pura perda de tempo.*

1.25 *Se os valores da empresa não batem com os seus, demita-se.*

1.26 *O que fazer com a segunda metade de nossas vidas? CLAUDE MONET, o maior dos impressionistas, ainda pintava obras-primas aos 80 anos e trabalhava 12 horas por dia apesar de já ter perdido a visão quase que por completo; PABLO PICASSO, o maior dos pós-impressionistas, pintou da mesma forma até morrer aos 90 e, aos 70, partiu para um novo estilo. O violoncelista PABLO CASALS programou-se para tocar uma nova peça musical e o fez no próprio dia de sua morte aos 97 anos.*

1.27 *O que tenho observado e constatado é que as pessoas das novas gerações têm preterido as grandes empresas e instituições preferindo as pequenas empresas e até mesmo atividades individuais.*

1.28 *Não existe segredo nenhum em continuar trabalhando próximo de completar 90 anos. Doris, minha mulher, que acaba de completar 85 anos, decidiu iniciar uma carreira como empresária e cuidar da produção e comercialização de uma invenção sua; e vai indo muito bem!*

1.29 *Gostaria muito de ser lembrado pelo impacto que tive na vida das pessoas. Meus melhores momentos são sempre aqueles quando através de telefonema ou carta alguém me diz: "Provavelmente você não se lembre, mas fui seu aluno há 35 anos…" Ou: "Sou seu leitor, e acabo de ler o que você me disse há 35 anos…" Ou: "O que eu li em seu livro mudou completamente a minha vida…".*

1.30 *Arte é atrair talentos. Merecer a adesão dessas pessoas, fundamental. Recrutá-las com sensibilidade, essencial. Merecer seu empenho, decisivo. O maior desafio da gestão para o próximo século é tornar produtivos os trabalhadores do conhecimento.*

1.31 *Os trabalhadores do conhecimento não produzem coisas. E, em geral, são especialistas. E só podem ser eficazes se aprenderam a fazer alguma coisa muito bem, ou seja, se forem, verdadeiramente, especialistas. No entanto, um especialis-*

ta em si é um fragmento. Sua produção precisa ser reunida com a produção de outros especialistas, antes que comece a produzir qualquer resultado.

1.32   *O homem que assume a responsabilidade por sua contribuição irá relacionar sua área estreita a um todo genuíno. Pode até não ser capaz de integrar várias áreas do conhecimento em uma só. Mas sabe que precisa aprender o suficiente sobre as necessidades, sentidos, limitações e percepções dos demais para garantir utilidade a seu trabalho e contribuições. Ainda que isso não o qualifique para apreciar a riqueza exuberante da diversidade, o tornará imune à arrogância dos entendidos – doença degenerativa que destrói o conhecimento.*

1.33   *Quando a comunicação acontece apenas de cima para baixo, não existe a comunicação. Quanto mais duro for um superior para dizer alguma coisa a um subordinado, maiores as possibilidades de um entendimento equivocado. Quase sempre ouvirá o que quer ouvir e não necessariamente o que lhe está sendo dito.*

1.34   *O trabalhador do conhecimento terá de se autogerenciar. Tem de se colocar sempre onde puder dar sua melhor contribuição. Terá de aprender a se desenvolver permanentemente. Terá de se manter jovem e preservar sua lucidez mental durante uma vida profissional de no mínimo 50 anos. E modificar, sempre que necessário, o que, como e quando fazer.*

1.35   *A arrogância intelectual leva inexoravelmente à ignorância incapacitadora. Uma razão importante para o fraco desempenho é quando não se sabe o suficiente ou se despreza o conhecimento fora da própria área da especialidade.*

1.36   *Pela primeira vez na história da humanidade as pessoas sobrevivem às organizações. E assim precisam decidir-se sobre o que fazer com a segunda metade de suas vidas. Ninguém mais deve contar com a possibilidade de que a empresa onde trabalha aos 30 anos ainda exista quando completar 60. De resto, 40 ou 50 anos num mesmo tipo de trabalho é demais para qualquer pessoa. Entediam-se e perdem o entusiasmo pelo que fazem. Aposentam-se no trabalho e tornam-se numa carga pesada para si próprio e para todas as demais pessoas à sua volta.*

1.37   *A decisão certa é sair. Se você estiver no lugar errado, em ambiente corrupto, ou se seu desempenho não estiver sendo reconhecido. Mais importante que eventuais promoções é ser reconhecido, ser qualificado. Se essa não é sua situa-*

ção muito rapidamente se descobrirá aceitando uma opinião medíocre sobre você mesmo. Pule fora.

1.38   *Você identifica as forças pelo desempenho. Há certa correlação entre o que você diz gostar de fazer e o que faz bem. Há, no entanto, forte correlação entre o que detestamos fazer e o que fazemos mediocremente pela simples razão de que tentamos nos livrar o mais rápido possível, empregar o mínimo de esforço, e, se possível, adiar, adiar ao máximo essa atividade específica. ALBERT EINSTEIN dizia que trocaria tudo, inclusive o Prêmio Nobel, pela capacidade de tocar violino o suficiente para se apresentar com uma orquestra sinfônica. Einstein simplesmente não tinha coordenação motora, pré-requisito para tocar qualquer instrumento de corda. Mesmo assim, praticava quatro horas por dia e deliciava-se com isso, mas tocar não era seu forte. Dizia, também, que odiava fazer cálculos matemáticos. E foi um gênio em matemática.*

1.39   *Os profissionais terão de ser capazes de trabalhar dentro de diferentes estruturas organizacionais ao mesmo tempo. Em algumas, trabalhando em equipe. Em outras sob um comando ou uma estrutura de controle. O mesmo profissional é o líder em sua organização, é um parceiro em um consórcio de empresas, ou faz parte de uma joint venture. Conviver simultaneamente, e participar de diferentes tipos de organização, faz parte das competências dos profissionais modernos.*

1.40   *Princípios gerais sobre o Capital Humano:*
A. *Se designo uma pessoa para um certo trabalho e essa pessoa não corresponde, eu cometi um erro.*
B. *JÚLIO CÉSAR dizia que todo o soldado tem direito a um comando competente. É responsabilidade do gestor garantir que as pessoas sob seu comando também sejam competentes.*
C. *Nenhuma das decisões que um gestor toma é mais importante que as referentes ao capital humano. É onde o desempenho da organização acontece.*
D. *Jamais designe missões importantes aos recém-chegados. A única certeza é de que os riscos crescem de forma exponencial.*

1.41   *Nas empresas familiares, membros da família jamais devem trabalhar na empresa se não forem, no mínimo, tão competentes quanto qualquer outro empregado que não seja da família. E trabalhem, pelo menos, com o mesmo afinco.*

É muito mais barato pagar para um sobrinho preguiçoso não fazer nada do que mantê-lo na folha de pagamento.

1.42 *No século XIX, a maior necessidade financeira das pessoas era a de um seguro de vida para a proteção de suas famílias na hipótese de morte prematura. A maior necessidade das pessoas de hoje é a proteção contra a ameaça de viver demais. Assim, o tal de SEGURO DE VIDA era, na verdade, um SEGURO DE MORTE. Já os fundos de pensão são o SEGURO DA VELHICE.*

1.43 *São poucas as pessoas que sabem desde cedo qual é seu lugar. Matemáticos, músicos e cozinheiros, por exemplo, são normalmente matemáticos, músicos e cozinheiros desde os 4 ou 5 anos de idade. Médicos normalmente decidem que carreira seguir na adolescência, senão antes. Mas a maioria das pessoas, especialmente as superdotadas, não sabem de fato qual é seu lugar até os 20 e tantos anos. Independente disso, e com essa idade, já devem saber as respostas para três perguntas. Quais são meus pontos fortes? Como é meu desempenho? E quais são meus valores? Só então poderão e deverão decidir qual é seu lugar. Ou, no mínimo, qual não é o seu lugar.*

1.44 *Poucas pessoas trabalham por conta própria e alcançam resultados sozinhas – talvez alguns artistas, cientistas, atletas. A maior parte das pessoas trabalha com outras e é eficaz no trabalho conjunto. Isso vale tanto para pessoas de uma organização como para autônomos. Gerenciar relacionamentos significa assumir responsabilidades por relacionamentos.*

1.45 *Dentre os principais equívocos que testemunhei em relação a decisões sobre o capital humano das empresas, um envolveu dois profissionais brilhantes contratados por uma empresa norte-americana, com sede em PITTSBURGH, uma, e outra em CHICAGO, e para comandar negócios na Europa. Dr. X e Dr. Y, para preservar seus nomes. Foram recebidos como gênios e, um ano depois, deixaram as empresas derrotados. Ninguém em PITTSBURGH considerou que, com sua formação e temperamento, Dr. X passaria os primeiros seis ou nove meses tomando pé da nova atribuição, refletindo, estudando, planejando, preparando-se para uma ação decisiva. Por sua vez, o Dr. X jamais imaginou que PITTSBURGH esperava uma ação instantânea e resultados imediatos. Por sua vez, ninguém em CHICAGO sabia que o Dr. Y, apesar de obstinado e decidido, era um homem nervoso e crítico, que gesticulava demais, discursava sobre trivialidades.*

40 ■ DRUCKER, FOREVER

Não obstante os dois terem sido CEOs de sucesso em grandes corporações europeias, fracassaram espetacularmente em empresas americanas que nem os conheciam e muito menos compreendiam...

1.46 *Duas outras empresas norte-americanas, no mesmo período, foram bem-sucedidas em desafio semelhante. Para aventurarem-se no Velho Continente, optaram por executivos norte-americanos que nunca haviam nem trabalhado nem morado na Europa, mas eram mais que conhecidos dos comandos das empresas e conheciam a cultura das organizações.*

Já para os cargos de média gerência contrataram, as duas empresas, jovens executivos europeus. Em poucos meses, as duas empresas tinham operações sólidas na Europa, assim como executivos treinados, confiáveis e preparados para comandá-las.

1.47 *Ao escolher um homem para comandar uma divisão durante a Segunda Grande Guerra, GEORGE MARSHALL considerava, em primeiro lugar, o que esse homem deveria realizar nos primeiros oito meses ou dois anos. Organizar e treinar uma divisão era uma coisa; liderá-la em combate, outra; assumir uma divisão combalida e resgatar o moral e a capacidade de luta, outra e bem diferente, ainda.*

Da mesma forma, e quando o desafio é selecionar um novo gerente regional de vendas, a primeira providência é definir suas principais atribuições: recrutar e treinar novos vendedores, abrir novos mercados ou emprestar relevância e atualização aos velhos produtos da empresa? Cada uma dessas hipóteses pressupõe um perfil de profissional.

1.48 *FRANKLIN DELANO ROOSEVELT e HARRY TRUMAN, os dois presidentes que tiveram as melhores equipes de toda a história, diziam: "Não estou interessado nas fraquezas pessoais, interesso-me primeiro pelas fortalezas, no que cada um é capaz".*

1.49 *Uma grande orquestra sinfônica é um exemplo ainda mais instrutivo. Muitas vezes existem mais de uma ou duas centenas de músicos no palco atuando juntos. Assim, e de acordo com a teoria clássica de organização, seriam necessários vários conjuntos de maestros vice-presidentes de grupo e uma meia dúzia de* *maestros vice-presidentes de divisão. Há apenas um maestro, o CEO... E todos os músicos seguem seu comando sem a necessidade de intermediários.*

1.50 *Há somente três tipos de equipe. O primeiro envolve poucas pessoas como nas duplas de tênis. Em equipes pequenas, cada integrante adapta-se a personalidade, habilidades, pontos fortes e fracos dos demais membros.*

Em seguida vêm as equipes um pouco maiores, como as do futebol. Cada jogador tem uma posição fixa, e o time procura movimentar-se em conjunto, com exceção do goleiro. Por fim, equipes como as de beisebol, nos Estados Unidos, ou uma orquestra em que todos têm uma posição fixa. Dependendo do momento e das circunstâncias, uma organização pode atuar apenas com um tipo de equipe. De qualquer maneira, decidir qual esquema usar é uma das decisões mais arriscadas na vida de uma organização.

1.51 *Todas as organizações costumam dizer: "as pessoas são nosso maior ativo". Poucas são aquelas que praticam o que pregam; poucas as que acreditam no que dizem. Uma boa parte segue acreditando, talvez até de forma inconsciente, no que acreditavam os empregados do século XIX – as pessoas precisam mais de nós do que nós delas. Assim, as empresas precisam valorizar e comunicar melhor seus postos de trabalho, tão bem ou melhor como o fazem com seus produtos. Precisam sensibilizar, atrair, reconhecer, recompensar, motivar e valorizar seu capital humano.*

1.52 *O relacionamento entre as empresas e os trabalhadores do conhecimento – que já totalizam um terço, quem sabe dois quintos de toda a mão de obra hoje – é completamente diferente de como foi durante décadas. Os trabalhadores do conhecimento dependem das empresas para trabalhar, mas são eles que detêm o meio de produção – seu conhecimento. Assim, são independentes e contam com grande mobilidade.*

1.53 *Os trabalhadores do conhecimento também continuam precisando das ferramentas de produção. Mas o investimento nessas ferramentas é improdutivo a menos que conte com o conhecimento que pertence a esse trabalhador. Numa fábrica, operadores de máquinas cumprem ordens. A máquina decide o que e como fazer.*

O trabalhador do conhecimento também pode precisar de uma máquina, seja um computador, um equipamento de ultrassonografia, ou mesmo um telescópio. Mas essas máquinas não determinam o que fazer. Sem o conhecimento que pertence a esse trabalhador, as máquinas são improdutivas.

1.54   *Operadores de máquinas, assim como todos os demais trabalhadores ao longo da história, recebiam ordens e cumpriam especificações de métodos e velocidade. O mesmo não acontece com os trabalhadores do conhecimento. Se não dominarem aquilo no que são especialistas melhor que qualquer outra pessoa dentro da empresa são inúteis. O diretor de marketing pode dizer ao gerente de pesquisa de mercado o que a empresa precisa saber sobre determinado produto, ou sobre os comportamentos prováveis dos consumidores, mas, cabe ao gerente de pesquisa dizer ao seu diretor qual é a pesquisa necessária e certa, como planejá-la, executá-la, e dar sentido a seus resultados.*

1.55   *Durante os anos 1980 registrou-se a maior incidência de reestruturações nas empresas norte-americanas. Milhares de trabalhadores do conhecimento perderam seus empregos. As empresas onde trabalhavam foram compradas ou passaram por fusões, e algumas mesmo foram extintas. Esse período de transição foi doloroso, mas curto. Muito rapidamente esses profissionais descobriram o capital que possuíam – o conhecimento – e que eram os donos dos meios de produção. As empresas tinham as ferramentas, mas eles detinham o conhecimento para fazê-las funcionar.*

1.56   *Na medida em que contam com os trabalhadores do conhecimento e dependem deles, as organizações modernas devem ser igualitárias: um grupo de companheiros e associados. Nenhum conhecimento se superpõe aos demais. Todos são avaliados pela sua efetiva contribuição à missão da empresa. Por decorrência, não existe a menor possibilidade de a empresa moderna considerar uma estrutura de chefes e subordinados. E sim, de companheiros, parceiros, equipe.*

1.57   *Como disse anteriormente, nas empresas existem três tipos de equipes. Pequenas, como nas duplas de tênis, maiores, como nos times de futebol, e maiores, como são as orquestras. Na primeira, cada um dos membros adapta-se as competências e habilidades de seu parceiro. Na segunda, cada um tem uma posição fixa, mas se movimentam em conjunto. E na terceira todos possuem posição fixa e têm nas partituras o momento certo de agir.*

As empresas norte-americanas atuaram durante décadas como orquestras. Já as empresas japonesas decidiram seguir o modelo dos times de futebol. Movimentam-se a partir da tarefa em execução, assim como o fazem os jogadores de futebol. Levaram uns 15 anos para dominarem essa forma de trabalhar, mas, uma vez dominado, conseguiram reduzir os tempos necessários em 2/3. Dos cinco anos que precisavam para o desenvolvimento de um automóvel, a TOYOTA, NISSAN e HONDA criaram novos modelos em 18 meses.

1.58   *Deve-se despender sempre, o menor esforço possível, na melhoria das áreas de baixa competência. Os maiores e melhores esforço devem concentrar-se nas áreas de alta competência e habilidade. É muito mais custoso e demorado evoluir da incompetência para a mediocridade do que do desempenho de alta qualidade para a excelência. Por razões que até a razão desconhece, a maioria das pessoas, dos professores, das organizações esmera-se em tornar pessoas incompetentes em medíocres, e não na conversão de uma pessoa competente numa estrela.*

1.59   *O simples fato de alguém não ter um bom desempenho num cargo específico não significa, necessariamente, que seja um mau profissional que a empresa deve descartar. Na maioria das situações, a escolha da função é que foi incorreta. Uma elevada porcentagem de pessoas que ganham uma segunda oportunidade, numa função verdadeiramente compatível com seus pontos fortes, acaba tendo um bom desempenho. Mas são poucos os gestores que acreditam nisso e concedem uma segunda chance.*

1.60   *Um dia, conversando com James Osborne, um veterano de 40 anos de Exército da Salvação e comandante territorial do sul de Atlanta, estado da Georgia, perguntei a ele, "O que você faz com pessoas com um baixo desempenho?". Osborne respondeu, "Mapeamos os pontos fracos e fazemos todo o possível para corrigi-los. Mandamos fazer cursos extras e procuramos supervisionar com maior intensidade. Se mesmo assim não funcionar, damos um último prazo e avisamos – 'a menos que você corresponda, estaremos abrindo mão de seus préstimos'". Perguntei então, "E quantos desses conseguem superar-se e permanecer?". E Osborne concluiu, "bem que gostaria de dizer que todos conseguem, mas nossas estatísticas nos dizem que 2/3 conseguem, e 1/3 não conseguimos recuperar..."*

1.61   *Quem escolhe uma pessoa, ou pessoas para a montagem de uma equipe procurando evitar fraquezas fatalmente comprará mediocridade. A ideia de que* *existem pessoas certinhas, que só têm pontos fortes e não fracos, é uma receita perfeita para a mediocridade. Pessoas fortes também têm pontos fracos, sempre. Para todo pico existe um vale. E ninguém é forte em todas as áreas. Não existe a pessoa perfeita. Perfeita para quê? Essa é a pergunta a ser respondida.*

1.62 *A reestruturação nas empresas, que terá que ser feita obrigatoriamente, irá resultar num corte drástico e radical de número e nível de gerências. E, por decorrência, no número de empregos. Uma General Motors, que hoje tem 15 níveis gerenciais, nos anos 1990 não terá mais que seis.*

1.63 *Mais que na hora de adotarmos uma política de ganhos que remunere as pessoas muito mais por seus desempenhos do que pelos cargos que ocupam. Em muito pouco tempo, as empresas terão de pagar para alguns de seus profissionais muito mais do que pagam por seus superiores. Como acontece de forma recorrente no futebol, onde muitas vezes um jogador ganha mais que seu técnico.*

1.64 *Quase todas as pessoas dentro de uma empresa tem um chefe. Assim, poucas pessoas são importantes para essas pessoas quanto seus chefes. Existem centenas de livros sobre como gerenciar subordinados, mas não conheço um único que trate de como gerenciar seu chefe. E gerenciar seu chefe é tudo o que um subordinado deveria fazer. Assim, ao gerenciar um chefe, o primeiro dever de um subordinado é contribuir para que seu chefe seja eficaz e realizador ao máximo. E a primeira pergunta que o subordinado deve fazer a um chefe, para que possa dar sua melhor contribuição ao gerenciá-lo é: "o que eu e minha equipe podemos fazer que melhore ainda mais seu trabalho?" E simultaneamente: "O que fazemos que mais atrapalha seu trabalho e torna sua vida mais difícil?".*

E jamais se esqueça de tratar seu chefe como se ele fosse seu melhor cliente. É seu dever protegê-lo contra surpresas, pelo cometimento de erros e passando por humilhações públicas.

E, por último, jamais subestime seu chefe. Ele pode parecer iletrado, estúpido e, muitas vezes, as aparências nem sempre enganam. Não importa. Nenhum subordinado corre qualquer risco por superestimar seu chefe. O máximo que pode acontecer é o chefe sentir-se lisonjeado.

CAPITAL HUMANO ■ **45**

1.65 *Turnover elevado, perder trabalhadores, é muito custoso. A Ford Motor Company, no dia 1º de janeiro de 1914, elevou os salários dos trabalhadores qualificados de 80 cents por dia para US$ 5,00. Fez isso porque seu turnover era tão alto e acelerado que a vinha obrigando a contratar 60 mil pessoas por ano para manter 10 mil trabalhando. Não obstante ter autorizado, até Henry Ford tinha consciência da loucura daquele aumento e que os novos salários detonariam os lucros. Em vez disso, no primeiro ano os lucros dobraram. Recebendo US$ 5,00 por dia nenhum trabalhador saiu, e a Ford conseguiu ir atendendo os milhares de compradores na lista de espera.*

1.66 *Dois corpos em contato permanente criam atrito. É o que ensina a natureza. Assim, dois seres humanos em contato permanente criam atritos. O óleo lubrificante que atenua esses atritos e possibilita o trabalho conjunto tem escrito em seu rótulo "boas maneiras". Coisas simples, como dizer "como vai", saber o nome da pessoa, cumprimentar no aniversário, perguntar pela família. Quando trabalhos até então brilhantes começam a falhar de forma recorrente, o diagnóstico é sempre o mesmo: insuficiência de boas maneiras.*

1.67 *Dentre todos os recursos produtivos de uma empresa, nenhum outro opera com graus de produtividade tão baixo quanto os recursos humanos.*

Assim, é na melhor utilização dos recursos humanos que reside a grande oportunidade de ganhos extraordinários em termos de produtividade, repito, na maior parte das empresas.

1.68 *As decisões sobre pessoas talvez seja a principal virtude – quem sabe a única – de uma organização. Pessoas determinam a capacidade de desempenho de uma organização. Nenhuma organização é melhor do que quem trabalha nela. A soma dos rendimentos do capital humano de uma empresa é que determina seu desempenho final. E isso decorre da nossa capacidade e sensibilidade em todos os processos de contratação. Assim, qualquer executivo que comece a acreditar ter uma inteligência superior e uma capacidade única de julgar pessoas, invariavelmente acabará tomando péssimas decisões. Os melhores profissionais partem sempre da premissa que não apenas não são juízes de quem quer que seja, como têm por hábito, antes de qualquer manifestação, realizarem um diagnóstico da situação. Assim como na medicina, e segundo o depoimento dos professores das* *faculdades, seus maiores desafios encontram-se no jovem médico brilhante que tem "um bom olho". E que precisa desconsiderar essa eventual e possível qualidade na realização de um diagnóstico. Precisa seguir todos os passos, não encurtar caminho, sob pena de condenar pacientes à morte. Da mesma forma, os melhores executivos sabem da importância igual ou maior dos processos cansativos e demorados dos diagnósticos, que jamais devem ser ignorados pelo eventual "bom olho" ou maior sensibilidade e talento que possuam.*

1.69 *Os japoneses foram os que primeiro e melhor compreenderam o que venho dizendo. De que as pessoas precisam ser vistas pelas empresas como um de seus mais importantes recursos. E mais, só através desse respeito aos trabalhadores é que se alcança os graus máximos em produtividade.*

Pessoas, definitivamente, são recursos, jamais, custos. Os melhores gestores foram os primeiros a descobrir o quanto mais era possível conseguir-se quando as pessoas eram orientadas com competência. Lembrando, as pessoas são um recurso, jamais um custo.

1.70 *Qual a razão de pessoas extremamente competentes revelarem-se incompetentes, do dia para a noite, e logo após uma promoção? Simples. Foram promovidas pelo que realizaram, mas, jamais, para realizar o mesmo nas novas funções. Tudo o que a nova função exige é concentração nos aspectos cruciais inerentes à nova função e não fazer igual, ou melhor, o que faziam na antiga função.*

1.71 *Escolher pessoas sempre envolve riscos. Escolher pessoas certas e eficazes impacta positivamente em todas as forças da empresa. Mas pessoas fortes também têm fraquezas. E quase sempre, fraquezas também fortes. Onde há cumes, há vales. Por outro lado, não existe a pessoa "boa". Boa pra quê? Dentre as fraquezas, a de integridade e caráter é inaceitável. Mesmo que a integridade e o caráter não realizem tarefas, sua inexistência faz com que tudo, mais cedo ou mais tarde, falhe. Nesse sentido, a falta de caráter e integridade é uma fraqueza absoluta.*

Leitura

Ética e Valores Pessoais, e Pessoas Educadas

Quais são os Meus Valores?

DRUCKER recomendava que todos se submetessem, permanentemente, ao que ele chamava de TESTE DO ESPELHO. Ao se levantar, e preparar-se para a jornada, diante do espelho, ou se barbeando, ou passando batom, perguntar-se: Que espécie de pessoa quero ver quando voltar amanhã cedo e sempre, a me defrontar com este espelho?

"A ÉTICA", diz o mestre, "é um sistema claro de valores que cada um carrega consigo. Trabalhar numa organização cujo sistema de valores é inaceitável para uma pessoa a condena à frustração e ao mau desempenho."

DRUCKER conta a história de um diplomata alemão que era o mais respeitado, nos primeiros anos do século passado, dentre todos os embaixadores das grandes potências.

Diz DRUCKER:

"O Rei Eduardo VII estava no trono britânico há cinco anos e seria homenageado com um grande jantar. Na qualidade de decano, há mais de 15 anos em Londres, o embaixador alemão deveria presidir o jantar. O Rei Eduardo VII era um mulherengo notório e deixou claro que tipo de jantar gostaria: o clássico, em que, depois da sobremesa, um bolo enorme fosse trazido para o centro e de onde sairiam 12 ou mais prostitutas nuas. O embaixador alemão, não podendo recusar a honra e na condição de decano, preferiu renunciar ao posto para não ter de passar pelo constrangimento. E, anos depois, perguntado, disse: 'Jamais resistiria à vergonha de ao acordar na manhã seguinte e me deparar com um depravado ao olhar no espelho'".

E assim nasceu o TESTE DO ESPELHO, que o mestre não se cansou de contar todas as vezes que o assunto era ÉTICA. Apenas isso. Ética é um atributo pessoal, único, inegociável, definitivo, independente de normas, leis e regulamentos. Ou se tem, ou não se tem. Ou se é ético, ou não se é ético. E você, apenas você, de quem nada pode esconder, é o seu único e definitivo juiz.

Pessoas Educadas

TOM L. BROWN, consultor de empresas, *editor-at-large* da publicação INDUS-TRY WEEK, um dia foi recebido pelo adorado mestre PETER DRUCKER, em sua casa em CLAREMONT, CALIFÓRNIA. E como sempre descrevem os que o visitaram em sua casa, Tom comenta: "Encontrá-lo em sua casa, vê-lo à vontade vestindo roupas informais, ouvi-lo citar cifras, nomes, anedotas, absolutamente à vontade e simples, revelando seu modo de pensar com cortesia e humor, ele, O MESTRE DA ADMINISTRAÇÃO".

TOM tinha como missão entrevistar Drucker, na busca de entender e traduzir os desafios que se revelavam ao se aproximar o final do século passado. Logo no começo da entrevista, TOM BROWN diz:

"PETER, deixe-me começar esta entrevista por um lugar estranho. A tal da PESSOA EDUCADA, a quem você se refere em seu livro SOCIEDADE PÓS--CAPITALISTA. O quanto somos, verdadeiramente, essa PESSOA EDUCADA, e o quanto estamos preparados para lidar com a sociedade e o local de trabalho do futuro que se avizinha?"

E, a partir de agora, eu, MADIA, peço sua atenção especial sobre a resposta do mestre. Provavelmente, ela permanecerá reverberando em sua cabeça por dias, meses e anos. Talvez, para sempre. Vamos lá:

"TOM, temos uma situação muito peculiar. Os jovens quando estão na escola ficam muito entusiasmados com as ciências humanas, até as mais tradicionais e, cinco anos depois de formados, eles as rejeitam por completo e tornam--se estritamente profissionais. Em longo prazo, esse desequilíbrio é trágico. Hoje, quando olho para esses profissionais, em posição de gerência, com 40, 50 anos, a minha vontade é recomendar que voltem às escolas e digam: 'Agora precisamos compreender um pouco a respeito de nós mesmos e da vida'. Sob essa perspectiva e entendimento, o ensino de pós-graduação desses profissionais é um fracasso total. Um fiasco. Os que retornam à escola redescobrem as ciências sociais como uma forma de refletir sobre suas experiências profissionais e avaliar como poderiam e deveriam ter procedido de forma diferente. Ao menos, e daí para frente, de como olhar suas vidas a partir de perspectivas totalmente novas."

"Durante a maior parte da história, ganhar a vida era algo que se tinha de fazer até mesmo para ter acesso à comida. Não existia o lazer. Não necessariamente as pessoas gostavam do trabalho. Agora existe o lazer, e mesmo assim, muitas pessoas preferem o trabalho. A ideia de que o trabalho pudesse ter significado não era discutida no passado. Hoje e cada vez mais as pessoas esperam e exigem que seu trabalho e suas funções tenham significado. Assim, como as coisas estão mudando de forma acelerada, em todos os campos de negócios e profissões, chegamos a tal da PESSOA EDUCADA, razão de sua pergunta."

"Antes", disse o mestre, "quero contar uma experiência recente. Um jovem que conheço desde que era criança e que hoje está com 40 anos é, provavelmente, o melhor radiologista de toda a Costa Leste deste país. Chefia o departamento de imagens de nossa melhor escola de medicina. Um dia eu ia fazer uma palestra perto de onde ele mora e liguei para que nos encontrássemos. Sua resposta: 'PETER, sinto muito, estou fazendo um curso em MINNESOTA'. Naturalmente, perguntei: 'O que você está lecionando?'. E ele respondeu: 'Peter, não estou lecionando, vou ficar uma semana estudando novos aspectos da tecnologia de ultrassom. Sabe, eu deveria ter feito isso no passado, mas não pude. Agora estou atrasado.'"

E o mestre finaliza dizendo: "Era a isso que eu estava me referindo. A PESSOA EDUCADA. Alguém que finalmente compreendeu que jamais pode parar de aprender. As PESSOAS EDUCADAS mudarão o mundo em que vivemos e trabalhamos".

2 Liderança

2.1 *Um bom líder faz com que homens comuns façam coisas incomuns.*

2.2 *Nenhuma empresa é melhor do que o seu principal executivo permite.*

2.3 *É um absurdo falar-se no fim da hierarquia; sempre tem de existir alguém que tome a decisão final. A sobrevivência de todos depende de um comando claro e esclarecido. Se o navio estiver afundando, o capitão não convoca uma reunião. Dá uma ordem.*

2.4 *Nem todos os maestros sabem tocar violino, mas todos sabem exatamente qual desempenho esperam de todos os instrumentos e de cada um de seus músicos.*

2.5 *Os verdadeiros líderes não são medidos pela qualidade dos discursos que fazem nem pelo quanto são queridos. O que conta são os resultados que conseguem tirar de seus comandados.*

2.6 *Lideranças não conferem nem honras e muito menos privilégios; apenas impõem mais responsabilidade; novos e maiores desafios.*

2.7 *Revele-se capaz de cuidar de você antes de aceitar tornar-se responsável por outras pessoas.*

2.8 *Os trabalhadores do conhecimento eficazes jamais se perguntam como fulano conseguirá conviver comigo? Sempre se perguntam: qual a contribuição que ele pode oferecer? Jamais consideram: o que ele é incapaz de fazer? E, sim, o que ele faz extraordinariamente bem. Enfim, ao contratar alguém buscam encontrar a excelência numa área importante e não um desempenho geral satisfatório.*

2.9 *Os trabalhadores do conhecimento devem, na prática, ser seus próprios CEOs. Cabe a você conquistar seu espaço, saber quando mudar o curso e manter-*

-se atuante e produtivo durante uma vida profissional que pode durar cerca de 50 anos. Para fazer tudo isso com maestria, é necessário cultivar uma compreensão profunda de si mesmo, não apenas conhecer seus pontos fortes e fracos, mas também saber como aprender e como trabalhar com os outros, ter consciência de seus valores e onde pode contribuir da melhor forma. Só se alcança a excelência quando se consegue colocar os pontos fortes em ação.

2.10   Os grandes realizadores da história – NAPOLEÃO, DA VINCI, MOZART – sempre gerenciaram a si mesmos. Isso é o que faz deles realizadores. Mas são raras exceções. Estão além das fronteiras da existência humana cotidiana. Todos, mesmo aqueles com dotes modestos, terão de aprender a gerenciar a si mesmos. Teremos de aprender a desenvolver a nós mesmos. Teremos de nos colocar onde possamos dar nossa maior contribuição possível. E permanecermos mentalmente alertas e empenhados durante uma vida profissional de 50 anos, o que significa saber quando e como mudar o trabalho que fazemos.

2.11   A maioria das pessoas pensa que sabe o que faz de melhor. Normalmente, estão erradas. Na maioria das vezes, as pessoas sabem aquilo em que elas não são boas e, mesmo assim, a maioria está errada. Uma pessoa só pode ter um bom desempenho com base em seus pontos fortes. Ninguém depende de seus pontos fracos, muito menos do que simplesmente não é capaz de fazer. Hoje, todos precisamos aprender a gerenciar a nós mesmos. E a única maneira de descobrir seus pontos fortes é a análise de feedback. Sempre que tomar uma decisão importante, anote o que espera que aconteça. Nove ou doze meses depois compare os resultados com suas expectativas. Faço isso há 20 anos e sempre me surpreendo. Praticado constantemente, esse método simples mostrará a você em dois ou três anos onde estão seus pontos fortes.

2.12   Consome-se muito mais energia e trabalho para aprimorar, a partir da incompetência para a mediocridade, do que para aprimorar, a partir de um desempenho de primeira linha para a excelência. Não obstante, a maioria dos professores e das organizações concentra-se em tornar pessoas incompetentes em pessoas medíocres. Energia, recursos e tempo que deveriam ser canalizados para transformar competentes em pessoas de excepcionais desempenhos.

2.13   O líder jamais considera decidir-se pelo que é aceitável. Em verdade, existem dois tipos de soluções conciliatórias. Uma delas expressa no provérbio "Meio *pão é melhor do que nenhum". E a outra, no julgamento de Salomão, "meio bebê é pior do que bebê nenhum". No primeiro exemplo, as condições-limite ainda estão sendo satisfeitas. O objetivo é fornecer alimento, e meio pão ainda é alimento. Meio bebê, no entanto, não satisfaz as condições-limite. Assim, é perda de tempo preocupar-se com o que será aceitável e o que deve se dizer para evitar resistências. O líder e tomador de decisões nada ganha perguntando-se "o que é aceitável?" Se considerar essa possibilidade, vai desconsiderar o que verdadeiramente é importante e jamais conseguirá ter uma resposta eficaz, e que é a resposta correta.*

2.14 *Um empresário de sucesso e meu conhecido, que converteu uma empresa familiar num grande negócio, tinha por hábito chamar toda a equipe sênior para sua sala uma vez por semana para conversas de duas a três horas. Para cada situação ou desafio sempre elencava três possibilidades. Raramente pedia a opinião dos presentes; precisava apenas de uma plateia para ouvi-lo falar. E era assim que aprendia. Embora extremo, seu caso não era incomum. Advogados criminalistas bem-sucedidos recorrem ao mesmo método, assim como médicos em processos de diagnósticos, e, eu, também!*

2.15 *Líderes são tomadores de decisão, péssimos conselheiros. A recíproca é verdadeira. Muitas pessoas têm ótimo desempenho como conselheiros, mas não resistem ao fardo e a pressão de terem que decidir. Em contrapartida, um bom número de pessoas carece da presença e recomendações de um conselheiro para estimulá-las e até mesmo forçá-las a pensar. A partir daí, decidem com rapidez, confiança e coragem.*

2.16 *Dentre as razões do fracasso de números 2 quando ascendem e viram números 1 é que, via de regra, números 2 são escolhidos por números 1 muito mais como conselheiros. E nessa função têm um ótimo desempenho. Porém, e quando por qualquer circunstância assumem a posição de número 1, invariavelmente fracassam. Sabem a decisão a ser tomada, mas não reúnem forças suficientes para tal.*

2.17 *Chefe não é um cargo nem uma função no organograma. Chefe é um indivíduo que tem o direito de trabalhar da melhor maneira que sabe. Cabe a seus subordinados observá-lo para descobrir como ele trabalha e adaptarem-se ao que torna seu chefe mais eficaz. Esse é o segredo de gerenciar o chefe.*

2.18   *Confiar num líder não implica necessariamente gostar dele. Nem também concordar com ele. A confiança brota da sua convicção de pensamento e conhecimento sobre o que está dizendo. É a crença em sua integridade. O que um líder diz e o que um líder faz têm que ter sintonia. Assim, a verdadeira Liderança não se baseia na inteligência, mas, e acima de tudo, na consistência, no "walk the talk".*

2.19   *Não importa a quase infinita diversidade de personalidade, estilo, competência e interesse de todos os líderes eficazes que conheci, observei, trabalhei. Todos comportavam-se praticamente da mesma maneira. Jamais começavam perguntando-se, "o que eu quero?". Sempre, "o que precisa ser feito?".*

2.20   *Liderança é quando se eleva a visão das pessoas a um ponto mais alto, quando se eleva o desempenho de uma pessoa a um padrão mais alto, quando se constrói uma personalidade para além de suas limitações normais.*

2.21   *Ter carisma está na moda. Fala-se muito sobre, e uma grande quantidade de livros sobre líderes carismáticos vem sendo publicada. Na política, a ânsia pelo tal de carisma tem se revelado fatal. Nenhum século viu mais líderes carismáticos do que o século XX. E nunca os líderes políticos fizeram um mal maior que os chamados gigantes do século XX: Stalin, Mussolini, Hitler e Mao. Em verdade, não é o carisma que importa. O que importa é se o líder conduz na direção certa, ou na direção errada. As conquistas construídas no século XX foram obras de pessoas absolutamente sem carisma. Os dois militares que conduziram os Aliados à vitória na Segunda Guerra Mundial foram Dwight Eisenhower e George Marshall. Ambos altamente disciplinados, altamente competentes e brutalmente chatos; carisma zero... Entre capazes e carismáticos, opte pelos primeiros.*

2.22   *Consciência é uma palavra ao mesmo tempo forte e um tanto estranha. Mas é essencial. Muito mais do que lembrar a organização do que dá para fazer melhor, as atividades decorrentes da consciência devem lembrar primordialmente a uma empresa o que deveria fazer que não está sendo feito. Seu principal objetivo é fomentar o desconforto, comparar o ideal à realidade presente, defender o impopular e lutar contra o imediatismo. Isso exige dos líderes forte autodisciplina, e por parte da organização permanente reconhecimento de sua competência e integridade.*

2.23   *É pelo caráter que se exercita a Liderança. É do caráter que brotam os exemplos a serem imitados. Impossível enganar as pessoas a respeito do caráter.*

São suficientes poucas semanas para os subordinados saberem com quem trabalham e, especialmente, quem os lidera, se é íntegro ou não. É possível superar a incompetência, a ignorância, a insegurança e até mesmo a falta de educação, mas a falta de integridade de uma pessoa, jamais. E assim, imperdoável a alta organização de uma empresa quando escolhe alguém de pouco ou nenhum caráter. Esse entendimento é de especial importância quando nos referimos às posições de comando. Organizações revelam-se excelentes quando essa é a característica de sua cúpula dirigente. Quando isso não acontece, o moral da tropa despenca. Como diz o ditado inglês, "o peixe começa a apodrecer pela cabeça".

2.24 *Ao saber que o General Grant, seu novo chefe de Estado Maior, gostava de uma bebida, o presidente Lincoln, abstêmio, disse, "Se eu soubesse o que ele toma, mandaria um barril ou mais para alguns de meus outros generais". Depois de passar a infância no Kentucky e na divisa de Illinois, Lincoln certamente sabia tudo sobre os perigos do álcool. Mas, de todos os generais da União, Grant marcou a virada na Guerra da Secessão ao ser indicado. Foi uma indicação eficaz porque Lincoln escolheu seu general com base na capacidade comprovada em vencer batalhas, e não por sua sobriedade.*

2.25 *Vou ser rude. Não acredito em líderes. Toda essa conversa sobre líderes não passa de um nonsense perigoso. Diversionismo. Esqueça. Entristeço-me em ver, depois do século XX, que registra dentre seus grandes líderes Hitler, Stalin e Mao, que alguém ainda queira líderes. Deveriam, sim, é ter muito receio de líderes. Deveríamos nos perguntar sempre, "O que os faz lutar? Quais são seus valores? Dá para confiar neles?". E não ficarmos dizendo, "ele tem carisma". Carisma foi o que não faltou nos últimos 100 anos. Truman foi o melhor presidente dos Estados Unidos, o que mais realizou. Não gostava de aparecer. Todos o subestimavam a começar por ele mesmo. Assim vejo pouca ou nenhuma utilidade nos supostos super-homens.*

2.26 *Todas as pessoas que têm chefes deveriam ter a inteligência e o cuidado de observá-los, entender como trabalham, respeitarem e adaptarem-se à forma como trabalham. Alguns chefes não querem conversar sobre o que quer que seja sem não antes conferirem os números. Alfred Sloan Jr., o gênio da GM era um deles. Não era um financista para um engenheiro com instintos poderosos de marketing. Mas, como engenheiro, sempre queria começar pelos números. Três dos mais capazes e jovens engenheiros da General Motors não alcançaram postos*

maiores porque não atentaram para Sloan. Já chegavam falando ou traziam rela-
tórios escritos para só no final entrarem nos números. Nessas alturas, Sloan nem
mais estava prestando atenção.

2.27   *A índole de uma organização decorre de seu comando. As verdadeiramen-*
te grandes organizações começam com e a partir de uma grande Liderança. Se o
comando enfraquece e definha, o mesmo acontece com a organização. Como no
ditado, "As árvores começam a morrer pelo topo". Nenhuma organização deve
escolher para o comando um líder que não pontifique pela força de seu caráter e
sirva de referência e modelo para seus comandados.

2.28   *A tarefa de uma Liderança não é a de mudar seus comandados. Conforme*
ensina a Bíblia na parábola dos talentos, sua tarefa é a capacidade de mudar o
desempenho do todo, a partir da força, competência e aspiração que existe em
cada uma das pessoas.

2.29   *Todos os líderes que conheci – os com quem trabalhei, e os que observei –*
registravam quatro e mesmas componentes. Primeiro, que um líder é alguém que
tem seguidores. Segundo, que popularidade não quer dizer Liderança, resultados,
sim. Terceiro, que líderes têm visibilidade e dão exemplos. E quarto, que Lideran-
ça não tem nada a ver com classificações, privilégios, títulos e até mesmo dinhei-
ro. Tem a ver com responsabilidade.

2.30   *Integridade pode ser difícil de se definir, mas a falta de integridade desqua-*
lifica qualquer pessoa para postos de Liderança e comando. Uma pessoa jamais
deverá ascender a uma posição de Liderança em virtude da fraqueza das demais
pessoas, e sim, em decorrência de seus pontos fortes e virtudes. Cargos de coman-
do nunca devem ser confiados a pessoas incapazes de converterem-se em referên-
cia pelos elevados padrões presentes em todos os seus movimentos.

2.31   *O líder mais bem-sucedido do século XX foi Winston Churchill. No en-*
tanto, durante 15 anos, de 1925 a Dunquerque em 1940, estava completamente
colocado à parte e desacreditado – pela simples razão de que as circunstâncias
prescindiam de um Churchill. Só situações de rotina. Mas quando a catástrofe
chegou, felizmente, Churchill estava próximo e disponível. Mais cedo ou mais tar-
de, em todas as organizações, chegará a crise. É nesse exato momento que você
precisa de um líder de qualidade.

2.32 *A missão mais importante de um líder é antecipar-se à crise. Não para afastá-la, necessariamente, mas para agir. Esperar para agir só quando a crise acontece é abdicar. É preciso preparar a organização para antecipar-se à tempestade e estar sempre um passo à frente. Não se pode impedir uma grande catástrofe, mas quando existe o preparo, quando os liderados sabem como se comportar e a confiança prevalece entre todos, as chances de sucesso multiplicam-se. Em todos os treinamentos militares, busca-se conquistar a confiança dos soldados em seus superiores. Sem confiança, não combatem.*

2.33 *Não me lembro de outro presidente de uma grande empresa ou corporação americana que tenha conquistado e merecido tanto respeito e veneração quanto Alfred P. Sloan Jr., que comandou e conduziu a General Motors até o topo. Todos os seus comandados aproveitaram-se de sua calma e generosidade, de seus aconselhamentos, afabilidade, ajuda. Mas Sloan preservou-se o tempo todo afastado no plano pessoal de todo o grupo de comando da GM. Em seu livro de memórias, explica-se, "É dever de um líder, de um presidente executivo de uma corporação, ser objetivo e imparcial. Deve ser tolerante e não se ater à forma que um de seus comandados realiza seu trabalho, independentemente de gostar ou não do ser humano que é aquele profissional. O único critério a que deve ater-se é seu desempenho, presumindo-se ser uma pessoa de caráter. E para que a isenção prevaleça, impossível cultivar-se amizades e relacionamentos sociais. Um presidente executivo que tem amizades dentro da empresa que comanda, que tem relações sociais com seus comandados, jamais conseguirá preservar-se imparcial. A solidão, a distância e a formalidade não necessariamente têm a ver com o temperamento do líder, como foi o meu caso, mas são partes indeclináveis da missão dos que ocupam posições de Liderança".*

2.34 *Um dia deparei-me com um escrito de Verdi. Giuseppe Verdi, notável compositor de óperas, escreveu, "Durante toda a minha vida como músico, esforcei-me ao máximo para alcançar a perfeição. Escapou-me, sempre. Certamente tinha a obrigação de tentar mais uma vez". Nunca esqueci essas palavras. Verdi, quando tinha minha idade, já era um músico notável e amadurecido. Não faço ideia do que poderia ter-me tornado, mas sabia, naquela altura, que não era provável algum sucesso maior se insistisse em exportar têxteis de algodão. Tinha 18* *anos e era tão imaturo, tão inexperiente, tão ingênuo quanto um rapaz de 18 anos pode ser.*

Só 15 anos mais tarde, quando já ingressara nos 30, é que me dei conta de qual era o meu lugar e onde eu poderia alcançar algum sucesso. Naquele momento decidi, fosse qual fosse a minha vida, que as palavras de Verdi a norteariam. Seriam minha estrela polar. Decidi mais. Que se conseguisse avançar e resistir nos anos, jamais desistiria. Seguiria em busca da perfeição, mesmo entendendo de sua quase impossibilidade.

Leitura

Bertha Bondi

Eu gostaria muito de ter conhecido dona Bertha Bondi, avó do adorado mestre. Mas já reli tantas vezes as histórias que ele contou sobre sua avó que é como se fosse uma velha amiga. Como convivi, infelizmente, muito pouco com minhas avós, sei mais sobre BERTHA do que sobre LUIZA e ELIDIA, minhas avós. Assim, acho que também sou meio neto de BERTHA BONDI. Sua presença é tão importante na vida dos DRUCKERS que reservei a ela algumas páginas deste livro com uma sucessão de pequenos relatos anotados pelo mestre, e na medida em que muitos desses acontecimentos, mais que marcar, expandiram muito a sensibilidade e os componentes humanos dela.

1955

DRUCKER ficou distante de sua cidade, VIENA, por 20 anos. No ano de 1955, retorna para fazer duas conferências. DORIS, mulher de DRUCKER, pediu a ele que não se esquecesse de comprar uma garrafa de um certo licor austríaco que remetia à infância dos dois. Uma tarde, sai do hotel e caminha até uma mercearia próxima, famosa pela seleção de produtos de qualidade. Abre a porta, entra, olha para o caixa, e lá está a mesma e velha senhora controlando o estabelecimento comercial, como era o costume da época.

"Sr. Peter, quanta bondade a sua em vir nos visitar" – ao reconhecer o adorado mestre –, "lemos nos jornais que o senhor viria dar algumas conferências e ficamos imaginando se teríamos a honra e a felicidade de reencontrá-lo. Sentimos muito em saber que sua mãe faleceu. Mas seu pai continua vivo e com boa saúde. É verdade que ele voltará a Viena no ano que vem para comemorar seu aniversário de 80 anos?". E não parava mais de falar sobre outros membros da família do adorado mestre. Seguiu repassando todos, um a um, e reservou seus comentários finais para BERTHA.

"Com perdão da palavra, Sr. Peter, nenhuma outra pessoa de sua família pode ser comparada a sua avó. Que mulher maravilhosa. Jamais houve outra como ela". Ato contínuo, os dois começaram a falar sobre BERTHA.

Um Telegrama

E, no meio da conversa, lembraram-se da famosa história de um telegrama. Era o casamento de uma sobrinha, e BERTHA não poderia comparecer. Decidiu-se por mandar o famoso telegrama em que dizia:

"Como todos sabemos, é considerado apropriado e de bom tom restringir-se à máxima brevidade quando se envia um telegrama. Assim permita-me apenas desejar neste dia solene QUE ESTA DATA SE REPITA POR MUITOS E MUITOS ANOS". Durante anos, BERTHA ficava incomodada todas as vezes que lembravam dessa história só por causa de um, como dizia, "telegramazinho com menos de 10 palavras".

Vovó Bertha

"Vovó era do tipo miúdo, de ossatura pequena, e fora linda na juventude. Quando comecei a conhecê-la restavam poucos traços de beleza e juventude, exceto seus fartos cabelos crespos, ainda castanho-avermelhados, brilhantes, e dos quais muito se orgulhava. Enviuvou com pouco mais de 40 anos de idade, e ainda teve febre reumática, o que lesou para sempre seu coração; vivia com permanente falta de ar. Sofria ainda com artrite em todos os seus ossos, muito especialmente os dos dedos – sempre inchados e doloridos. E ainda, e com o passar dos anos, veio a surdez".

Isso, em momento algum, a impediu de permanecer e postar-se permanentemente ativa. Bertha visitava todos os seus conhecidos e amigos. Ou a pé, ou de bonde. E jamais abria mão de seu guarda-chuva preto que utilizava como bengala. Em todos os lugares que ia carregava uma famosa e enorme sacola preta de compras quase com o mesmo peso dela, e sempre abarrotada de misteriosos pacotinhos – ervas para que qualquer senhora doente pudesse aliviar suas dores, assim como uma série de outras quinquilharias passíveis de serem necessárias em situações de emergência. Claro, o que jamais aconteceu.

Suas relações de amizades envolviam parentes, amigos, filhos e netos de todas as pessoas que trabalharam para a família. E todos a chamavam de VOVÓ. Era amiga de todos. "Com a babá dos filhos de nossos vizinhos, que não via há meses, conversava como se tivessem falado ontem, 'diga-me Srta. Margô, como vai aquele seu sobrinho, foi aprovado no exame final de engenharia?'. Ao marceneiro idoso, que fez os móveis de seu enxoval e a quem visitava uma vez por ano, dizia: 'conseguiu que a prefeitura cancelasse o aumento do imposto predial de sua loja, Sr. KOLBEL? Lembro que o senhor estava muito chateado com o caso da última vez que nos vimos'. E ainda com a prostituta LIZZIE que fazia ponto na esquina onde morava. Todos fingiam não ver aquela mulher, mas VOVÓ jamais deixou de desejar-lhe boa-noite, e ainda fazia recomendações, 'Está ventando frio hoje, Sra. LIZZIE, não se esqueça de amarrar um cachecol bem quente em volta do pescoço'.

Uma das netas de BERTHA e sobrinha de DRUCKER, MIMI, era artista de cinema. E volta e meia aparecia nas colunas de "gossips" dos jornais. Um dia, diante de uma matéria, BERTHA BONDI, a adorada avó do mestre DRUCKER, comentou: "Eu preferiria nunca mais ouvir outra palavra sobre o que acontece no quarto de MIMI. 'Ah, vovó, não seja tão puritana'", disse uma de suas outras netas. "Eu sei", respondeu BERTHA, "que ela precisa desses casos e que é importante para ela que sejam comentados nos jornais. É a única maneira de conseguir um papel decente já que nem tem voz e muito menos sabe representar. Mas gostaria que não mencionasse nas entrevistas os nomes desses homens horrorosos". 'MAS, VOVÓ', replicou a neta, 'OS HOMENS GOSTAM DISSO'. "É exatamente isso que eu sou contra", disse BERTHA, "alimentar a vaidade e a presunção desses velhotes libertinos sujos. Eu chamo isso de prostituição."

Cenas de um Casamento

"O casamento de vovó fora aparentemente muito feliz. Manteve até morrer o retrato do marido no quarto e se fechava em si mesma nos aniversários de sua morte. Ele, no entanto, sempre foi um DON JUAN. Quando eu tinha 17 anos", diz

DRUCKER, "caminhava certa feita por uma das avenidas de VIENA. Um automóvel antigo passou e parou. Da janela traseira alguém me acenou. No banco de trás duas mulheres. Uma coberta por pesados véus e a outra, sua empregada a julgar pelo avental que vestia e me olhando, disse: 'Minha patroa pensa que talvez o senhor seja neto de FERDINAND BONDI'. Fiz que sim com a cabeça. A moça então disse, 'ele foi o último amante de minha patroa', e o carro partiu. Fiquei embaraçado, mas não consegui esconder o acontecimento e o fato acabou chegando aos ouvidos da VOVÓ. Imediatamente ela me chamou para conversar. 'PETER, conte-me em detalhes o que aconteceu', e assim procedi. Quando terminei, ela falou: 'Deve ter sido DAGMAR SIEGFELDEN, e posso muito bem acreditar que seu avô tenha sido seu último amante – essa mulher nunca foi muito atraente'. Não resisti e disse, MAS, VOVÓ, a senhora não se incomodava com o fato dele ter amantes? 'Claro que sim', respondeu, 'mas eu jamais teria um marido que não tivesse amantes. Eu nunca saberia onde encontrá-lo'. Insisti, mas a senhora não tinha medo que ele a abandonasse? 'NEM UM POUQUINHO. Ele sempre voltava para o jantar. Eu não passo de uma velhinha boba, mas sempre soube que o estômago é o verdadeiro órgão sexual masculino'."

Bertha e o Empobrecimento da Família

"Meu avô", diz DRUCKER, "marido de Bertha, deixou uma grande fortuna. Mas toda a fortuna acabou derretendo com a inflação austríaca, e VOVÓ ficou pobre como o último dos franciscanos... Viviam num apartamento duplex com uma grande criadagem e acabou morando num cantinho que fora a dependência de suas antigas empregadas e tendo de fazer sozinha todo o serviço de casa. Sua saúde, aos poucos, foi se deteriorando. Apenas reclamava da artrite e da surdez que a impediam, cada vez mais, de tocar e ouvir música.

Na juventude vovó foi pianista, uma das alunas de CLARA SCHUMANN, tendo tocado diversas vezes para JOHANNES BRAHMS. Mas é claro, naquela época, uma moça de boa família nunca poderia tornar-se concertista. No entanto, até a morte do marido e sua doença, tocava com frequência em concertos de caridade. Uma de suas últimas apresentações fora sob a regência de GUSTAV MAHLER, pouco depois de ele tornar-se maestro da ÓPERA DE VIENA, no ano de 1896... Vovó jamais gostou dos pedais do piano. Não gostava de sentimentos na música. Quando éramos crianças, ela acompanhava nossos estudos e dizia, 'Não toque música, toque notas. Se a composição for boa, a música virá por ela mesmo'."

Drucker, Estudante de Piano:

"Certa vez, eu estava estudando uma sonata quando vovó entrou na sala e pediu, 'toque esse compasso novamente'. Repeti e ela disse, 'essa última nota está errada. Deveria ser um ré-bemol e você tocou ré', mas, vovó, – ponderou DRUCKER – aqui na partitura está escrito ré. BERTHA não disse nada. Foi até o telefone e ligou para o editor da partitura, marido de uma de suas sobrinhas, e disse: 'Na página 22 do primeiro volume das Sonatas para piano de HAYDN, no primeiro compasso da terceira linha, há um erro de impressão'. Atônito o editor pediu um tempo para conferir. Duas horas depois ligou de volta confirmando o erro. Perguntei para Vovó: Como é que a senhora sabia disso?, e BERTHA respondeu, 'Como é que eu não poderia saber, toquei essa peça quando tinha a sua idade e naqueles tempos era indesculpável não conhecermos nossas peças de cor e salteado'."

Vovó "Maluquinha"

"Todos adoravam Vovó. Era realmente uma pessoa muito engraçada. Da mesma forma que a senhora da mercearia sorriu diante apenas da menção do nome de Vovó, todos caiam na risada apenas ao mencionarmos alguma palavra ou detalhe que lembrasse mais uma das muitas histórias da Vovó. Nossos amiguinhos, quando éramos bem pequenos, pediam, 'conta mais uma história da sua avó'. E depois rolavam de rir quando terminávamos de contar."

"Me lembrei de uma história", diz DRUCKER. "Depois de ser criticada e cobrada durante muitos anos por um de seus cunhados, Vovó decidiu limpar e arrumar o armário da cozinha. Assim que terminou chamou a todos para conferir. Estava orgulhosa da nova ordem. Na prateleira de cima grudou um cartão com os dizeres, em sua caligrafia vitoriana, XÍCARAS SEM ALÇAS. E na prateleira de baixo, um outro cartão com os dizeres, ALÇAS SEM XÍCARAS."

Uma outra História

"Chegou um dia em que Vovó não conseguia mais guardar todos os seus pertences nos dois quartinhos a que finalmente se vira reduzida. Resolveu então colocar tudo o que não precisava dentro de sacolas enormes e partiu em direção ao banco onde era cliente no centro da cidade de VIENA. Lá estavam guardados os poucos centavos que lhes restaram. O banco tinha sido fundado por seu marido, que permaneceu na diretoria até sua morte. Assim, Vovó era tratada com imensa consideração por ele, e por sua viuvez. Mas, quando adentrou pela agência com duas grandes sacolas, pedindo que as depositasse em sua conta, o gerente, constrangido, disse, 'DONA BERTHA, nós não podemos e nem temos como depositar coisas numa conta... Como a senhora sabe, apenas dinheiro'. Vovó ouviu, respirou fundo e disse, 'Essa é uma atitude mesquinha e ingrata de sua parte, e você só tem coragem de fazer isso comigo porque sou uma velhinha boba'. Exigiu que sua conta fosse encerrada e retirou todo o saldo. Saiu, andou algumas quadras rua abaixo, entrou na agência mais próxima do mesmo banco e abriu uma nova conta, sem fazer referências às duas sacolas."

"Vovó, se a senhora achou o banco mesquinho e desprezível, por que não abriu a conta num outro banco? E BERTHA respondeu, 'Este é um bom banco, afinal de contas, foi fundado por meu marido'. Mas vovó", retrucou DRUCKER, "por que ao menos não exigiu que o gerente de sua nova agência depositasse suas sacolas?" E BERTHA respondeu, 'pela simples razão de que eu nunca tive conta lá. Assim, ele não me devia nada.' E voltou com suas duas sacolas para seus dois quartinhos."

Bertha e seu Apartamento

"Os problemas de Vovó com seu apartamento eram uma fonte inesgotável de histórias. Ela sublocara-o a um dentista que usava um dos andares como residência e o outro como consultório, mantendo para si alguns quartinhos do fundo. Mas logo começaram as altercações entre ambos que se prolongaram durante anos em disputas constantes – processando-se mutuamente, exigindo indenização por perdas e danos, e até acusando criminalmente um ao outro. Mesmo assim Vovó continuava sendo cliente do dentista, o Dr. STAMM, para tratar dos dentes e fazer dentaduras.

Volta e meia, algum de seus netos perguntava a ela, "Vovó Bertha, como pode ser cliente de um dentista que acaba de mandar prender por invasão de domicílio?" E vovó respondia, "Eu não passo de uma velhinha boba, mas sei que ele é um bom dentista. Se não fosse, como poderia pagar os dois andares que lhe alugo? Além do que é muito conveniente; não preciso sair para a rua quando o tempo está ruim e nem subir escadas. E, por falar nisso, meus dentes não fazem parte do contrato de locação".

Bertha e o Conselho para as Netinhas

"Meninas, vistam sempre lingerie limpa quando saírem. Nunca se sabe o que vai acontecer". Quando uma delas revelou-se, rindo, ofendida, respondeu à avó, "Mas, vovó, eu não sou esse tipo de moça". E BERTHA fulminou, "Você nunca pode ter certeza enquanto não for".

Os Passaportes de Bertha

"Nos primeiros anos de divisão da antiga Áustria, cada um dos novos Estados criados tentava tornar o mais difícil e desagradável a possível entrada dos cidadãos vizinhos. Assim, quando Vovó anunciou no verão de 1919 que ia visitar sua filha mais velha que morava em Budapeste, Hungria, todos tentaram dissuadi-la dessa ideia temerária. Mas quando Vovó decidia...

Meu pai era um alto funcionário público do Ministério da Economia. E Vovó, sem avisá-lo, foi falar com um de seus funcionários e conseguiu que ele corresse atrás dos passaportes e vistos para ela. Quando meu pai soube, teve um acesso de fúria, 'O mensageiro do ministro é um funcionário público e não pode ser usado para negócios particulares'. Vovó apenas respondeu, 'Eu sei disso. Mas também faço parte do público'. E completou, 'a propósito, vou levar PETER comigo'. Meus pais perguntaram, 'BERTHA por que levar PETER junto para BUDAPESTE?' E Bertha respondeu, 'Vocês sabem muito bem que ele só estuda piano quando me sento ao seu lado, e tem tão pouco talento que não pode perder de jeito nenhum duas semanas de estudo'."

A Iminência de uma Guerra Civil

"Naquela semana, as pessoas evitavam ir para à rua e as famílias trancavam-se em suas casas. Menos Vovó", conta DRUCKER, "que continuou fazendo seus passeios de sempre". Nesse dia, quando a guerra civil estava na iminência de eclodir, BERTHA BONDI, sua avó, passou em frente à universidade.

Relata o mestre, "Vovó viu alguma coisa estranha nos telhados planos do edifício. Eram férias de verão, e assim as portas da frente da universidade estavam trancadas. Vovó conhecia a entrada de trás e sabia como chegar às escadas do fundo. Subiu os seis andares, guarda-chuva e sacola de compras nas mãos, até alcançar o telhado. Lá se encontrava um batalhão de soldados em uniforme de combate mirando suas armas para a Praça do Parlamento. Uma providência de cautela, de total sentido, face aos tumultos que mais tarde acabaram acontecendo. Vovó foi direto para o comandante da tropa e disse, 'Tire esses idiotas e suas armas daqui, e depressa com isso. Eles vão acabar machucando alguém'."

Derradeiras Lembranças

"Na última vez que estive com Vovó, já no início da década de 1930, um jovem encorpado e cheio de espinhas no rosto, usando uma enorme suástica na lapela, tomou o mesmo bonde em que viajávamos. Eu fora buscar Vovó para passar o Natal conosco. Vovó levantou-se do seu lugar e aproximou-se, lentamente, do rapaz. De repente, cutucou-o violentamente com seu guarda-chuva, e disse: 'Não me interessa quais sejam suas ideias políticas. Posso até mesmo partilhar de algumas delas. Mas você me parece um rapaz inteligente e de boa instrução. Não sabe que isto' – apontando para a suástica – 'pode ofender certas pessoas? É uma grandessíssima falta de educação ofender a religião de alguém, como também não é correto dar risada da acne alheia. Você jamais gostaria de ser chamado de lesma espinhenta, gostaria?' Prendi a respiração."

Relata DRUCKER, "Naquela época a suástica já não era mais motivo de piada, os jovens que a usavam em público eram treinados para literalmente arrebentar a cara de uma velhinha sem a menor compunção. Mas aquela lesma guardou mansamente sua suástica no bolso, e, ao descer do bonde alguns pontos depois, tirou o chapéu para Vovó num cumprimento. A família toda ficou horrorizada com o risco que Vovó correra. Mas todos, por outro lado, também gargalharam com sua ingenuidade, sua ignorância e, porque não dizer, estupidez. Meu pai, que tentava tornar ilegal o partido nazista na Áustria, gargalhou e disse: 'Se pudéssemos sempre ter a Vovó andando nos bondes...' Eu também ri muito. Mas ao mesmo tempo comecei a ver de outra maneira a suposta e alegada demência mental da VOVÓ. Sua aparente ignorância e estupidez, em termos práticos, funcionava. Vovó atravessava as fronteiras com tranquilidade sem precisar ficar aguardando em longas filas, conseguia preços melhores em suas compras, e fez com que aquela lesma nazista tirasse a suástica. Talvez isso não deixasse de ser estupidez, pensei, porém, e por outro lado, eu vinha argumentando há anos com os nazistas sem o menor resultado. E eis que Vovó, mordendo e assoprando, agressiva, mas cortês, conseguia uma vitória atrás da outra."

Bertha Bondi, segundo seu Neto Peter Ferdinand Drucker

"Vovó" – sempre repetia Drucker – "não era brilhante. Definitivamente não era uma intelectual. Era simples e direta. Tinha os olhos abertos para tudo, mas não era sagaz ou esperta. Pouco a pouco, fui percebendo que tinha sabedoria em vez de sofisticação. Assim, aprovar ou condenar o século XX era coisa que jamais passaria pela sua cabeça. Mas compreendeu, intuitivamente, os novos tempos muito antes que todos. Compreendeu que numa época em que os documentos valem mais que as pessoas é importante ter muitos documentos. Pois são esses documentos que determinarão o que pode ser trocado pelo quê, num momento histórico onde tudo vai se tornando mais e mais controlado. Quando os burocratas assumem o poder, os servidores públicos, em vez de servidores públicos, convertem-se em senhores do público. Vovó percebeu isso intuitivamente e passou a usar o peso de sua idade para contrapor-se a esse absurdo."

Bertha e as Mulheres

"Aprovar ou condenar a posição das mulheres ou as relações entre os sexos também é algo que jamais passaria pela cabeça da Vovó. Mas ela sabia que o mundo é dos homens e que as mulheres precisam estar preparadas para enfrentá-lo. Vovó não tinha o menor interesse pelas coisas que os homens levam a sério. Quando seu marido começava a discutir economia ou política à mesa, Vovó – contava minha mãe – dizia: 'Ações? Bolsa de Valores? Se os senhores desejam discutir coisas como bolsa de valores à mesa do jantar que o façam sem a minha presença'. Levantava-se e ia embora. No fundo concordava que os homens serviam para algumas coisas e, portanto, era preciso suportá-los."

Minha Avó, Bertha Bondi

"Acima de tudo, aquela velhinha cômica, paroquial e intolerante sabia que uma sociedade não é distribuição de rendas e serviços sociais, e tampouco os milagres da medicina moderna. É o interesse pelas pessoas. É lembrar que o sobrinho quase engenheiro ocupava um lugar todo especial no coração da Srta. Olga, alegrando-se com essa solteirona reclusa no momento de formatura dele. É ir a um subúrbio longínquo e saber ouvir os queixumes e lamentos de Paulinha, que uma empregada da família há muito falecida criara e amara. É subir e descer cinco lances de escada arrastando-se com artrite e reumatismo para levar pastilhas contra tosse a uma velha prostituta que se tornara sua vizinha depois de fazer pontos a fio na esquina de sua casa.

Vovó morreu como vivera. Criando uma "história da Vovó" como muitas outras avós do mundo. Ela, correndo pela cidade com chuva, neve ou sol, certo dia foi atravessar a rua debaixo de um temporal sem perceber o carro que vinha diretamente em sua direção. O motorista conseguiu desviar, mas ela acabou caindo. O motorista parou o carro e correu para ajudá-la. Vovó não se machucara, mas estava visivelmente abaladíssima. 'Posso levá-la ao hospital?', perguntou o motorista. 'Creio que um médico deve examiná-la'.

'Meu jovem', respondeu VOVÓ BERTHA, 'você é muito gentil, mas acho melhor chamar uma ambulância. Pode ser comprometedor andar com uma mulher estranha no seu carro – você sabe como as pessoas gostam de falar'. Quando a ambulância chegou, dez minutos depois, Vovó estava morta. Trombose coronária.

Sabendo como eu gostava dela, meu irmão telefonou-me para dar a notícia. Começou num tom soturno, 'Tenho algo muito triste para lhe contar. Vovó faleceu esta manhã'. E depois até acabamos rindo de sua última frase. Uma mulher de mais de 70 anos comprometer um jovem estando no carro com ele. E me lembrei naquele momento do que me disse a dona da loja em que entrei, depois de voltar a VIENA 20 anos depois. 'Com o perdão da palavra, Sr. PETER, ninguém pode se comparar a sua avó. Que mulher maravilhosa, não houve outra como ela'."

3 Estratégia

3.1   *A melhor maneira de prever o futuro é criá-lo.*

3.2   *Atualmente nos defrontamos com uma época de descontinuidades na economia e na tecnologia. Poderíamos transformá-la num momento de grande crescimento econômico. O certo, no entanto, até agora é a constatação de tratar-se de um período de grandes mudanças. E que, enquanto estivemos ocupados no acabamento do grande edifício econômico do século XX, seus fundamentos modificaram-se sob nossos pés.*

3.3   *Aqui estou eu com 58 anos de idade e sem saber o que farei quando crescer.*

3.4   *Apenas preparar-se para o amanhã é insuficiente. Comece descartando tudo o que não faz mais sentido, que não é produtivo, e que, definitivamente, em nada contribui para os objetivos.*

3.5   *Mudanças são inevitáveis; tal como a morte e como os impostos. Você pode até postergar por algum tempo, mas, mais cedo ou mais tarde, vai ter de se haver com as mudanças.*

3.6   *Você pode prever o futuro tanto quanto dirigir à noite numa estrada, com faróis apagados, e olhando no retrovisor.*

3.7   *Se você não sabe e não especifica o que é prioritário, certamente vai priorizar o irrelevante.*

3.8   *Sorte não garante negócios para sempre. Crescimento e prosperidade perenizam-se à medida que se é capaz de identificar e explorar todos os potenciais do negócio.*

70 ■ DRUCKER, FOREVER

3.9 *A cada dois ou três séculos ocorre na história do Ocidente uma grande transformação. Cruzamos com o que chamei de 'divisor' no livro As Novas Realidades. Em poucas décadas, a sociedade se reorganiza – sua visão de mundo, seus valores básicos, sua estrutura política e social, suas artes, suas instituições mais importantes. Cinquenta anos depois existe um novo mundo. As pessoas nascidas nele não conseguem imaginar o mundo em que seus avós viviam e onde seus pais nasceram. Estamos neste momento atravessando mais uma dessas transformações. E se a história servir de guia, a transformação não estará concluída antes de 2020. Ninguém nascido nos anos 1990 conseguirá imaginar o mundo em que seus avós cresceram e em que nasceram seus pais.*

3.10 *Os principais acontecimentos que determinarão o futuro já aconteceram. O futuro, portanto, já aconteceu. Não sou adepto da prática da futurologia. A última adivinhação que tentei fazer foi em setembro de 1929 e foi um equívoco completo.*

3.11 *Decisões empresariais sempre comprometem os recursos do presente com as incertezas do futuro.*

3.12 *A diversificação destrói a capacidade de desempenho de uma organização. A sociedade e a comunidade devem ser multidimensionais; são ambientes. Uma organização é uma ferramenta. E como qualquer outra, quanto mais especializada for maior sua capacidade de desempenhar sua tarefa.*

3.13 *Quando chove copiosamente, a maioria das pessoas socorre-se abrindo guarda-chuvas. Poucos recorrem às bacias.*

3.14 *Canibalize seus produtos antes que seus concorrentes o façam.*

3.15 *Aquisições não têm a ver com dinheiro, e sim com a visão estratégica. O que e o quanto acrescenta a quem compra o que está sendo vendido. E quais as afinidades verdadeiras que existem entre as duas empresas.*

3.16 *As próximas décadas trarão mudanças tão profundas que obrigarão o menos qualificado dos trabalhadores a revelar-se capaz de produzir de forma planejada.*

3.17 *Alianças são o novo caminho a seguir. Não apenas para os novos negócios, mas também para as empresas maduras. Ser grande por si só prevaleceu até on-*

tem. Hoje o caminho é ser parceiro, e não chefe. O grande desafio numa relação mais democrática é como se comportar.

3.18   *Tentar fazer o futuro acontecer é arriscado, mas menos arriscado do que acomodar-se confortavelmente na trajetória acreditando que nada vai mudar. Construir o futuro não é decidir o que deve ser feito amanhã, mas o que deve ser feito hoje para que haja um amanhã.*

3.19   *Duas vezes por ano, logo depois do Ano Novo e antes do início das férias de verão, em junho, passávamos a tarde de sábado e todo o domingo discutindo nosso trabalho nos seis meses anteriores. O editor sempre começava com as coisas que tínhamos feito bem. Depois ele passava para o que procuramos fazer bem. Na sequência, revia as coisas em que não tínhamos nos saído bem. E, finalmente, ele nos submetia a uma crítica severa quanto ao que tínhamos feito de forma incorreta ou, simplesmente, não conseguimos fazer. A partir daí, juntos decidíamos no que nos concentrar; o que aperfeiçoar; o que cada um de nós precisava aprender; e, uma semana depois, voltávamos a nos reunir para sacramentar o novo programa de trabalho. Jamais me esqueci desse aprendizado.*

3.20   *A base conceitual sobre a qual se sustentam todas as empresas compreende três partes: Premissas sobre o ambiente externo, premissas sobre a missão específica da organização, e premissas necessárias para que a organização cumpra sua missão.*

As premissas sobre o ambiente externo definem o que a organização é paga para fazer.

As premissas sobre a missão definem o que a organização considera como resultados significativos, e que se traduz no que faz de relevante e diferente para a sociedade.

E as premissas sobre as competências essenciais definem em que a organização deve se destacar para merecer e preservar a Liderança.

3.21   *Nenhuma empresa deve ser tão irresponsável a ponto de assumir para si tarefas que não tem a capacidade para executar. Nenhuma empresa deve sentir-se obrigada ou constrangida a realizar qualquer tarefa que não se enquadre em seus princípios e valores.*

72 ■ DRUCKER, FOREVER

3.22   *É evidente que existem diferenças entre as administrações de diferentes organizações – afinal, missão define estratégia e estratégia define estrutura. É certo que existe diferença entre administrar uma cadeia de lojas de varejo e uma diocese católica. Mas as maiores diferenças residem na aplicação, e não nos princípios. Nem mesmo as diferenças entre tarefas e desafios são muito grandes.*

3.23   *Tudo o que sabemos sobre o futuro é que não sabemos. Sabemos apenas que será diferente do que existe agora e do que gostaríamos que fosse.*

3.24   *Qualquer tentativa de basear as ações e os compromissos de hoje em predições de eventos futuros é fútil. Tudo o que temos a fazer é prever efeitos futuros de eventos que já aconteceram e são irrevogáveis.*

3.25   *Construir o futuro é descobrir e explorar a lacuna temporal entre o aparecimento de uma descontinuidade na economia e na sociedade. Isso se chama antecipar um futuro que já aconteceu. Ou impor ao futuro, que ainda não nasceu, uma nova ideia que tende a dar uma direção e um formato ao que está por vir. Isso chama-se fazer o futuro acontecer.*

3.26   *O futuro que já aconteceu não se encontra no ambiente interno da empresa. Está no ambiente externo: uma mudança na sociedade, conhecimentos, cultura, setores ou estruturas econômicas.*

3.27   *Quando uma previsão é amplamente aceita é bem provável que não seja uma previsão do futuro, mas um relatório do passado recente.*

3.28   *Construir o futuro pressupõe coragem. E muito trabalho. E, ainda, fé. Aquela ideia certa e infalível é a que certamente vai falhar. A ideia sobre a qual vamos construir a empresa deve ser incerta. Ninguém poderá afirmar como será e quando se tornará realidade. Deve ser arriscada, ter probabilidade de sucesso e fracasso. Caso não seja nem incerta nem arriscada, simplesmente não é uma ideia que tenha o que quer que seja a ver com o futuro; futuro que é sempre incerto e arriscado.*

3.29   *Diferentemente da comunidade, da sociedade, ou da família, as organizações são formadas com um propósito e sempre serão especializadas. A comunidade e a sociedade são definidas pelos vínculos que unem todos os seus integrantes, como, idioma, cultura, história, localidade. Uma organização é definida por sua* *missão. A orquestra sinfônica não tenta curar doentes; toca música. O hospital é quem cuida de doentes, mas não se arrisca a tocar Beethoven.*

3.30 *Uma organização é eficaz somente quando se concentra em uma tarefa. A diversificação destrói a capacidade de desempenho de um estabelecimento, seja comercial, sindical, de ensino, hospitalar, comunitário ou religioso. A sociedade e a comunidade devem ser multidimensionais: são ambientes. Uma organização é uma ferramenta – e como tal, quanto mais especializada, maior sua capacidade de desempenho numa função específica.*

3.31 *Como a organização moderna é composta por especialistas, cada qual com sua restrita área e expertise, sua missão deve ser clara e límpida. Se não for firme em seu propósito, seus integrantes ficarão confusos e seguirão a própria especialidade sem aplicá-la à tarefa comum. Cada qual definirá os resultados segundo sua área e tentará impor seus valores à organização. Somente uma missão comum e resoluta manterá a organização unida e produtiva. Sem isso, ela perderá credibilidade e, consequentemente, sua capacidade de atrair as pessoas necessárias para o cumprimento de sua missão.*

3.32 *Há somente três tipos de equipes. O primeiro reúne poucas pessoas, como nas duplas de tênis. Nesse tipo de equipe pequena, cada integrante adapta-se à personalidade, às habilidades, aos pontos fortes e fracos do outro.*

O segundo tipo são equipes maiores, como um time de futebol. Cada jogador tem uma posição fixa, mas o time se movimenta em conjunto enquanto cada integrante procura manter uma posição relativa.

E o terceiro são equipes como as do beisebol ou uma orquestra: todos possuem uma posição fixa.

Qual equipe ou esquema usar é uma das decisões mais arriscadas na vida de uma organização. E poucas coisas são tão difíceis quanto transformar um tipo de equipe em outro.

É da tradição da indústria americana adotar o estilo das equipes de beisebol. A pesquisa faz seu trabalho e encaminha para a engenharia. A engenharia idem e encaminha para a produção. A produção passa para o pessoal do marketing. No meio do caminho entra a contabilidade. O departamento pessoal mais adiante e quando tudo se encontra mais bem definido.

Então as empresas japonesas reorganizaram-se como time de futebol. Cada equipe, cada função, tem o próprio trabalho, mas todos trabalham juntos desde o início. Movimentam-se em torno do objetivo da mesma maneira como os jogadores de futebol procedem em relação à bola. Os japoneses precisaram de 15 anos para dominarem esse formato. Mas, depois, conseguiram reduzir o tempo de cinco anos para um novo modelo de automóvel, para 18 meses. E assim, Honda, Toyota, Nissan, com essa conquista, abocanharam substanciais fatias de mercado.

O grande desafio para migrar-se de um estilo de jogo para outro é o desaprendizado, ou indução de uma nova cultura, as pessoas têm de abrir mão de tudo que consideravam certo e perfeito. Hábitos e aprendizados muitas vezes de uma vida, inclusive, de antigos e estimados relacionamentos humanos.

3.33 *Não é incomum um planejador descobrir que seus maravilhosos planos fracassam porque ele mesmo não os segue à risca. Muitos planejadores acreditam que ideias por si só têm o poder de mover montanhas. Em verdade, o que move montanhas são escavadeiras. Planejadores precisam entender que o trabalho não termina com o plano finalizado. É necessário encontrar as pessoas que levarão o plano adiante, e torná-lo absolutamente compreensível e exequível por essas pessoas. E ainda é de sua missão, também, decidir quando não mais vale a pena insistir-se com o plano.*

3.34 *Não se pode esperar que um superadministrador rejuvenesça uma teoria ultrapassada. Da mesma forma que jamais se deve contar com uma solução milagrosa prometida por um curandeiro. A obsolescência de uma teoria é uma doença degenerativa que oferece risco de morte. E a procrastinação jamais curará uma doença degenerativa.*

3.35 *Antes de se partir para a ação é necessário um plano, a construção de um mapa. Prevendo resultados desejados, limitações prováveis e previsíveis, modificações futuras, pontos de avaliação e eventuais correções de rota.*

O plano de ação é uma declaração de intenções e não um compromisso definitivo, do tipo camisa de força. Deve contar sempre com mecanismos capazes de confrontar resultados efetivos com expectativas.

E deve servir, também, para o controle e gestão do recurso mais escasso e valioso para profissionais e empresas, o tempo.

3.36 *A realidade é que a corporação multinacional está tornando-se rapidamente uma espécie em extinção. No passado, as empresas cresciam a partir de suas raízes ou por meio de aquisições. Em ambos os casos, o gestor detinha o controle. Hoje, as empresas crescem por meio de parcerias, dos mais diversos tipos de ligações perigosas e de joint ventures, o que, a propósito, poucas pessoas compreendem. Esse novo tipo de crescimento preocupa o gestor tradicional, que acredita na necessidade de deter ou exercer controle sobre as fontes de comando, bem como sobre os mercados.*

3.37 *Cada vez mais, e sempre que possível, as empresas recorrerão à terceirização. Assim, e em no máximo 10 anos, as empresas estarão terceirizando todo o trabalho que não implique na progressão de carreira até o acesso ao comando. Para que uma empresa seja produtiva, será preciso terceirizar a maior parte de suas atividades. E acredite, isso nada tem a ver com economia; tudo e exclusivamente a ver com qualidade.*

3.38 *As corporações eram construídas no passado para terem a durabilidade de uma pirâmide. Hoje se parecem mais com tendas. No futuro, terão desaparecido ou estarão completamente desordenadas. E isso é válido não só para as grandes empresas como Sears, GM, IBM. A tecnologia está se transformando a passos largos, assim como com mercados e estruturas. Você não pode projetar sua vida em torno de organizações temporárias.*

Um exemplo simples da forma como os pressupostos estão mudando são as pessoas que participam de meus programas de treinamento. A maioria, homens e mulheres na faixa dos 45 anos, e ocupando posições em gerências sênior de uma grande corporação, ou comandando empresas médias. Quando começamos esse programa, há 20 anos, as pessoas perguntavam, "Como posso me preparar para a próxima promoção?". Hoje perguntam, "O que preciso aprender para decidir qual será o meu próximo passo?".

3.39 *Eu sempre faço as mesmas três perguntas. Não importa se estou numa reunião com os dirigentes de uma igreja, de uma empresa, de uma universidade, de um hospital, e de qualquer nacionalidade.*

A primeira pergunta é QUAL É O SEU NEGÓCIO? O que você está tentando realizar?

A segunda, QUAIS SÃO OS RESULTADOS? Essa pergunta é mais difícil para uma organização que não é uma empresa.

E a terceira, QUAIS SÃO SUAS COMPETÊNCIAS ESSENCIAIS? Nesse sentido, as diferenças estreitam-se entre o século passado e o atual. Em verdade, nos últimos 100 anos, o mundo converteu-se numa sociedade de organizações.

3.40 *A missão é sempre de longo prazo. Passa por esforços e ações de curto prazo, mas sempre, considerando os resultados de longo prazo. Inicia-se pela definição de um objetivo de longo prazo, primorosamente traduzido num sermão de John Donne, grande poeta e religioso do século XVII, em que num determinado momento diz, "Nunca comece pelo amanhã se queres alcançar a eternidade. Ninguém, alcança a eternidade a passos curtos".*

3.41 *O comando das empresas do amanhã, das multis e das globais, terá de ser um órgão separado e autônomo que agirá em nome do que for melhor para a empresa no longo prazo. Sua principal função será a busca pelo equilíbrio entre as demandas conflitantes de seus diferentes stakeholders – clientes, acionistas, investidores institucionais, parceiros e fornecedores, os trabalhadores do conhecimento e as comunidades.*

3.42 *Existe uma antiga história chinesa que melhor ilustra o sentido de missão. Um dia perguntaram a três pedreiros o que eles estavam fazendo. O primeiro respondeu, "estou quebrando pedra, você não está vendo?". O segundo disse, "estou fabricando tijolos, você não está vendo?" E o terceiro disse, "estou construindo uma catedral". É isso que faz a diferença nos trabalhadores do conhecimento. Ter consciência de seu trabalho e contribuição específica para o conjunto da obra, para a missão. Por essa razão é que sempre se começa pela definição de missão. E aí cada pessoa da equipe irá refletir sobre sua contribuição específica para que a missão seja realizada.*

3.43 *Nunca vi nada ser benfeito sem o comprometimento das pessoas envolvidas. Todos conhecem a história do Ford Edsel. A maioria atribui seu megafracasso a erros de projeto. Em verdade, o Edsel foi um dos modelos mais bem-*

-projetados de todos os tempos. Tinha, no entanto, um pequeno detalhe. Ninguém na Ford acreditava no Edsel. Foi projetado exclusivamente em pesquisas, com zero de comprometimento. Quando se manifestaram as primeiras dificuldades, ninguém era o pai da criança. Não estou convencido de que poderia ter dado certo. Mas, sem o comprometimento das pessoas envolvidas, as chances são ínfimas. Para que o sucesso aconteça, é preciso existir a oportunidade, competência de realização e comprometimento. E, assim, toda declaração de missão tem que atentar, refletir e emular essas três componentes.

3.44   *No correr de minha trajetória, criei e acrescentei algumas palavras ao ambiente corporativo: descentralização, trabalhador do conhecimento, gestão por objetivos, privatização... Esses termos deverão continuar sendo usados por muitos anos, como disseram quando me foi concedida a Medalha Presidencial da Liberdade. Mas a fama não é a única medida de uma vida. Assim, pretendo seguir fazendo o que fiz até agora e muito mais. Um dos textos que mais me motivou, do Prêmio Nobel de Literatura, George Bernard Shaw, tratava disso. É o A autêntica alegria. Diz:*

"Exaurir-se a um propósito que você reconhece como poderoso, essa é a autêntica alegria da vida. Ser uma força da natureza e não um torrãozinho febril e egoísta de aflições e queixumes, reclamando que o mundo não conspira para a sua felicidade. Acredito que minha vida pertença ao mundo e enquanto eu viver é meu dever fazer pela minha vida tudo o que puder. Pretendo exaurir-me por completo até morrer, pois quanto mais trabalho, mais vivo. A vida não é uma vela curta e fugaz. É uma tocha maravilhosa da qual me apoderei por instantes, e pretendo fazê-la brilhar intensamente e pelo maior tempo possível, para depois entregá-la às futuras gerações."

3.45   *No final da próxima década, o porte das corporações terá se tornado uma decisão estratégica. Nem GRANDE É MELHOR nem PEQUENO É BELO. Um elefante, rato ou borboleta não são, em si, melhores. O porte sempre deve acompanhar a função. As vantagens que o tamanho costumava conferir às empresas foram, em grande parte, eliminadas pela disponibilidade universal de gerência e de informação.*

As vantagens que a pequenez em si conferia foram, em sua maioria, neutralizadas pela necessidade de se pensar, ou agir, em termos globais. Assim, cada vez mais a gerência terá de decidir a respeito do tamanho certo para uma empresa, aquele que seja o mais adequado para a sua tecnologia, estratégia e mercados.

3.46   *Baixos salários deixaram de ser uma vantagem competitiva. O tamanho dos salários dos operários está se tornando cada vez mais irrelevante na competição global. Qualidade, concepção, serviços, inovação, marketing, sim, estão se tornando mais importantes. Mas os salários dos operários foram perdendo a importância.*

A razão é simples. A mão de obra operária não corresponde mais por uma parcela expressiva dos custos totais; e que seja suficiente para dar, aos baixos salários, uma eventual importância competitiva.

3.47   *Durante muitos anos, uma equipe de planejamento estratégico composta por 45 profissionais brilhantes de uma grande multinacional preparava cenários precisos e detalhados. Trabalho de excepcional qualidade, primeiríssima classe – todos concordavam – e de leitura estimulante. No entanto, seu impacto operacional era próximo de zero. Um novo CEO perguntou, um dia, "Qual é a tarefa?". E ele mesmo respondeu, "seguramente não é prever o futuro". É dar, aos nossos negócios, direção, metas e a construção da estratégia que possibilite alcançar essas metas". Desde então o mesmo pessoal de planejamento trabalha em torno de três perguntas para cada um dos negócios da empresa.*

1. Qual a participação de mercado necessária para preservar-se a Liderança?

2. Que desempenho inovador é necessário para que se alcance esse resultado?

3. E qual a taxa de retorno mínima para recuperar-se, ao menos, o capital?

Só depois é que a equipe de planejamento se reúne com os executivos para a definição dos planos necessários à consecução desses objetivos. Os planos já não são mais tão elegantes, não provocam suspiros, mas são assertivos e eficazes. Convertem-se nos resultados pretendidos.

3.48   *O desafio para as corporações é o de aprender como ser e preservar-se competitiva, independentemente de seu tamanho. Isso significa voltar-se para o mer-*

cado. Significa induzir uma cultura interna que resulte no abandono imediato de produtos e tecnologias que só dizem respeito ao ontem. Significa, simultaneamente, impregnar toda a empresa com o oxigênio da inovação. Tornar-se melhor, para as grandes empresas, é insuficiente. Terão de se revelar diferentes. E, finalmente, quanto mais uma empresa concentrar-se numa gama de produtos ou mercado, melhores serão suas perspectivas de resultados.

3.49   Toda a empresa só deverá considerar qualquer possibilidade de diversificação – para ter acesso à tecnologia e tornar-se mais competitiva num mercado específico – depois de esgotadas todas as possibilidades de parcerias estratégicas. Aquisições ou desenvolvimento a partir do zero só por absoluta falta de alternativa. E, ainda e assim mesmo, pensando muito.

3.50   Dentro de 10 a 15 anos, contratar fora será a regra, muito especialmente nas grandes organizações. Em verdade, essa é a única maneira de se conseguir produtividade em trabalhos administrativos, de manutenção, de apoio, e consultivo. A produtividade desses trabalhos evolui a passos de tartaruga e é desanimadora. Não existe incentivo para melhorar a produtividade em manifestações típicas de monopólio. E toda as referências supostamente positivas a esses trabalhos não se referem a produtividade, e sim ao tamanho das equipes. Quando o trabalho não corresponde, a solução sempre é contratar mais pessoas. Quando esse mesmo trabalho é prestado por empresa externa e independente, troca-se o prestador.

3.51   Definir e edificar uma nova persona nas grandes empresas passa por uma revisão sensível em seus valores.

No meio século que se seguiu à Segunda Grande Guerra, a nova persona partia de converter a organização numa manifestação capaz de produzir riquezas e empregos. Na próxima sociedade, o grande desafio de todas as empresas, muito especialmente as globais, será legitimar-se socialmente – valores, visão, missão. Tudo o que decorre dessa nova persona poderá, uma vez definida, ser terceirizado.

3.52   Enquanto não existir algum tipo de regra, ordenamento, estatuto, impossível para uma pessoa reconhecer a existência de uma organização. Tem de haver *uma relação funcional definida entre cada uma das pessoas e no conjunto enquanto grupo.*

Para uma pessoa, a inexistência de função, estatuto, sociedade, traduz-se em caos e irracionalidade. Uma pessoa sem uma raiz mínima não consegue ver qualquer organização, sociedade. É como se estivesse a enfrentar o tempo todo forças demoníacas e paradoxais, metade sensíveis, metade indecifráveis, metade a luz do dia, metade na escuridão, jamais previsíveis. É como um homem de olhos vendados numa sala estranha, e onde supõe participar de um jogo em que desconhece qualquer regra.

3.53 *As novas realidades de hoje não têm nada a ver com aquilo que supostamente todos sabem, e passam a quilômetros de distância de devaneios de obsoletas esquerdas e direitas. Diferem completamente de todas as visões políticas conhecidas. Objetivamente, "O que é" nada tem a ver com que direita e esquerda acreditam "ter de ser". Uma época de disrupção é uma época de grandes oportunidades para todos os que conseguem compreender, aceitar e explorar as novas realidades. Assim, o desafio dos decisores é resistir às tentações das certezas de ontem e enfrentar com coragem e entusiasmo as novas realidades.*

3.54 *A cultura de uma organização decorre de sua missão, e não da comunidade onde se insere. Organizações modernas operam em comunidades. Os resultados ocorrem nas comunidades. Mas a organização jamais pode subordinar-se à comunidade ou afogar-se nela. Sua cultura transcende a comunidade. Assim, e repetindo, cada sistema de valores de uma organização é determinado por sua tarefa e jamais pela comunidade ou comunidades onde se insere.*

3.55 *Em períodos de fortes turbulências, a mudança é a norma. É dolorosa, arriscada e exige trabalho duro. Só sobreviverão as empresas que decidirem encarar a mudança. Em períodos de mudanças estruturais, só sobrevivem as empresas que lideram as mudanças. Como tenho repetido, construir o futuro é arriscado. Mas, menos arriscado do que não fazer nada.*

3.56 *Durante mais de 100 anos, e nos principais países do mundo, prevaleceu uma sociedade baseada na relação de emprego e trabalho, organizações de empregados. Agora, os países desenvolvidos, com os Estados Unidos na liderança, evoluem para uma Sociedade em Rede na forma de se organizar as empresas e as* *pessoas que nelas trabalham e, também, na relação entre as empresas. A maioria dos trabalhadores americanos está deixando de ser empregado das empresas, e passando a ter relações de parcerias com as empresas. E o mesmo vem acontecendo, repito, na relação entre empresas.*

3.57 *A sociedade que vem chegando é totalmente baseada no conhecimento. E tem três características principais:*

Primeira, a de não ter fronteiras, uma vez que o conhecimento trafega com muito mais facilidade do que o dinheiro.

A segunda, a possibilidade de mobilidade ascendente para todos os que preservarem e aprimorarem seus conhecimentos.

E, terceira, e pelo adensamento da competitividade, significativo aumento nos índices de fracassos.

3.58 *A primeira reação após um período de grandes turbulências é o protecionismo, a tentativa de erguer muros. O melhor exemplo é o México, que desde 1929 e durante os 50 anos seguintes, teve como política construir uma economia interna independente do mundo lá fora. Não apenas construiu muros de protecionismo para evitar o confronto das empresas mexicanas com as dos demais países, como ainda proibia que suas empresas exportassem seus produtos. Essa política fracassou totalmente. O México tornou-se dependente de importações – de alimentos e produtos manufaturados – e no final deu-se por vencido e abriu-se ao mundo exterior. E, ao fazê-lo, constatou que tinha construído empresas de pouca ou nenhuma competitividade.*

3.59 *A hipótese do negócio, seus pressupostos e concepção, devem ser do conhecimento e compreensão de toda a organização. Isso é possível, fácil e quase que natural no início da empresa. À medida que cresce, alcança sucesso, e de forma natural, sem se dar conta, vai negligenciando esses cuidados. A organização torna-se descuidada. Começa a cortar caminhos, seguir objetivos mais convenientes às pessoas e não mais os originalmente definidos. Deixa-se de pensar e os questionamentos rareiam. Até lembram-se de algumas respostas, mas esqueceram-se das perguntas. Assim, e aos poucos, a hipótese inicial do negócio vai convertendo-se numa nova e deletéria cultura.*

Por essa razão, essa hipótese deve ser testada e confrontada constantemente. Sem jamais perder-se de vista que uma hipótese é uma hipótese. Hipótese sobre fatores e forças em estado de permanente mudança: sociedade, mercados, clientes, tecnologia.

Algumas hipóteses por sua consistência duram muito tempo. Mas, mais cedo ou mais tarde, tornam-se obsoletas. Toda grande organização com décadas de existência teve de se defrontar com essa situação. Precisou reconsiderar e rever sua hipótese de negócio.

3.60 *A definição do que é o negócio parece ser simples. Não é. Implica não apenas em conhecimento, mas numa análise exaustiva de todas as possibilidades. As primeiras análises invariavelmente desembocam em conclusões débeis e generalistas, do tipo "nosso negócio é comunicação" ou "nosso negócio é transporte". À medida que mais e muitas hipóteses vão sendo formuladas, e estressadas sobre todos os ângulos pelos profissionais das diferentes áreas, o exercício vai se tornando mais claro, fácil e motivador. Uma das perguntas chaves que todos devem se fazer é: "Qual é nossa competência específica, ou conhecimento específico?". Não existe a possibilidade de uma empresa fazer tudo, e bem. Sim, um negócio pode até mesmo alcançar bons resultados em mais de uma área. Pode e, eventualmente, até tem de ser competente em muitas áreas do conhecimento. Mas, excelente, numa só.*

3.61 *"Não vá o sapateiro além dos sapatos". Esse velho provérbio ainda é um ótimo conselho. Quanto menos diversificado for um negócio mais administrável será. Fica mais fácil para todos entenderem quais são seus trabalhos, sua contribuição para os resultados, e o desempenho do conjunto das pessoas. Esforços concentrados, expectativas definidas, desempenhos passíveis de avaliação. A complexidade cria problemas de comunicação. Mais reuniões, mais hierarquia, mais atrasos.*

Assim, existem apenas duas formas para se dar sentido a negócios complexos e diversificados. Ou se alcança a singularidade porque negócio, produtos, demais atividades, concentram-se num mesmo mercado.

Ou alcança-se a singularidade se negócio, mercado, produtos e demais atividades estiverem todos integrados e inseridos na unicidade de uma mesma e comum tecnologia.

3.62 *Seis são as regras para estratégias de aquisição, com sucesso:*

1. *Aquisições bem-sucedidas suportam-se em estratégias de negócios, e não em estratégias financeiras;*
2. *Aquisições de sucesso levam em consideração o quanto acresce de resultados ao negócio do comprador;*
3. *Entre comprador e comprado devem existir áreas de afinidades. Mercados, marketing ou tecnologia, ou nas competências específicas e essenciais;*
4. *O comprador deve respeitar os negócios, produtos, profissionais e clientes da empresa comprada; acima de tudo, seus valores;*
5. *O comprador precisa estar capacitado e preparado para oferecer gestão de qualidade e de forma rápida à empresa comprada;*
6. *O comprador de sucesso sabe ser importante que a aquisição se traduza em novas e motivadoras oportunidades. Para suas equipes, assim como para as da empresa comprada.*

3.63 *Toda a aquisição deve encaixar-se na estratégia da empresa compradora. Caso contrário, os riscos de insucesso são insuportáveis. PETER GRACE, presidente-executivo da empresa que levava o nome de sua família e fundada por seu pai, JOSEPH, foi simplesmente um desastre em suas sucessivas aquisições. Todas eram fortemente recomendáveis sob a ótica financeira. Contratou a seu serviço algumas das melhores cabeças de finanças dos Estados Unidos. Comprou empresas na bacia das almas, verdadeiras pechinchas, repito, sob a ótica dos números. Mas nada a ver com a estratégia do negócio. Deu no que deu.*

3.64 *Toda estratégia de aquisição de sucesso parte da dimensão e qualidade das contribuições decorrentes. Essas contribuições podem acontecer na gestão, na tecnologia, na distribuição, mas não e exclusivamente no capital financeiro. O capital por si só é insuficiente.*

3.65 *A diversificação de sucesso, mediante aquisições, assim como todo tipo de diversificação, requer um núcleo de unidade comum a todas. As empresas envolvidas devem ter em comum mercados, tecnologia e até mesmo processos semelhantes de produção. Quando não existe esse ponto comum, esse núcleo de unidade, a diversificação quase nunca funciona. Dentre os exemplos de sucesso, o da LVMH – Louis Vuitton, Moët, Henessy, mediante sucessivas aquisições de marcas de diversos gêneros e tipos de produtos – perfumes, champanhes, relógios, roupas,*

84 ■ DRUCKER, FOREVER

sapatos – cujo núcleo comum entre todos é o que seus clientes compram – luxo, exclusividade, status. Champanhe, relógios, roupas prestam serviços diferentes, mas, e para esse público específico, são comprados pelas mesmas razões e motivos.

3.66 *Nenhuma aquisição funciona a não ser que as pessoas da empresa compradora respeitem produtos, clientes e mercados da empresa comprada. Nos últimos anos, empresas farmacêuticas têm comprado empresas de cosméticos. Farmacêuticos e bioquímicos são frios, racionais, mais preocupados com saúde. Batons, perfumes, cremes, e consumidores desses produtos, são frívolos. Assim, com raríssimas exceções, essas aquisições converteram-se em retumbantes fracassos.*

3.67 *Independentemente de seguirem todas as regras de sucesso em processos de aquisições, algumas dessas aquisições falham, ou demandam um tempo desproporcional para que comecem a performar.*

Tudo está ok. Legalmente a empresa comprada agora faz parte da relação das empresas da compradora. Todo o capital humano de todas as empresas começa a flexibilizar o pronome "nós". Mas, e como não se procedeu a uma harmonização completa de todo o capital humano, ainda que de forma dissimulada, permanece o antagonismo entre os profissionais das diferentes empresas. "Nós e eles". Assim, o melhor é proceder a integração o mais rápido possível, e realizando algumas promoções cruzadas, acelerando e intensificando todas as ações de integração.

Leitura

Os Fundamentos da Administração Moderna e de sua Ideologia, o Marketing, segundo Peter Ferdinand Drucker

Existe um novo mundo a caminho. Seus alicerces foram construídos no correr de quase sete décadas por um gênio. Ele partiu no dia 11 de novembro de 2005, aos 95 anos, deixando um imenso, infinito e generoso raio de luz que pavimenta a estrada em direção a esse novo mundo. Sabedoria e conhecimentos mais que suficientes para uma travessia segura. E que aqui, com total humildade e maior respeito, tento sintetizar para você, querido leitor, a pedra fundamental, o lastro. Esse lastro encontra-se especialmente em dois de seus mais de 40 livros. Um do ano de 1954, traduzido e publicado no Brasil apenas em 1962, com o título *Prática de Administração de Empresas*, e o outro, de 1964, publicado no Brasil em 1968, com o título *Administração Lucrativa*.

A partir de agora, combinando a essência que se traduz nos fundamentos de todas as empresas e negócios de sucesso, e somando partes dos dois livros, tentarei produzir uma síntese de seu mais importante ensinamento. E que se sintetiza em três partes. O manifesto, e os sacramentos e os mandamentos da administração moderna, e sua ideologia, o marketing.

Manifesto

"A administração deve sempre, em toda ação e decisão, colocar em primeiro lugar a realização econômica. Só pode justificar sua existência e autoridade pelos resultados econômicos que produza. Pode alcançar grandes resultados não--econômicos: felicidade de seu capital humano, contribuição ao bem-estar e cultura das comunidades onde se insere, e muitas outras conquistas mais. Todavia, terá falhado se não oferecer os produtos e serviços desejados pelo consumidor e por um preço que ele esteja disposto a pagar. Terá falhado se não melhorar ou ao menos mantiver a capacidade de produzir riquezas a partir dos meios econômicos confiados à empresa pela sociedade."

Narrativa

"Se desejarmos saber o que é um negócio, devemos começar a partir de seu propósito. E esse propósito, obrigatoriamente, deve estar situado fora do negócio. Na verdade, deve estar situado na sociedade, na medida em que a empresa é uma instituição da sociedade. Existe apenas uma definição válida sobre o propósito de uma empresa: criar e preservar clientes.

São os clientes que determinam o que vem a ser um negócio. São os clientes que, se dispondo a pagar por um produto ou serviço, convertem recursos econômicos em riqueza, coisas em mercadorias. O que o negócio julga estar produzindo não é de importância primordial. O que os clientes acreditam estar comprando, o que consideram valor é que é decisivo, que determina o que é um negócio, que serviços prestam, e se alcançará sucesso. Os clientes são o alicerce da empresa e quem a mantém viva. Só os clientes produzem empregos. E é para servir a seus clientes que a sociedade confia os meios de produção de riquezas às empresas."

Propósito

"O propósito de todas as empresas, de todos os portes e setores de atividade é conquistar e preservar clientes; por essa razão, o marketing é a função distinta, única e comum a todas as empresas. O marketing é muito mais amplo que qualquer departamento ou diretoria. Compreende todo o negócio. É a forma de pensar e agir de todo o capital humano da empresa. É o negócio inteiro olhado a partir de seus resultados finais, isto é, sob a ótica de seus clientes. Assim, a preocupação, a ativação e a responsabilidade pelo marketing devem estar presentes, permanentemente, em todos os setores da empresa, e não exclusivamente na área do marketing."

Os Sacramentos da Administração Moderna e de sua Ideologia, o Marketing

1. "Nem os resultados nem os recursos existem dentro das empresas. Ambos estão localizados fora.
2. Resultados são alcançados pelo aproveitamento de oportunidades, e não pela solução de problemas.
3. Assim, para produzirem resultados, os recursos precisam ser destinados às oportunidades, jamais aos problemas.
4. Resultados econômicos são conquistados exclusivamente pela liderança, e não apenas pela competência.
5. Qualquer posição de Liderança é transitória e provavelmente de curta duração.
6. O que existe está se tornando velho.
7. O que existe tem enorme possibilidade de ser distribuído de forma errada.
8. A concentração representa a chave para resultados econômicos reais."

Os Mandamentos da Administração Moderna e de sua Ideologia, o Marketing

1. "O que as pessoas nas empresas imaginam conhecer sobre os clientes e o mercado é mais provável estar errado do que certo.
2. O que um cliente compra é, raramente, o que uma empresa pensa estar lhe vendendo.

3. Assim, e por decorrência, produtos e serviços que a empresa define como concorrentes não o são, necessariamente.

4. Aquilo que a empresa imagina ser o aspecto mais importante de um produto, via de regra, não tem o menor significado para o cliente.

5. A racionalidade dos clientes sempre é diferente da racionalidade das empresas fabricantes, ainda que na aparência até possam se assemelhar.

6. Nenhum produto ou empresa isoladamente têm a menor importância para o mercado.

7. Cliente não é quem compra. É quem toma a decisão de comprar."

4 Conhecimento

4.1 Todos concordam que o processo de aprendizado é uma jornada pela vida. Permanentemente aberta e receptiva às mudanças. O maior desafio é conseguir que as pessoas entendam isso e coloquem em prática.

4.2 Aos elefantes custa muito adaptar-se; já as baratas sobrevivem a tudo.

4.3 Eficácia é fazer certo as coisas certas. Eficiência, fazer certo todas as coisas.

4.4 O abandono é o que tem que ser feito, mesmo que algumas pessoas continuem afirmando que o produto ou serviço ainda tem uns bons anos pela frente. São esses produtos, serviços e processos agonizantes que sempre requerem mais cuidados e maiores esforços. Ocupam as pessoas mais produtivas e capazes. E também acabamos superestimando o tempo de vida que ainda existe no velho produto, serviço, processo, mercado. Não estão agonizantes, estão mortos. E como aprendemos com a medicina, não há nada tão difícil, tão dispendioso nem tão inútil quanto tentar impedir que um cadáver cheire mal.

4.5 Produtos, serviços, mercados e processos devem ser desativados se o único argumento que os sustentam é o de que todos os investimentos já foram amortizados. Tratar ativos como totalmente amortizados só faz sentido na contabilidade fiscal e em nenhum outro lugar. Para fins gerenciais não existem ativos sem custos. A pergunta jamais é quanto custaram? A pergunta é o quanto ainda são capazes de produzir? Ativos que não produzem não são nada, muito menos ativos.

4.6 A teoria da informação nos alerta, e a vida nos ensina, que cada retransmissor dobra o ruído e corta a mensagem pela metade.

4.7 A filosofia é a rainha das ciências, mas ainda prefiro um nefrologista para remover pedra dos rins.

4.8   O conhecimento não está vinculado a país algum. É transnacional, é portátil. Pode ser criado em qualquer lugar, de forma rápida e barata. E é, por definição, mutável.

4.9   Os operadores de máquinas nas fábricas faziam o que lhes era mandado fazer. A máquina é que definia o que fazer e como. O trabalhador do conhecimento pode precisar de uma máquina quer seja um computador, um ultrassom, um radiotelescópio. Mas nenhuma dessas máquinas determinará o que e como será feito. Sem o conhecimento, que é propriedade do trabalhador do conhecimento, a máquina é improdutiva.

4.10   Conhecimento precisa ser aprimorado, desafiado, e evoluir permanentemente. Caso contrário, pode evaporar-se.

4.11   Minha maior força como consultor é a consciência de minha ignorância e saber fazer algumas perguntas.

4.12   Quando um assunto não tem a menor importância, o transformamos em disciplina obrigatória.

4.13   Antes de decidir-se sobre o que vai fazer na vida, se vai escalar, nadando, as Cataratas do Niágara, considere os talentos que verdadeiramente tem e as áreas onde sua contribuição será relevante.

4.14   Ouvir, mais que virtude, é uma disciplina. Tudo o que você tem de fazer, sempre, é manter a boca calada.

4.15   Jamais confie em alguém que nunca cometeu erros.

4.16   O fator de produção decisivo não é o capital, a terra ou a mão de obra. É o conhecimento. Ao invés de capitalistas e proletários, as classes da sociedade pós-capitalista são os trabalhadores do conhecimento e os trabalhadores em serviços.

4.17   No passado não se falava sobre um homem ou uma mulher de conhecimento. Falávamos de uma pessoa educada. As pessoas educadas eram generalistas. Sabiam o suficiente para falar, escrever e compreender sobre muitas coisas. Mas não o suficiente para fazer o que quer que fosse. Como dizia um velho ditado, você quer uma pessoa educada para compartilhar um jantar, mas jamais deve ficar sozinho com essa pessoa numa ilha deserta, onde é necessário ter alguém que sai-

ba como fazer coisas. O que hoje consideramos conhecimento é o que se prova em ação. Conhecimento é informação eficaz em ação e focada nos resultados.

4.18 *No correr da história, os artesãos que aprendiam um ofício adquiriam tudo o que precisariam saber durante toda a vida e após cinco ou seis anos de aprendizado. Na sociedade do conhecimento, assume-se que qualquer pessoa que possua algum conhecimento terá que adquirir novos conhecimentos a cada quatro ou cinco anos sob pena de tornar-se obsoleta.*

4.19 *Assistiremos, em meados do próximo século, a um desequilíbrio dramático em que os idosos serão em quantidade esmagadoramente maior que os jovens. Aprender a trabalhar com pessoas idosas será uma tremenda vantagem competitiva. Não se pode jogar esse capital no lixo.*

4.20 *Ouçam... É Doris trabalhando com mais de 80 anos. Até o ano passado, batendo nos 90, eu dava aula o sábado inteiro, com um pequeno intervalo para o donut e um café na Graduate School of Management.*

4.21 *Não pode existir a menor dúvida. Gestão é prática. Assim e sempre, os fundamentos decorrem da ação dos práticos e jamais dos acadêmicos. Só a partir do momento que uma dada prática está suficientemente madura é que os acadêmicos conseguem produzir contribuições relevantes.*

4.22 *Essas novidades, inclusive muito do que escreveu Porter, são ferramentas. Nenhuma é resposta. Modas passageiras rapidamente substituídas pela "coelhinha" do mês seguinte. Como ferramentas, algumas são úteis e restringem-se a determinados momentos e situações. Jamais curas definitivas e universais. Não posso usar um martelo para cortar minhas unhas.*

4.23 *Tive uma boa educação musical quando garoto. Viena, durante minha adolescência. Era uma cidade que transcendia música. Embora sempre ouvisse óperas maravilhosas, nada se compara à sensação que tive ao ouvir pela primeira vez FALSTAFF, de GIUSEPPE VERDI. Fui atrás. E descobri que foi composta por um homem aos 80 anos. Eu tinha 18 anos e não conhecia ninguém com essa idade. As pessoas mais saudáveis mal passavam dos 50 anos. Então li o que o próprio VERDI disse a respeito, quando de certa feita fora lhe perguntado por que um homem tão famoso e considerado um dos maiores compositores de ópe-*

ra do século XIX, e com sua idade, ainda se dava a tanto trabalho e ao desafio de compor uma obra daquela dimensão. E, VERDI, respondeu, 'Durante toda a minha vida como músico lutei para atingir a perfeição. Sempre me escapou. Certamente eu tinha a obrigação de tentar mais uma vez'. Naquele momento decidi que qualquer que fosse minha carreira as palavras de VERDI seriam meu guia. E se chegasse àquela idade avançada, jamais desistiria.

4.24 *Todos os médicos experientes já testemunharam curas milagrosas. Pacientes com doenças terminais que se recuperam de repente – às vezes espontaneamente, às vezes recorrendo a curandeiros, adotando uma dieta radical ou dormindo de dia e permanecendo acordado à noite. Mesmo não sendo as tais curas científicas, são curas reais. Nenhum médico, no entanto, vai escrever um livro de medicina para estudantes tratando de curas milagrosas. Mesmo porque não podem ser reproduzidas, ensinadas e muito menos aprendidas.*

4.25 *A sociedade baseada no conhecimento precisa de um tipo diferente de pessoa instruída daquela que os humanistas lutam por ser. Precisa ser capaz de usar seu conhecimento como suporte do presente e para decidir o futuro. Capacidade essa não prevista pelos humanistas. Em seu romance de 1943, O JOGO DAS CONTAS DE VIDRO, Hermann Hesse relata o tipo de mundo que os humanistas queriam, assim como seu fracasso. Uma irmandade de intelectuais, artistas e humanistas que viviam em esplêndido isolamento, dedicados à Grande Tradição, à sabedoria e à beleza. Mas o herói, o mais graduado Mestre da Irmandade, decide, no final, retornar à realidade poluída, vulgar, turbulenta, desgastada por conflitos, apegada ao dinheiro. Acreditava que todos os valores são falsos caso não tenham relevância para o mundo.*

4.26 *Trabalhadores do conhecimento não são subordinados, são associados. Assim que ultrapassam o estágio de aprendizes, sabem mais de suas tarefas do que suas chefias – caso contrário nada valeriam. E saberem mais sobre seu trabalho específico do que qualquer outra pessoa dentro da organização é parte essencial da definição de trabalhador do conhecimento.*

4.27 *Os novos empregos exigem uma boa quantidade de educação formal e a habilidade de adquirir e aplicar conhecimento teórico e analítico. Exigem, acima de tudo, que se tenha o hábito do aprendizado contínuo.*

4.28   *Na sociedade do conhecimento, os trabalhadores do conhecimento são donos dos instrumentos de produção. Marx afirmava que os operários jamais possuiriam os meios de produção e, portanto, deveriam permanecer na condição de alienados. Não existia a possibilidade, por exemplo, de serem donos de máquinas a vapor e carregarem com eles ao mudar de um emprego para outro. Na sociedade do conhecimento o que conta são os trabalhadores do conhecimento. Sem eles, independentemente de serem sofisticadas ou avançadas, as máquinas são improdutivas.*

4.29   *A administração, como qualquer outra função, possui instrumentos e técnicas próprias, mas, assim como a essência da medicina não reside no exame e análise da urina, por mais importante que seja, a essência da administração não se encontra em técnicas e procedimentos. Sua essência é tornar o conhecimento produtivo.*

4.30   *Na sociedade tradicional, partia-se do princípio de que o aprendizado terminava na adolescência ou, no máximo, até alcançarmos a idade adulta. Em uma sociedade empreendedora, tudo o que se aprendeu até os 21 anos começará a se tornar obsoleto em no máximo cinco anos, e assim terá de ser substituído ou renovado por um novo aprendizado – técnicas e conhecimentos. Assim, os indivíduos terão de assumir cada vez mais o próprio aprendizado e a permanente atualização. Entenderem que tudo o que aprenderam quando crianças e jovens apenas se constitui na plataforma de lançamento. Apenas o local de onde decolam, mas jamais onde estacionam e ficam... Os sistemas educacionais em todo o mundo foram fortemente influenciados pelos avanços da Europa no século XVII. Pequenos acréscimos e mudanças, mas o plano estrutural básico de nossas escolas e universidades remonta a 300 anos ou mais.*

4.31   *A única política a longo prazo que promete sucesso aos países é transformar a manufatura – para que deixe de ser baseada na mão de obra e passe a ser no conhecimento.*

4.32   *Não compete mais às empresas cuidarem da carreira de seus funcionários. Os profissionais e trabalhadores do conhecimento é que são, na prática, os CEOs de si mesmos. É de responsabilidade exclusiva do profissional conquistar seu espaço, saber a hora exata de mudar o curso, mantendo-se atuante, atualizado e* vivo durante uma vida profissional que deverá ultrapassar 50 anos. Para que consiga fazer isso com qualidade, é necessário uma compreensão profunda de si mesmo. Isso não se restringe apenas a conhecer seus pontos fortes e fracos, mas como saber aprender e trabalhar com outros profissionais, ter consciência de seus valores e onde pode oferecer sua melhor contribuição. Só se alcança a excelência quando consegue se colocar os pontos fortes em ação.

4.33 A única forma de descobrir seus pontos fortes é através da análise de feedback. Sempre que tomar uma decisão importante anote o que espera que aconteça. Nove ou doze meses depois compare os resultados alcançados com as expectativas. Pratico esse método desde sempre, e sempre me surpreendo positivamente. A análise de feedback foi inventada no século XIV e resgatada, 150 anos depois, por JOÃO CALVINO e IGNACIO DE LOYOLA, que a incorporaram à prática de seus seguidores. A adoção desse método nas instituições que fundaram – a Igreja Calvinista e a Ordem Jesuíta – traduz-se num foco concentrado, e desempenho e resultado que possibilitaram as duas instituições dominarem a Europa em 30 anos.

4.34 Quando o trabalho para a maioria das pessoas era manual, ninguém precisava se preocupar com a segunda metade de sua vida. Era suficiente ir-se fazendo o que sempre se fez. E, se a pessoa tivesse sorte de sobreviver 40 anos de trabalho duro no moinho ou na ferrovia, ficaria feliz passando os anos de vida restantes no ócio. Hoje a maior parte do trabalho é trabalho de conhecimento, e trabalhadores do conhecimento não estão acabados depois de 40 anos de emprego; apenas, entediados.

4.35 É difícil abandonar uma organização como uma máfia, uma grande empresa japonesa, ou a Ordem Jesuíta. Difícil sim, mas sempre possível. Quanto mais uma organização se transforma em uma instituição de trabalhadores do conhecimento, mais difícil é deixá-la. Organizações competem o tempo todo por seu recurso primordial: pessoas qualificadas e instruídas.

4.36 Frederick Taylor costumava ser criticado por nunca ter perguntado aos operários que analisou como eles achavam que poderiam melhorar seu trabalho. Simplesmente, determinava. Assim como Freud jamais perguntou a seus pacientes o que achavam que tinham, e Marx e Lenin jamais consultaram as *massas sobre suas crenças e motivações. De certa forma, todos consideravam as pessoas como massa de manobra, imaturos, desajustados – pessoas que careciam de orientação profissional ou psicológica.*

Com a Segunda Guerra Mundial, o mundo precisou perguntar aos trabalhadores. Não tinha escolha. As fábricas nos Estados Unidos não tinham engenheiros, psicólogos, contramestres. Todos estavam no mesmo nível. E aí, e para surpresa de todos, a descoberta de que os trabalhadores não eram massa de manobra, muito menos imaturos ou desajustados. Conheciam muito bem o que faziam – lógica, ritmo, qualidade, ferramentas de trabalho. E assim e finalmente, perguntar a eles foi o caminho para se resolver os desafios da produtividade e da qualidade.

4.37 *O treinamento é apenas o início da aprendizagem. Na verdade, e como os japoneses nos ensinaram, o maior benefício do treinamento não vem de aprender algo novo, mas de aperfeiçoar o que já fazemos corretamente.*

Por outro lado, os trabalhadores do conhecimento e os prestadores de serviços aprendem mais quando ensinam. A melhor maneira de melhorar o desempenho de um vendedor excelente é pedir que conte 'o segredo de seu sucesso' na convenção de vendas da empresa. A melhor opção para um cirurgião aperfeiçoar seu desempenho é fazer uma palestra à comunidade médica local. Era comum ouvirmos que, na era da informação, cada empresa precisava converter-se numa instituição de aprendizado. Hoje deve tornar-se, também, numa instituição de ensino.

4.38 *Em poucos anos de trabalho, ao longo da história, um aprendiz aprendia e armazenava todo o conhecimento necessário para o resto de sua vida. As profissões modernas exigem, além de uma ótima educação formal e da capacidade de desenvolver reflexões teóricas e analíticas, e, acima de tudo, a consciência e costume da formação contínua, da permanente atualização, prevenindo a obsolescência. Assim, na sociedade do conhecimento, a aquisição do conhecimento terá importância maior na vida das pessoas, que a aquisição de propriedades e de renda tiveram dois ou três séculos atrás.*

4.39 *A produtividade do conhecimento será o fator determinante da posição competitiva de uma empresa, de setores, e até mesmo de um país. Não existe mais esse negócio de 'vantagem ou desvantagem natural'. A única vantagem que conta* *é dispor de conhecimento e saber como aplicá-lo. O que é decisivo, cada vez mais, na economia nacional e global é o desempenho gerencial na transformação do conhecimento em produção e riquezas.*

4.40 *A mobilidade para cima, na sociedade do conhecimento, cobra um preço elevado: pressões psicológicas e traumas emocionais decorrentes de disputas destrutivas. Só existem vencedores se existirem perdedores.*

No Japão, muitos jovens sofrem de privação de sono por vararem noites atrás de noites em cursinhos e na tentativa de passar no vestibular. Sem isso não entram na faculdade e não conseguem, depois, bons empregos. Assim, o medo do fracasso é uma das grandes características da sociedade do conhecimento.

Por essa razão, e por isso ter acontecido em menos de 40 anos, pela competição acirrada, um número cada vez maior de trabalhadores do conhecimento bem--sucedidos – gestores de empresas, professores universitários, médicos, engenheiros – batem no teto na casa dos 40 anos...

4.41 *Alfabetização é mais que aprender o alfabeto. Em seu entendimento mais amplo é a aquisição de conhecimento de um ou mais assuntos. Desde saber multiplicar até conhecer episódios da história de um país ou do mundo. Mas a sociedade do conhecimento precisa do conhecimento do processo – o que raríssimas vezes é ensinado nas escolas. Na sociedade do conhecimento é preciso aprender a aprender. Em verdade, na sociedade do conhecimento importam menos as matérias e mais a capacidade do aluno de continuar aprendendo e motivado a aprender. Por essa razão, o sistema educacional precisa incluir sempre uma mesma matéria: aprendizado.*

4.42 *Construir uma definição válida para o conhecimento específico de um negócio parece simples... Enganosamente simples. É preciso muita prática para se fazer uma análise correta do conhecimento. As primeiras análises invariavelmente desembocam em conclusões constrangedoras, como, 'nosso negócio é comunicação ou transporte ou energia'. Em verdade, todo o negócio é comunicação, transporte e energia. Essas palavras são ótimas para congresso de vendedores, mas convertê-las em significados operacionais, ou seja, produzir-se alguma coisa a partir delas é impossível.*

CONHECIMENTO ■ **97**

Poucas respostas são mais importantes que essa. E o conhecimento é um bem perecível que precisa ser atualizado, reforçado, reaprendido e repraticado permanentemente.

4.43 *Por enquanto, alianças e parcerias entre empresas raramente ganham a repercussão que merecem. No entanto, para todas as empresas, especialmente para as pequenas as parcerias vêm se revelando o melhor ou único caminho em direção a um mercado maior. Assim, alianças de todo o tipo estão ficando cada vez mais comuns. E essa tendência deverá se acelerar fortemente em todos os próximos anos.*

4.44 *Todos os eventuais problemas futuros das alianças em negócios, das parcerias, poderão ser prevenidos. E para isso é necessário que antes de formalizar a aliança todas as partes concordem sobre seu objetivo específico, o objetivo do 'filho' que estão concebendo em conjunto e que vai nascer.*

Se o novo empreendimento deverá crescer como uma empresa separada e autônoma? Se o novo empreendimento poderá concorrer com qualquer das empresas parceiras, tipo, 'filho' concorrente com seus 'pais'? E, se sim, em que territórios?

A falta dessas definições básicas foi a razão principal para que uma companhia de investimentos extremamente bem-sucedida tivesse seus dias encurtados. Sendo liquidada por seus 'pais' prematuramente.

4.45 *Em todos os negócios decorrentes de alianças, o primeiro assunto a ser tratado é sobre desacordos, desentendimentos e, até mesmo, separações; como resolver.*

Assim, as partes, em comum acordo devem escolher um árbitro. Do conhecimento e respeito de todos e cuja decisão venha a ser respeitada e acatada por todos. Esse árbitro deve ter poderes inclusive para decidir se uma das partes, e qual, deve comprar a outra, respeitando-se uma fórmula previamente acertada. Assim como poder recomendar a liquidação da empresa, ou que se torne uma empresa independente e separada de seus pais, concedendo maioridade aos filhos.

Claro, são medidas radicais, mas exatamente por isso a escolha do árbitro é da maior importância. Em verdade, seu maior objetivo é que as partes permanentemente não percam de vista as razões e os motivos que determinaram a parceria, e consigam preservar distantes seus interesses, motivações e até mesmo vaidades, específicas.

4.46   *No lugar do mundo do operário está nascendo uma sociedade na qual o acesso a bons empregos não mais depende da carteira do sindicato, mas do diploma escolar. Entre, digamos, 1950 e 1980, era economicamente irracional para um jovem americano, do sexo masculino, permanecer na escola.*

Em três meses, um rapaz de 16 anos, com um emprego numa siderurgia sindicalizada, poderia levar para casa mais dinheiro que seu irmão contador, com diploma de curso superior, ganharia em toda a sua vida. Esses dias foram-se para sempre. De agora em diante, a chave é o conhecimento. O mundo está se convertendo em intensivo – não mais de mão de obra, materiais ou energia. De conhecimento.

4.47   *O conhecimento é sempre especializado. O oboísta da Orquestra Filarmônica de Londres não tem a ambição de tornar-se primeiro violinista. Nos últimos 100 anos somente um instrumentista, Toscanini, tornou-se um maestro de primeira classe. Os especialistas permanecem especialistas, tornando-se cada vez mais hábeis na interpretação da partitura. As pessoas verdadeiramente instruídas tendem a mergulhar cada vez mais na especialização por sempre existir alguma coisa mais para se saber. No entanto, o oboísta sozinho não produz música, apenas barulho. Somente a orquestra, tocando em conjunto, é capaz de produzir música. Assim, tanto para o maestro como para o solista produzir música de qualidade significa não apenas conhecer a partitura, mas, e principalmente, saber gerenciar o conhecimento. E compartilhá-lo, na execução, com todos os demais membros da orquestra.*

4.48   *Quando o Príncipe Regente perguntou ao Marechal BLUCHER se ele achava desvantagem não saber ler e nem escrever, o homem que venceu a batalha de Waterloo para Wellington respondeu, 'Vossa Alteza Real, é para isso que eu tenho um capelão'. Até 1914, as pessoas podiam passar muito bem sem isso. Hoje, porém, a instrução é importante. A sociedade do conhecimento exige que todos os seus membros sejam letrados, não apenas em leitura, escrita e aritmética, mas também em computação básica e sistemas políticos, sociais e históricos. E, devido à vasta expansão do corpo de conhecimentos, exige também que todas as pessoas aprendam a aprender. E o façam!*

4.49 *O caminho para construirmos empresas vencedoras na sociedade e economia do conhecimento é proceder como fazem os melhores maestros quando formam suas orquestras.*

Depois de selecionados e escolhidos os músicos, a primeira tarefa é conseguir que o clarinetista continue se aperfeiçoando como clarinetista. Deve sempre ter orgulho de seu instrumento. Os músicos, sempre, devem proceder como procedem os artesãos. A segunda tarefa, é fazer brotar em cada um dos músicos o orgulho de pertencer a orquestra, tipo, 'toco na filarmônica de Londres, Cleveland ou Viena'. E a terceira é aquela que verdadeiramente distingue um maestro apenas competente de um grande maestro. Conseguir que a orquestra toque e ouça aquela sinfonia de Haydn da mesma maneira como o maestro ouve. Em síntese, tem sempre de haver uma visão clara no comando. E referir-se à orquestra é um ótimo modelo para qualquer organização baseada no conhecimento.

4.50 *Os trabalhadores do conhecimento possuem os meios de produção. O conhecimento que se encontra entre suas orelhas é um ativo enorme e totalmente portátil. Assim, o trabalhador do conhecimento é móvel. Diferentemente do trabalhador manual, a organização precisa muito mais do trabalhador do conhecimento do que o trabalhador do conhecimento da organização.*

4.51 *Nenhum professor de piano sabe qual de seus alunos será um pianista. Mas todos os professores de piano sabem, quase que imediatamente, quais os alunos que nem mesmo sendo principiantes e que, na melhor das hipóteses, serão um problema durante alguns anos, antes que sua mãe, desista, cansada. É o aluno, que o professor tem de supervisionar na execução de suas escalas e exercícios para os dedos, que está aprendendo. O aluno que precisa de pressão e controle externo para aprender não aprenderá. O controle provoca uma resistência e uma fadiga interna que tornam o aprendizado impossível. Todas as informações, todas as afirmações e toda a motivação devem originar-se do próprio processo de aprendizado.*

4.52 *Intelectuais e eruditos têm a tendência de acreditar que ideias sempre precedem, e que depois orientarão as novas realidades políticas, sociais, econômicas, psicológicas. Vez por outra isso até acontece, mas em caráter excepcional. Em regra, a teoria não precede, decorre da prática. Seu papel é estruturar e codificar* *uma prática já experimentada. Sua missão é converter casos isolados e atípicos, exceções, em regras e sistemas. E, assim, um conhecimento que possa ser aprendido e ensinado.*

4.53 *No mundo em que vivemos hoje, trabalha-se muito mais com o conhecimento do que com as competências. Conhecimento e competências têm uma diferença essencial. Competências mudam lentamente. O conhecimento rapidamente, inclusive mudando a si mesmo. Assim, um profissional do conhecimento perde sua relevância caso não se preserve atualizado.*

Conclusão, a bagagem de conhecimento, competências e experiências que carregamos não é mais suficiente para o tempo de vida e de trabalho que hoje temos. Assim, reinventar-se é obrigatório. Disse reinventar-se, e não revitalizar-se. Com 50 anos de vida profissional há que se reinventar...

4.54 *Muito brevemente as empresas irão se confrontar com um novo e grande desafio de governança. Terão de redefinir ou revalidar seus objetivos, considerando, simultaneamente, o interesse dos acionistas, as realidades de mercado, e seu capital humano que garantem à empresa a produção de riquezas. Num mundo onde o maior capital deixou de ser o dinheiro e agora é o conhecimento. Tendo que atrair os melhores profissionais do conhecimento, preservá-los motivados e comprometidos, e garantindo suas permanências.*

Profissionais do conhecimento não podem nem ser vendidos nem ser comprados; não necessariamente decorrem de uma fusão ou aquisição. Assim, e muito especialmente por causa deles, profissionais do conhecimento, as empresas precisarão reconsiderar sua governança.

4.55 *Para muitas pessoas, os princípios de Frederick Winslow Taylor são de uma imensa simplicidade, quase ingênuos. Recordando, o primeiro a ser feito para tornar mais produtivo um trabalhador manual é olhar para a tarefa, analisar os movimentos que a caracterizam. Em seguida, registrar cada um dos movimentos, mais o esforço físico necessário, e o tempo despendido.*

Os movimentos desnecessários devem ser eliminados. Os necessários repensados de uma forma mais simples, de mais fácil execução, que implique em menores desgastes físico e mental no trabalhador. No final, tudo isso é reorganizado numa sequência lógica e, sempre que necessário, novas ferramentas desenvolvidas.

Não obstante os críticos, a forma de pensar de Taylor continuará sendo de extrema utilidade e valor em países com forte concentração de trabalho manual. Já nos países desenvolvidos, o desafio central muda do trabalhador manual para o trabalhador do conhecimento.

De qualquer maneira, existe uma parcela significativa de trabalho do conhecimento, que implica em operações manuais. E essas operações específicas melhoram em muito com o pensamento e ensinamentos de Taylor. Ensinamentos e conhecimentos rebatizados de Engenharia Industrial.

4.56 *O trabalhador manual recebe as tarefas que deve executar. Nas casas onde ainda há os empregados domésticos, o dono da casa diz o que tem de ser feito. Já nas máquinas e linhas de montagem, o empregado fabril é orientado por seu superior. Ao trabalhador do conhecimento não se diz o que fazer, e nem são programados por máquinas. São os responsáveis e controlam suas próprias tarefas. É de suas competências exclusivas, controlar suas próprias tarefas, e manterem-se atualizados, preservando relevante seu capital de conhecimento.*

4.57 *Sempre que definimos nossas expectativas em relação aos resultados a serem alcançados por um trabalhador do conhecimento, tornamos mais fácil e possível aferir-se a qualidade desses resultados.*

Por exemplo, vendedores têm razão quando apresentam seus resultados como a maior venda por cliente e, também, quando apresentam pelo maior grau de lealdade desses mesmos clientes.

Isso posto, essencial sempre definir-se quais as expectativas específicas que uma empresa tem em relação a seus profissionais do conhecimento. E para isso e sempre, a missão da organização e a tarefa do trabalhador devem convergir.

Antes de começar, por exemplo, uma organização supermercadista deve definir o que valoriza mais: o máximo de vendas por transação ou o máximo de vendas por cliente. Assim como organizações de saúde devem ter bem claro para si e explicitado quem é seu cliente essencial: o médico ou o paciente. São as decisões mais importantes para os gestores e para os trabalhadores do conhecimento.

4.58 *Todos os sinais nos dizem que os trabalhadores do conhecimento viverão mais tempo do que a organização onde trabalham. Com os atuais graus de lon-*

gevidade, a vida profissional desses trabalhadores será de, aproximadamente, 50 anos. Para mais ou para menos.

No entanto, a longevidade de um negócio de sucesso não costuma exceder aos 30 anos.

Assim, todos os profissionais do conhecimento precisam preparar-se para um segundo tempo, ou ato, em suas vidas. Assim, não apenas terão de se autogerir no que fazem, e enquanto trabalhadores do conhecimento, como principalmente preservarem-se atualizados.

Desse modo, precisam ter respostas prontas e consistentes para si mesmo sobre Quem sou eu? Quais são meus pontos fortes? O que devo fazer para ter resultados? Quais são os meus valores? Qual é e a que lugar pertenço? E onde, definitivamente, não é o meu lugar e não pertenço. E, como em toda gestão de qualidade, a adoção de um auto-feedback permanente.

Leitura

Tio Henry

No inverno de 1933 para 1934, o mestre voltou a sua cidade, VIENA, para passar o Natal com seus pais. E o pai lhe pediu que levasse um "pequeno presente", um relógio cuco de 1,5m de altura que Drucker tinha dificuldade de levantá-lo. E lá se foi o mestre com o CUCO. Arrastando por Paris, de uma estação a outra, na travessia do canal levando o CUCO para dentro e para fora do navio, e, finalmente, quando desembarcou na VICTORIA STATION de LONDRES, ligou para o amigo do pai, Sr. RICHARD MOSELL, o destinatário do presente. E dele ouviu: "Por que não pega um táxi e livra-se dessa encomenda o mais rápido possível?". E foi o que fez o mestre. Acabou almoçando com o Sr. MOSELL, que no fim do almoço, encantado com DRUCKER, perguntou o que pretendia fazer. Dias depois estava contratado pela FREEDBERG & CO, transformando-se em consultor de investimentos.

Durante o tempo em que trabalhou para a FREEDBERG & CO, um cliente marcou muito nosso adorado mestre. HENRY BERNHEIM, mais conhecido como TIO HENRY, a quem lhe coube receber no porto de LIVERPOOL, e chegando de uma complicada viagem que fez vindo dos Estados Unidos. Foi aí que se conheceram e aconteceu o primeiro contato. Conta o mestre:

"Um dia fui chamado pelo Sr. FREEDBERG, que me disse: 'Vou apresentá-lo a algumas pessoas que vale a pena conhecer. A começar pelo TIO HENRY. Quero que pegue o próximo trem para Liverpool, contrate o melhor médico que encontrar, reserve um bom quarto numa clínica de repouso e vá até as docas de MERSEYSIDE receber TIO HENRY amanhã de manhã... Você não sabe quem é o TIO HENRY? HENRY BERNHEIM, partiu de BOSTON, no RAMONA, para sua visita anual à INGLATERRA. O navio atravessou o pior temporal da primavera dos últimos 30 anos. E TIO HENRY tem mais de 80 anos. Deverá estar em péssimo estado depois dessa terrível viagem. Ah, antes que eu me esqueça, jamais o chame de Sr. BERNHEIM, apenas e sempre de TIO HENRY'."

Na manhã seguinte, em Liverpool, Drucker vê o Ramona sendo rebocado depois de uma tempestade de neve e granizo. O primeiro a descer foi um velhinho com um terno tweed e sem sobretudo. DRUCKER apresenta-se:

"Venho da parte da FREEDBERG & CO. Tenho uma ambulância e um quarto numa clínica de repouso à sua espera. A propósito, como vai o Sr. TIO HENRY? Deve estar em estado péssimo depois dessa horrível viagem? Sorrindo e me olhando de alto a baixo respondeu, 'Como assim, 12 dias de comida grátis à custa da companhia de navegação e você pergunta como estou?' E saiu andando a passos largos como se acabasse de chegar de férias, feliz da vida."

Drucker Descreve o Tio Henry

"Nasceu numa família muito pobre, onde, à medida que as crianças iam nascendo, os mais velhos eram empurrados para fora do ninho e mandados aos Estados Unidos para fazer fortuna. TIO HENRY e seu irmão gêmeo deixaram a casa dos pais com pouco mais de 15 anos, no final da Guerra de Secessão."

O pai de FREEDBERG, com quem DRUCKER conseguiu seu primeiro emprego, o único judeu rico da cidade, pagou a passagem de terceira classe para os dois irmãos, e assim começou a amizade de ERNEST e TIO HENRY. Trinta anos depois, TIO HENRY era um próspero comerciante, com uma loja em prédio próprio de 12 andares, e em condições de mandar seu filho IRVING para a recém-

-fundada HARVARD BUSINESS SCHOOL. Anos depois, quando IRVING retorna com o diploma embaixo do braço, mais que preparado, fica estarrecido pela forma como seu pai tocava o negócio:

"'O senhor nem sabe se e quanto lucro está tendo!' TIO HENRY olhou para seu filho e disse, 'Venha, acompanhe-me!'. Percorreram juntos todos os andares e TIO HENRY de boca calada. No final da caminhada, uma peça de pano sobre um móvel: 'Tire esse resto de pano', disse TIO HENRY. IRVING obedeceu. E olhando para Irving, disse, 'Todo o restante é o lucro. Esse prédio, nossas propriedades. Seu estudo... Foi com esse pedaço de pano que comecei'."

Drucker finaliza:

"Quase sempre conto essa história para meus alunos da pós-graduação, mas raras vezes encontro algum que me entende."

Tio Henry por Tio Henry

Segundo Drucker, todas as vezes que perguntavam ao TIO HENRY o que fazia, ele respondia "SOU UM MASCATE". Dentre os feitos do TIO HENRY, um dos que mais se orgulhava era o do Chafariz Comemorativo do TIO HENRY BERNHEIM.

Conta DRUCKER...

"A prefeitura da cidade onde morava encomendara na década de 20 a um famoso escultor francês uma bela e elegante fonte. Mas veio a depressão e a cidade não tinha como pagá-la. TIO HENRY imediatamente ofereceu-se para doar o dinheiro necessário, desde que o chafariz tivesse em sua base os seguintes dizeres EM HOMENAGEM AO TIO HENRY BERNHEIM DA SUA ADORADA CIDADE ADOTIVA e que o chafariz ficasse sob sua guarda e controle durante dois anos após a inauguração. A prefeitura concordou e assim aconteceu.

TIO HENRY colocou a fonte sob um enorme toldo e passou a vender ingressos a todos que quisessem conhecer o CHAFARIZ. Os visitantes poderiam utilizar o que pagaram pelos ingressos na compra de mercadorias na sua loja BERNHEIM´S. Trens fretados chegavam à cidade para conhecer o primeiro monumento feito em homenagem a uma pessoa viva. Depois de dois anos, recebeu de volta todo o dinheiro que investiu e toda a arrecadação adicional foi doada para o hospital da cidade. Segundo TIO HENRY, foi a forma que encontrou de atenuar os dois piores anos da recessão, mantendo o movimento de sua loja, assim merecendo o respeito e a admiração de todos os habitantes da cidade."

Tio Henry e os Pequenos Roubos

DRUCKER conta sobre a decisão que TIO HENRY tomou diante dos pequenos roubos praticados pelos funcionários das lojas, durante a Primeira Guerra Mundial, diferente dos demais varejistas da época.

Diz DRUCKER:

"'As outras lojas', contou-me TIO HENRY, 'contrataram detetives particulares e instalaram espelhos falsos, o que deixava todos os funcionários furiosos. Eu também teria me enfurecido', diz TIO HENRY, 'e pior ainda, é o tipo de atitude que não impede ninguém de surrupiar nada. Na BERNHEIM'S, procuramos estimar o valor desses pequenos roubos. E, em vez de espelhos e restrições, optamos por incentivos. Dávamos aos funcionários de cada departamento uma boa gratificação caso o balanço semestral não revelasse um roubo de mercadorias acima do estatisticamente normal, e ainda permitíamos que pegassem de graça quaisquer artigos da loja correspondente a uma certa porcentagem do valor de seus salários, e ainda descontos substanciais para uma série de artigos. Assim atravessamos a guerra preservando o índice normal de pequenos furtos. E os funcionários, de alguma forma, acabavam se vigiando, também'."

Tio Henry e Peter Drucker, Pregador

Conta o mestre:

"Onde quer que fosse, TIO HENRY farejava oportunidades. Sua movimentação lembrava-me um terrier caminhando pelas ruas e fuçando tudo o que passava pela frente. Um dia caminhávamos pela CITY na hora do almoço. E ao bater o olho num quadro de anúncios da igreja viu meu nome no cartaz. Naqueles tempos", diz DRUCKER, "eu pregava periodicamente um sermão leigo no meio da semana na tentativa da igreja atrair durante a semana os fiéis que não conseguia atrair nos finais de semana. TIO HENRY comentou sobre a espetacular acústica que tinha a igreja. E como eu pregava apenas uma vez por mês, TIO HENRY perguntou-me se a igreja era rica. 'Não', disse eu, 'vai de mal a pior e precisa urgente de dinheiro para reparos que não podem esperar mais'. Então TIO HENRY disse, 'Leve-me ao reverendo'. E lá fomos nós. 'Reverendo', disse TIO HENRY, 'sei como aproveitar sua igreja para conseguir o dinheiro para os reparos. Programe concertos musicais duas vezes por semana. As pessoas não têm o que fazer, e para se promoverem e tornarem-se conhecidos os artistas tocarão de graça'. O pároco nem mesmo olhou para a cara do Tio Henry. Disse que tinha mais o que fazer, e despediu-se. Envergonhado", diz DRUCKER, "já me preparava para desculpar-me com Tio Henry quando ele disse, 'O reverendo deve ter me achado um judeuzinho vulgar. Bem, eu sou um judeuzinho vulgar, mas pode anotar – em menos de cinco anos ele fará o que recomendei'. Cinco anos depois, a Segunda Guerra em curso, e o pároco anunciou com grande estardalhaço a maior novidade: concertos ao meio-dia, duas vezes por semana, cobrando ingressos para reparar as igrejas danificadas. Lotação total!"

Tio Henry, Previsão Consumada

"Quando TIO HENRY já passava dos 90 anos, seu neto decidiu vender a BERNHEIM´S a uma das grandes redes varejistas que fizera uma proposta irrecusável. TIO HENRY, já aposentado, mas ainda o maior acionista, pegou um trem e foi até a cidade onde a rede varejista tinha sede. Passou alguns dias entrevistando as pessoas da empresa. Na volta, reuniu a família e disse: 'Vou vender todas as ações que recebi como parte do pagamento'. E todos perplexos, perguntaram: 'Mas, TIO HENRY, o que o levou a tomar essa decisão, o senhor estudou todas as demonstrações financeiras que eles apresentaram e que são ótimas?'. E HENRY respondeu: 'Eu poderia sorrir e fingir que gostei de tudo e muito especialmente dos números que mostraram, mas, e pelo que disseram e senti, definitivamente não estão interessados em fazer bons negócios para seus clientes. Estão apenas preocupados em fazer bons negócios para eles. Vão perder os clientes, reduzir o negócio e, finalmente, perder dinheiro'. Em dois anos a previsão de TIO HENRY se consumou. Perderam clientes, as vendas diminuíram, e a lucratividade foi-se embora."

E aí o adorado mestre arremata e conclui:

"Há muitas pessoas com mentalidade de gafanhoto. Passam a vida pulando de um lado a outro, incapazes de produzir sínteses e convertê-las em conhecimento. Podem ser encontradas tanto entre cientistas quanto entre comerciantes. Tudo que aprendi é que a mente de uma pessoa de sucesso, artista, cientista ou comerciante, precisa funcionar como a cabeça de TIO HENRY funcionava. Partindo de fatos pontuais e específicos, convertendo-se por dedução em generalizações, aplicáveis a qualquer situação e negócio, ou seja, convertendo-se em genuíno e verdadeiro conhecimento. E isso é tudo."

5 Inovação

5.1   *Resultados decorrem do aproveitamento de oportunidades e não da solução de problemas. Solução de problemas apenas restaura a normalidade. Oportunidades significam explorar novos caminhos.*

5.2   *Todas as inovações eficazes são absurdamente simples. O maior elogio que uma inovação pode receber é alguém comentar tratar-se do óbvio. E, completar, "por que não pensei nisso antes?".*

5.3   *Há anos, leio os discursos dos que ganham o Prêmio Nobel. Quase sempre dizem, "o que me levou ao trabalho que me possibilitou essa conquista foi uma observação ao acaso feita por um professor que me disse por que você não tenta algo em que os resultados realmente façam a diferença?".*

5.4   *Uma empresa só inovou de verdade quando o cliente reconheceu, valorizou e se dispôs a pagar por isso.*

5.5   *A inovação sempre significa um risco. Mas ir ao supermercado de carro para comprar pão também é arriscado.*

5.6   *Qualquer atividade econômica é de alto risco. Não inovar e preservar o passado é muito mais arriscado do que construir o futuro.*

5.7   *Historicamente, poucas empresas alcançaram sucesso por mais de 30 anos seguidos. Nem todas desapareceram quando se debilitaram no tocante ao desempenho. Mas as que sobreviveram, depois dos 30 anos, mergulharam num longo período de estagnação. E foram raríssimas as que se reergueram e reencontraram o caminho da prosperidade.*

5.8 *A dinâmica do conhecimento impõe um imperativo claro: toda a organização precisa construir a administração em sua própria estrutura. Isso significa que toda a organização precisa se preparar para abandonar tudo o que faz.*

5.9 *Mudança é o que se cria e se faz; moda, o que se comenta.*

5.10 *Todas as organizações possuem suas competências específicas. Uma única é comum e essencial a todas: inovação.*

5.11 *Inovações são como girinos. Só um ou dois em mil chegam lá.*

5.12 *São sete as fontes de oportunidades para a inovação. Quatro dentro da organização e três fora:*

A primeira é decorrência de um acontecimento inesperado – um evento qualquer, independentemente de ser um sucesso ou um fracasso.

A segunda, o que decorre de uma incongruência: a distância entre nossas expectativas e o verdadeiramente alcançado.

A terceira, decorrente da necessidade de se criar um novo processo.

A quarta, que decorre de uma mudança na estrutura daquela indústria ou mercado específico pegando todos desprevenidos.

A quinta, mudanças demográficas.

A sexta, mudanças nas percepções dos consumidores.

E a sétima, o advento de um novo acontecimento ou tecnologia.

5.13 *Contratar novos executivos para novas tarefas é uma temeridade. Contratam-se novos executivos para a expansão de atividades já dominadas e estabelecidas. Começa-se o novo com pessoas de capacidade testada e comprovada, pessoas experientes.*

5.14 *O que jamais fazer em se tratando de inovação:*

NÃO COMPLIQUE. Inovações obrigatoriamente serão ativadas por seres humanos comuns e quanto mais ambição tiverem e sucesso alcançarem farão parte da rotina de pessoas com inteligência limitada. Lembre-se, a incompetência é o que existe em maior abundância e nunca falta. Tudo o que contenha um design mais sofisticado e engenhoso, e demande uma execução mais complexa, quase certamente vai fracassar.

NÃO DISPERSE. Diversificar, fragmentar, fazer muitas coisas de uma só vez é o melhor e mais eficaz caminho para o fracasso. Quando uma inovação perde seu eixo central torna-se difusa. Mergulha na categoria de simples ideia e deixa de ser inovação.

PENSE NO PRESENTE. Não tente inovar pensando no futuro. Concentre-se exclusivamente no presente. Se não houver aplicação imediata no presente, uma inovação não passará de um desenho qualquer no caderno de anotações de Leonardo Da Vinci – uma ideia brilhante. Nenhum de nós tem a genialidade dele e pode aguardar que algum caderno nosso, algum dia, nos garanta imortalidade.

5.15 *Inovadores bem-sucedidos são conservadores. Precisam ser. Não se concentram nos riscos, e sim nas oportunidades.*

5.16 *Carência de inovação é a principal razão para o declínio de organizações existentes. Carência de gestão é a principal razão para o insucesso de novos empreendimentos.*

5.17 *O grande perigo é entender como mudança aquilo que acreditamos estar acontecendo ou, pior ainda, aquilo que acreditamos que deveria acontecer. Assim, deve-se sempre desconfiar de qualquer descoberta que suscite um grande entusiasmo na empresa e que as pessoas saiam comemorando e dizendo – é exatamente o que sempre quisemos. Quase sempre se trata de desejos, e não de fatos.*

5.18 *O que é novo tem de ser organizado separadamente do que é antigo. O novo soa e é insignificante diante da realidade do velho, da empresa em funcionamento. E, por essa razão, existe uma tentação natural nas pessoas em privilegiarem o velho, que funciona e traz resultados, e postergarem o novo. Até que seja tarde demais. Assim, o que temos aprendido no correr de todos os últimos anos e décadas, é que o velho pode estender, modificar, adaptar e dar uma sobrevida ao que já existe. O novo pertence a outro universo.*

5.19 *O novo projeto é uma criança e continuará uma criança por um bom tempo. E como criança, deve ficar no jardim da infância. Os "adultos", os executivos* encarregados da empresa e dos produtos já existentes, não têm tempo nem paciência e muito menos motivação para projetos-criança. Assim, a única maneira de evitar a morte do novo por negligência, é dar início ao projeto inovador, desde o princípio, como um projeto separado.

5.20 Em 1947, o BELL LABORATORIES inventou o transistor. Imediatamente todos perceberam que os dias das válvulas estavam contados, mas nenhum dos fabricantes fez nada a respeito. Quase ninguém conhecia a SONY fora do Japão. AKIO MORITA soube do transistor pelos jornais. Foi aos Estados Unidos e comprou uma licença para usar o transistor da BELL pela ridícula quantia de US$ 25 mil. Dois anos depois lançou o primeiro rádio portátil com transistor. Pesava 1/5 dos rádios convencionais e custava menos de 1/3. Cinco anos depois o mercado mundial de rádios pertencia aos japoneses.

5.21 Todas as organizações de hoje precisam ter em suas estruturas a GERÊNCIA DA MUDANÇA. Vai cuidar do abandono organizado e programado de tudo o que faz. O tempo todo se perguntando sobre processos, produtos, procedimentos e políticas – SE NÃO FIZÉSSEMOS ISSO, SABENDO AGORA O QUE JÁ SABEMOS, SERÁ QUE FARÍAMOS? Empresas modernas precisam planejar cada vez mais o abandono ao invés de tentarem prolongar vidas.

5.22 APERFEIÇOAR, EXPLORAR, INOVAR. Toda a organização requer o aperfeiçoamento permanente de tudo o que faz. Toda organização precisa explorar mais e melhor e desenvolver novas aplicações a partir de cada um de seus sucessos. Toda a organização precisa induzir uma cultura interna de permanente inovação tangibilizada e organizada num processo sistemático. E, depois, ABANDONAR e começar tudo novamente.

5.23 A sociedade, a comunidade e a família são instituições protetoras que tentam manter a estabilidade e impedir, ou pelo menos retardar, a mudança. Mas a organização moderna é desestabilizadora e deve ser organizada para a inovação. Segundo o economista austríaco JOSEPH SCHUMPETER, a inovação é a destruição criativa. Então, as estruturas modernas devem ser organizadas com vistas a abandonar sistematicamente tudo o que for habitual, estabelecido, familiar e confortável, seja um produto, serviço ou processo; um conjunto de habilidades; relacionamentos humanos e sociais; ou a própria organização. Em resumo, as *organizações devem ser estruturadas de forma que visem à mudança constante. Cabe às instituições a missão de colocar o conhecimento em prática – na forma de ferramentas, produtos, processos; na concepção do trabalho e no conhecimento em si. Fazem parte da natureza do conhecimento as mudanças rápidas e o fato das certezas de hoje se tornarem os absurdos de amanhã.*

5.24 *O que todos os empreendedores de sucesso que conheço têm em comum não é um determinado tipo de personalidade, mas, sim, um compromisso permanente com a prática sistemática da inovação.*

A inovação é a função específica do empreendedorismo, seja numa organização de sucesso e já estabelecida, seja numa instituição pública ou empresa individual de fundo de quintal. Inovação é o meio através do qual o empreendedor cria novos recursos para produzir riquezas, ou aloca de forma correta e eficaz os recursos disponíveis para prosperar.

5.25 *Hoje existe uma grande confusão sobre o verdadeiro sentido da palavra EMPREENDEDORISMO. Muitos usam a palavra para referirem-se às pequenas empresas, a todos os novos negócios. Em verdade, a palavra EMPREENDEDORISMO não se refere ao tamanho ou à idade de uma empresa, mas sim a um tipo de comportamento empreendedor, e onde no cerne encontra-se a inovação: a crença e esforço de criar mudanças propositadas e focadas no potencial econômico e social de um negócio.*

5.26 *Claro que a genialidade de uma determinada pessoa é essencial para que ecloda uma inovação. Mas o que constatamos no conjunto das inovações é que existem sete oportunidades principais para que ocorram. Por ocorrências inesperadas, por incongruências, por necessidades de processos, ou por mudanças no mercado ou no setor específico de atividade de cada empresa. Essas quatro primeiras, nas empresas. E três outras fora das empresas. Alterações demográficas, mudança na percepção das pessoas e novos campos de conhecimento.*

Essas sete fontes atuam isoladamente, ou superpostas. No total, respondem pela grande maioria das inovações.

5.27 *Mudanças de percepção não alteram fatos, mas mudam, muito rapidamente, seus significados. Foram suficientes dois anos para que todos se dessem* conta de que os computadores eram máquinas exclusivas das grandes empresas, ou que algum contribuinte diletante comprasse apenas para fazer o imposto de renda.

Mudanças como essas não decorrem necessariamente de uma lógica econômica. Pode, até mesmo, revelar-se irrelevante. O que de verdade determina se alguém vê um copo meio cheio ou meio vazio é seu estado de espírito e não os fatos. E mudanças de espírito, muitas vezes, escapam à observação e não são quantificáveis.

5.28   Para ser eficaz, uma inovação tem de ser simples e focada. Deve fazer apenas uma coisa ou acabará por confundir as pessoas. Assim, uma inovação eficaz começa pequena. E ninguém pode afirmar se determinada inovação vai virar um grande negócio ou uma realização modesta.

Uma inovação deve ter por objetivo tornar-se, desde o início, definidora de padrões, criar e estabelecer a direção de uma nova tecnologia, de um novo setor de atividades, criando uma empresa que nasce e pretende permanecer sempre à frente das demais.

5.29   Inovação, acima de tudo, é esforço, não inspiração. Requer conhecimento. Requer, muitas vezes, engenhosidade. E foco. Um inovador raramente atua em mais de uma área. Não obstantes suas credenciais de grande inovador, THOMAS EDISON atuou apenas no território da energia elétrica.

5.30   Na inovação, como em qualquer outro empreendimento, há talento, engenharia e conhecimento. Mas, ao fim e ao cabo, o que a inovação requer mesmo é trabalho duro, focado, propositado. Quando faltam diligência, persistência e compromissos, o talento, a engenhosidade e o conhecimento de nada servem.

5.31   As mudanças que mais afetam uma área de conhecimento, geralmente, não têm origem em seu próprio domínio. Depois que Gutenberg usou pela primeira vez a impressão por caracteres móveis, praticamente não houve mudança na tipografia por 400 anos – até o surgimento do motor a vapor. O maior desafio para as ferrovias surgiu com o advento dos automóveis, caminhões e aviões. E a indústria farmacêutica passa por mudanças profundas graças ao conhecimento da genética e da microbiologia, disciplinas que poucos biólogos conheciam 40 anos atrás.

INOVAÇÃO ■ 113

5.32 *Não são apenas a ciência e a tecnologia que criam conhecimento e tornam a concepção vigente ultrapassada. A inovação social é igualmente importante, e muitas vezes mais do que a científica.*

Assim, o que provocou a crise mundial nos bancos comerciais não foi nem o computador e tampouco qualquer outra mudança tecnológica. A crise começou quando os empresários se deram conta de um antigo e obscuro instrumento financeiro, os títulos comerciais, que poderiam ser usados para financiar suas empresas, excluindo os bancos daquele que até então fora seu negócio mais rentável e sobre o qual mantiveram monopólio por mais de 200 anos: os empréstimos comerciais.

5.33 *A maior mudança de todas talvez seja o fato de que a inovação intencional dos últimos 40 anos – técnica e social – tornou-se, em si, uma disciplina organizada que pode ser ensinada e aprendida.*

5.34 *A rápida mudança baseada no conhecimento não se limita ao setor empresarial como muitos ainda acreditam. Nenhuma organização nos 50 anos seguintes à SEGUNDA GUERRA MUNDIAL mudou mais que as FORÇAS ARMADAS dos ESTADOS UNIDOS. Apenas os uniformes continuam os mesmos. E a hierarquia também. Mas as armas mudaram completamente como testemunhamos na GUERRA DO GOLFO de 1991. As doutrinas e conceitos militares mudaram de maneira ainda mais drástica, assim como as estruturas organizacionais dos serviços armados, mecanismos de comando, relacionamentos e responsabilidades.*

5.35 *Toda a organização deve disciplinar-se na construção do novo. E para tanto deve recorrer a três práticas principais: A primeira é o aprimoramento contínuo de tudo o que a organização faz. A segunda, aprender a explorar seu próprio conhecimento desenvolvendo, permanentemente, uma próxima geração de aplicações a partir dos próprios êxitos. E a terceira, terá de aprender a inovar permanentemente.*

5.36 *O presidente dos Estados Unidos, DWIGHT D. EISENHOWER, inovou ao criar uma estratégia de desenvolvimento que priorizava a educação. A cada ano, cerca de 200 mil jovens coreanos eram levados para os Estados Unidos, custeados pelo governo americano. A maioria esmagadora, quase a totalidade, retornava* *à Coreia com um nível excepcional de educação secundária. Assim, a educação lançou as bases da COREIA DO SUL que, vinte anos depois, encontrava-se a um passo de converter-se em importante potência econômica mundial.*

5.37 *Meu êxito como inovador no território da administração decorreu de uma análise que fiz no início dos anos 1940. Muitas das peças de conhecimento necessárias já se encontravam disponíveis, assim como uma razoável quantidade de conhecimento a respeito de gestão. Analisando essa realidade, conclui que as peças estavam espalhadas e dispersas em meia dúzia de disciplinas diferentes. Assim, e em primeiro lugar, descobri os conhecimentos-chave que estavam faltando: o propósito de uma empresa, todo o conhecimento a respeito do trabalho e da estrutura da alta direção, naquilo que, hoje, chamamos de política da empresa, e estratégia. E ainda objetivos, e assim por diante. Conclui que era possível produzir todos os conhecimentos faltantes. Assim, e sem essa análise, jamais poderia saber quais eram esses conhecimentos e, também, o que lhes faltava.*

5.38 *Por mais importante e perceptível que seja, a tecnologia não será a característica mais importante na transformação da educação. A mais importante será repensar o papel e a função da escolarização – foco, propósito e valores. A tecnologia será importante, não por nos permitir fazer melhor coisas antigas, mas por nos forçar e possibilitar fazer coisas novas. Assim, o desafio que os educadores e as escolas têm não é a tecnologia propriamente dita, e sim a utilização que pretendemos fazer da tecnologia.*

5.39 *Os produtos vencedores e seus fabricantes possuem algumas características comuns. E são essas as responsáveis pelo sucesso.*

Todos os produtos campeões em exportações possuem diferenciações claras. São distintos. Nenhum é um bem de conveniência. Possuem preço competitivo, mas o preço não é a principal razão do sucesso. Todos os produtos campeões em exportação possuem alto valor adicionado. A maioria desses produtos também possui mercados claramente definidos assim como clientes claramente conhecidos.

Assim, o mercado mundial é um mercado "estrangeiro" apenas em termos de estatísticas comerciais. É um agregado de mercados familiares, ao menos para produtos de conhecimento intensivo. E esses são os produtos que, cada vez mais, dominam o comércio mundial de produtos.

INOVAÇÃO ■ **115**

5.40 *A explosão da produtividade foi, provavelmente, o evento social mais importante dos últimos 100 anos, e sem precedentes na história. O aumento da produtividade era alguma coisa tão inimaginável que nem mesmo existia uma palavra para defini-la. Para Karl Marx, bem como para todos os demais economistas do século XIX, era evidente que a produção do trabalhador somente poderia ser aumentada se ele trabalhasse mais duro ou durante mais horas. Todas as conclusões de Marx baseiam-se nessa crença. E mesmo tendo Frederick Taylor demonstrado a falsidade dessa crença, começando a trabalhar na produtividade pouco depois de 1880, seus primeiros resultados substanciais e conclusivos revelaram-se em 1883, ano em que Karl Marx morreu.*

Antes da explosão da produtividade, eram necessários pelo menos 50 anos para que um país se tornasse desenvolvido. A Coreia do Sul, um dos países mais atrasados do mundo em 1955, conseguiu a proeza de fazer 50 anos em 20. E isso só foi possível pela revolução da produtividade, que teve início nos Estados Unidos, entre os anos de 1870 e 1880.

5.41 *A Hoffmann-La Roche, gigante suíça da indústria farmacêutica, tem o maior orçamento de pesquisa de seu setor de atividade. No entanto, não teve nenhum produto importante durante décadas. O mesmo acontece com uma SIEMENS, e assim por diante. Enquanto isso, outras empresas com orçamentos significativamente menores vêm inovando com grande sucesso.*

Durante décadas acreditou-se que P&D – Pesquisa & Desenvolvimento – deveria ser uma área separada, da responsabilidade de cientistas e técnicos. Hoje o que as empresas de sucesso no território da inovação provam é que, quanto mais múltiplas forem as equipes – envolvendo marketing, fabricação, finanças – e desde o início dos trabalhos, maiores as chances de sucesso.

5.42 *O melhor exemplo de uma estratégia de P&D voltada para negócios é americano. A maneira como David Sarnoff, o construtor e durante anos CEO da RCA, criou a televisão em cores.*

Em meados dos anos 1940, quando a TV era em preto e branco, e estava apenas começando comercialmente, SARNOFF anteviu o mercado para televisores em cores, mapeou e definiu tudo o que o produto deveria ter e oferecer para satisfazer os clientes – cores, canais, aparência, tamanho e preço – e depois foi atrás

116 ■ DRUCKER, FOREVER

da ciência e da tecnologia necessárias à produção de um aparelho com aquelas características. Mesmo encontrando forte resistência da área técnica da RCA que julgava aquele comportamento absurdo, seguiu adiante e em 12 anos apresentou o televisor em cores.

5.43 *O que sabemos a respeito da inovação? Em primeiro lugar, que tem pouco a ver com genialidade. Tem pouco ou nada a ver com inspiração. Consiste de trabalho duro e sistemático.*

A inovação depende, sempre, do que poderíamos denominar de abandono organizado. Quando o economista francês J.B.Say cunhou a expressão "entrepreneur", há 200 anos, referia-se a alguém que perturba e desorganiza. Mais tarde, Schumpeter, o único economista moderno a levar a sério o empreendedorismo, descreveu o processo como "destruição criativa". Para conseguir o novo e o melhor, você tem de jogar fora o velho, cansado, obsoleto, assim como todos os erros, fracassos e desorientações do passado. Falando de outra forma, e referindo-nos ao antigo provérbio médico, "enquanto o paciente eliminar existe uma chance. Mas quando intestino e bexiga param, a morte bate à porta". Todas as organizações que não conseguem livrar-se de seus produtos superados estão envenenando-se.

5.44 *No século XIX, e na primeira metade do XX, tinha-se como certo que as tecnologias externas a uma determinada indústria teriam pouco ou nenhum efeito sobre a mesma. Hoje, o que se sabe é que as tecnologias com probabilidade de ter o maior impacto sobre uma empresa e uma indústria, são aquelas externas a seu campo de atuação.*

5.45 *Abandono organizado. É a primeira política de mudança para toda organização. É preciso liberar os recursos, deixando de comprometê-los com aquilo que não mais contribui para o desempenho e não mais produz resultados. Não é possível criar o amanhã, a menos que se jogue fora o ontem. E fazer qualquer coisa diferente – quanto mais inovar – conduz a dificuldades inesperadas: requer Liderança de pessoas de comprovada capacidade. E se essas pessoas estiverem comprometidas com a manutenção do ontem, simplesmente não estarão disponíveis para criar o amanhã.*

5.46 *Para uma empresa alcançar sucesso na institucionalização de um clima interno e permanente de inovação, para converter-se num ambiente de inovação* *sistemática, é essencial ter uma política de mudanças formal e do conhecimento de todos. A partir dessa política, e gradativamente, vai se induzindo uma cultura de inovação na empresa, e quando se alcança essa conquista, as mudanças passam a ocorrer naturalmente.*

5.47 *O motor a vapor, projetado, aperfeiçoado e patenteado por James Watt (1736-1819), no ano de 1776, é o evento que, para a maioria das pessoas, dá início à Revolução Industrial. Até o dia de sua morte, WATT reconhecia uma única utilidade para seu motor: bombear água para fora das minas de carvão. Foi para essa utilização que foi projetado e, assim, só vendeu para as minas de carvão. Em verdade, seu sócio, MATTHEW BOULTON (1728-1809), é quem foi o pai da Revolução Industrial. Intuiu que aquele motor poderia ser usado com sucesso na principal indústria da Inglaterra, a têxtil, em especial na fiação e tecelagem do algodão. Menos de 15 anos depois de Boulton vender seu primeiro motor a vapor a uma usina de algodão, o preço dos tecidos de algodão tinha caído 70%. E assim, criou-se o primeiro mercado de massa, a primeira fábrica, dando origem ao capitalismo e à economia moderna.*

5.48 *Nenhum de nós imaginou, por exemplo, que um software revolucionaria a vida de um arquiteto. Numa fração de tempo e dos custos tradicionais, projeta as "vísceras" de grandes edifícios, trabalho esse que absorvia dois terços do tempo e dos custos anos atrás.*

Nenhum de nós imaginou um outro software igualmente revolucionário nas salas de cirurgias, e inclusive possibilitando operações virtuais, ou a distância. Incluindo residentes na sala de operações muito tempo antes de sua graduação. Nenhum de nós imaginou que um software possibilitaria a uma Caterpillar organizar suas operações em todo o mundo, incluindo a fabricação, assim como reposição de peças e assistência técnica a todos os seus clientes...

5.49 *A nova revolução da informação começou nas empresas e segue em sua marcha mergulhando cada vez mais fundo. Agora invade o ensino e os serviços de saúde. Hoje é quase consenso que o ensino deverá passar por profundas e radicais mudanças, chegando essas mudanças às raízes, à estrutura, e daí decorrendo um novo ensino. Dentre as inovações, o ensino a distância deverá tornar obsoleto, em menos de 25 anos, as instituições clássicas de ensino, também conhecidas* *como faculdades. As mudanças obrigarão a ressignificação do ensino superior que caminha na direção de converter-se em educação profissional e continuada de adultos para toda a vida de trabalho. O ensino não mais acontecerá exclusivamente nos campi, mas, também, no automóvel, trem, metrô, local de trabalho...*

5.50 *O primeiro dos magnatas da impressão foi o veneziano Aldus Manutius (1449-1515). Soube, antes dos demais, que as novas impressoras podiam fazer um grande número de impressões com a mesma chapa. Mil por volta de 1505. Assim, criou o livro de baixo custo, produzido em massa, dando origem à indústria gráfica. Foi o primeiro a utilizar a impressão para outros idiomas além do latim, e o primeiro a publicar livros de autores contemporâneos.*

Os últimos dos grandes impressores foi Christophe Plantin (1520-1589), da Antuérpia. Começou como aprendiz de encadernador e construiu a maior empresa gráfica da Europa. Juntando as duas novas tecnologias – impressão e gravação – criou o livro ilustrado. Converteu-se no maior aristocrata da Antuérpia. Ficou muito rico, construiu um palácio e que se encontra preservado até hoje como museu da impressão. Mas muito antes de sua morte começou seu declínio. Os impressores, por volta de 1580, focados na tecnologia, viraram artesãos comuns. Em pouco tempo, o lugar deles foi ocupado por aqueles que hoje são chamados de editores, pessoas e empresas absolutamente focadas na informação e no conhecimento, e não mais e apenas nas máquinas e na tecnologia.

5.51 *A organização moderna tem de ser sempre uma força desestabilizadora, tem de se organizar no sentido da inovação. A sociedade, a comunidade e a família são instituições conservadoras por essência. Tentam manter a estabilidade e evitar ou diminuir a mudança.*

Assim, a única forma de governos, universidades, empresas, sindicatos, exércitos, pretenderem sobreviver é induzir uma cultura e processos que os sustentem, de inovação sistemática, permanente e continuada.

5.52 *Novidades, divertem. Inovações criam valores. Novidades provocam sorrisos e aplausos. Inovações despertam interesses genuínos e verdadeiros, e os clientes se dispõem a pagar para terem acesso.*

5.53 *Toda organização inovadora sabe que a inovação parte de uma ideia. E ideias são como bebês no nascimento – pequenos, imaturos, sem forma. São promessas. E, assim, e nas organizações inovadoras, ninguém exclama, "Que ideia fabulosa". Apenas perguntam, e se perguntam, "O que temos de fazer para converter esta ideia embrionária, semidesenvolvida, tola, em alguma coisa que faça sentido, seja exequível, enfim, revele-se numa oportunidade de verdade para nós?".*

5.54 *Quem trabalha numa empresa farmacêutica sabe que a sobrevivência do negócio depende de sua capacidade de substituir 75% de seus atuais produtos por produtos totalmente novos a cada 10 anos. De certa forma, em maiores ou menores proporções é o que acontece com quase todos os negócios. Assim, toda a organização tem que ter na mudança constante a essência de sua gestão.*

5.55 *Todas as hipóteses a respeito do ambiente, sobre a missão específica da empresa, e o conjunto de suas competências, devem adequar-se à realidade.*

Quatro jovens sem capital, da cidade de Manchester, Inglaterra – Simon Marks e seus três cunhados – decidiram, no início dos anos 1920, converter uma convencional barraca que possuíam no mercado, num novo formato de negócio do varejo, capaz de fazer uma grande diferença na economia e revelar-se uma nova e importante referência para os demais comerciantes e empresários, em importante agente de mudança social. Numa Inglaterra devastada pela Primeira Guerra Mundial.

Decidiram colocar o plano em andamento criando novas competências, treinando e capacitando seus compradores. Segundo sua premissa, quem conhecia o cliente eram as organizações de varejo, e não a indústria. E que era dever e obrigação do varejo orientar a indústria e a produção.

Gradativamente foi migrando de exclusivamente vender produtos, e passou a criar esses produtos, desenvolvê-los, e encontrar fabricantes para os mesmos, de acordo com o design, especificações e custos que determinava. Precisou de quase uma década para concretizar essa mudança de direção na cadeia, e induzir uma nova cultura. Até que os produtores tradicionais entendessem que continuavam sendo vistos, tratados e respeitados como produtores, e não como subcontratados.

Essa iniciativa de Simon Marks, e seus três cunhados, da MARKS & SPENCER, mudou para sempre e para melhor o varejo em todo o mundo.

5.56 *Entre as inovações mais desafiadoras, aquela que nasce a partir de um novo conhecimento é a maior dentre todas. Confere visibilidade, glamour, honras e reconhecimentos. Claro, e atrai todos os concorrentes que não tiveram de investir quantidades enormes de tempo e de dinheiro. E dispõe de menos compromisso e maior mobilidade para considerarem inovar, também, a partir do que a empresa inovadora acabou de revelar.*

5.57 *Todas as inovações sempre deveriam ser alocadas num gestor exclusivamente responsável pelas inovações nas empresas. Jamais sob a guarda de algum dos gestores de produção e encarregados das operações regulares. Vai faltar ar para a inovação. Mas, e infelizmente, esse é um erro recorrente nas empresas.*

Inovação, novos projetos, produtos, empresas, são como uma criança e, assim, devem estar na ala certa das crianças. Três empresas adotam essa disciplina. De apartar o novo dos velhos. Johnson & Johnson, Procter & Gamble e 3M. Ainda que com métodos e caminhos diferentes, todos os novos negócios nascem à parte, e sob o comando de um gestor de projetos específico. Só cuida do novo.

5.58 *Empresas inovadoras não perdem tempo em defender o passado. Abandonam o passado com naturalidade, conscientes de que precisam liberar o mais precioso dentre todos os recursos para trabalharem a construção do futuro: as pessoas.*

Leitura

Hemme e Genia

Hermann e Eugenie Schwarzwald, segundo diz DRUCKER em suas memórias, foram as pessoas mais interessantes que conheceu em sua vida:

"Devo a HEMME e GENIA não me ter tornado romancista. Eu sabia desde muito jovem que escrever era algo que eu provavelmente saberia fazer bem – talvez a única coisa, na realidade.

Considerava este um caminho que estava disposto a enveredar. O romance nunca deixou de ser para mim o grande teste de escritor, eu que sempre me interessei mais pelas pessoas do que pelas abstrações. Acho as pessoas não apenas mais interessantes e variadas como mais significativas precisamente porque amadurecem, desvelam-se, transformam-se e chegam a ser.

Desde muito cedo sabia que HEMME e GENIA eram provavelmente as pessoas mais interessantes que conheceria. Se eu pretendesse um dia escrever histórias teria de incluí-los, obrigatoriamente. Meus dois queridos amigos, HEMME e GENIA, eram tão específicos e únicos que dificilmente conseguiria transformá-los, ao descrevê-los, em personagens verossímeis e cheios de vida. Suas índoles e personalidades eram por demais marcantes e, também, por demais, ambivalentes e complexas. Atraiam-me e fascinavam-me infinitamente e também me perturbavam. Quando tentava abraçá-los e compreendê-los, era como se estivesse abraçando apenas e tão somente uma lufada de ar."

Hermann Schwarzwald

"HEMME era todo ossos e anguloso. Ficara completamente careca desde seus tempos de estudante, revelando um calombo pontudo e lustroso no alto da cabeça. Olhos encravados e ressaltados por sulcos profundos, orelhas ossudas, queixo pontiagudo apontado para frente.

Mãos esqueléticas e longas, nós dos dedos volumosos e grandes pulsos que se projetavam das mangas do casaco sugerindo serem curtas demais. De constituição forte, nem alto nem baixo, magro como um esqueleto. Boca pequena e lábios sempre cerrados. Sua voz lembrava latidos agudos, falava pouquíssimo, e quase sempre para ser desagradável.

122 ■ DRUCKER, FOREVER

Esse homem anguloso, cáustico e ossudo também era capaz – ainda que raramente – de grandes bondades intuitivas. Eu tinha 20 e poucos anos e há muito deixara Viena quando decidi retornar para o NATAL de 1933, com meus pais. Na primavera daquele ano HITLER assumiu o poder, eu havia saído da Alemanha, ido para Londres e conseguido trabalhar como trainee numa grande empresa de seguros por alguns meses e até o Natal. Terminado o estágio, sentia-me completamente desanimado. Sabia que não voltaria a morar em VIENA. Além disso, conheci em Londres uma moça que se tornaria minha esposa e a cada dia crescia a vontade de estar com ela onde quer que fosse. Mas, seduzido pela inércia, conforto e a vida tranquila na casa de meus pais, com muitas pessoas me incentivando a ficar, ofertas de ótimos empregos como o de assessor de imprensa do Ministério de Relações Exteriores da Áustria, fui postergando minha partida.

GENIA revelava-se como de hábito amável e solidária perguntando-me sobre as dificuldades de Londres, o pouco dinheiro, e as oportunidades dos ótimos empregos em VIENA. Foi quando HEMME entrou na sala, ouviu a conversa e falou: 'GENIA, deixe o moço em paz. Não se faça de velha e chata´. E olhando para mim, disse: 'Conheço você desde que nasceu, PETER. Sempre gostei de sua vontade de fazer as coisas por si e de sua recusa de seguir qualquer grupo que seja, ainda que o nosso. Orgulhei-me de você quando decidiu deixar VIENA e fazer sua carreira no exterior logo que terminou o colégio. Orgulhei-me quando decidiu abandonar a ALEMANHA na ascensão dos nazistas. E você está certo em não querer permanecer em VIENA. Aqui é passado e é o fim. ASSIM, PETER, quando se decide partir, parte-se. Não se fica fazendo visitinhas de despedida. Dê um beijo de adeus em GENIA, levante-se – puxando-me da cadeira – vá para casa e arrume as malas. O trem para LONDRES parte amanhã ao meio-dia e você estará nele'. Agarrou-me com força considerável, arrastou-me pela porta e jogou-me escada abaixo. Ao abrir a porta ao sair, ouvi-o gritar: 'NÃO SE PREOCUPE EM ARRANJAR EMPREGO – SEMPRE HÁ EMPREGOS, E MELHORES DO QUE OS QUE ENCONTRARIA AQUI. E quando estiver instalado mande-me um cartão – não se esqueça nunca de nós'."

De certa forma, esse pequeno detalhe foi uma espécie de "tipping point" na vida do adorado mestre.

"Parti no dia seguinte, no trem do meio-dia. Consegui um emprego seis horas depois de desembarcar em Londres. Muito melhor que qualquer outro que VIENA pudesse me oferecer. Economista de um banco comercial e secretário executivo dos sócios. Mandei a HEMME o cartão que pedira. Mas sabia que lhe devia muito mais, e o quanto ajudar-me daquela maneira deve ter custado àquele homem fechado e reservado. Quis escrever-lhe uma carta calorosa e amiga, mas temi ser ridículo e sentimental, e nem cheguei a começá-la. Jamais me perdoei por isso. Voltei a VIENA várias vezes, com minha mulher DORIS, mas nunca mais pude encontrar-me com HEMME. Ele sofrera um derrame no verão seguinte, permanecendo mentalmente senil. Contaram-me que nos poucos momentos de lucidez, dizia, 'Por que PETER DRUCKER ainda não mandou notícias?'"

Hemme

"A maioria dos adultos temiam HEMME, receando sua língua mordaz e cáustica, intimidando-os por sua recusa em deixar quem quer que fosse aproximar-se. Era igualmente rude com as crianças – tratava-as da mesma forma que tratava os adultos. Por essa razão, talvez, elas o adoravam e não sentiam o menor medo dele. Mesmo nos últimos anos de sua vida, estava sempre rodeado por um bando de crianças de 7 ou 8 anos que o retrucavam em pé de igualdade sempre que começava a vociferar. Todas, em vez de medo, tinham fascínio por HEMME.

HEMME tinha um defeito físico que costumava amedrontar crianças pequenas. HEMME era aleijado. Uma de suas pernas era muito mais curta do que a outra e acabava num pé horrivelmente deformado. O quadril desviava-se para fora, de modo que a coxa formava um ângulo agudo com o corpo. E, logo abaixo do joelho, sua perna endireitava-se abruptamente outra vez. Sem sua bengala, HEMME não podia nem sequer se mexer; e mesmo com a bengala só conseguia movimentar-se coleando, quase como um caranguejo. Escadas e ladeiras lhe eram penosas, embora sempre conseguisse dar um jeito e recusasse qualquer espécie de ajuda. Mas em terreno plano movia-se tão firme que até os jovens bem constituídos tinham de se esforçar para acompanhar suas passadas longas e arrastadas. Segundo os rumores que circulavam, sua deformidade resultara de um acidente na infância. Levou um tombo, diziam uns, fora derrubado, outros, quando tinha 3 anos de idade. Uma das versões falava de HEMME sendo atropelado por um cavalo desenfreado, e outra, caindo desse mesmo cavalo. HEMME jamais contou a razão de seu defeito. Jamais abriu sua história, infância, juventude, família. Era um túmulo sobre sua história.

HEMME era o caçula de uma família de muitos filhos e nasceu próximo de 1870, no extremo oriental da Polônia austríaca, a poucos quilômetros da fronteira com a RÚSSIA. Família miserável, viviam no limite da subsistência. Seu pai mascate e vagabundo, era sustentado pela esposa que fazia os serviços de parteira. Um tio, irmão de sua mãe, foi morar em Viena consagrando-se como um dos principais advogados da cidade. O primeiro judeu a presidir a 'OAB' de VIENA. Como não tinha filhos, decidiu-se por cuidar dos sobrinhos, especialmente HEMME, dentre todos, o mais brilhante intelectualmente.

HEMME concluiu o ginásio dois anos antes do que era normal. Cursou a UNIVERSIDADE DE CZERNOWITZ, de língua alemã, situada na Polônia austríaca, e recusada pela maioria das famílias da época. Sua escolha incomodou a todos da sua família. O tio rico chegou a oferecer algumas vantagens para que desistisse e fosse estudar na Universidade de VIENA. Ou uma longa viagem de estudos pela ALEMANHA, SUÍÇA, FRANÇA e INGLATERRA. HEMME deu de ombros e seguiu em direção a CZERNOWITZ. Diplomou-se em direito, um ano antes do tempo normalmente necessário, e em primeiro lugar.

Para evitar que seu sobrinho HEMME fosse para algum outro lugar, o tio arrumou-lhe o melhor emprego que a ÁUSTRIA poderia oferecer a um jovem recém-formado. Foi trabalhar no Ministério de Finanças. Mandou a HEMME uma passagem de trem de primeira classe e foi recebê-lo na estação. Foram caminhando até a linda casa do tio, mas, o meio do caminho, HEMME disse que precisava fazer alguma coisa. O TIO, certo de que HEMME iria comprar flores para a tia, seguiu para casa. HEMME desapareceu. Os tios foram à loucura. No final da tarde chega um mensageiro com um bilhete para os tios, 'Aceitei outro emprego no Museu Comercial. Favor entregar minha mala ao portador'. Foi a última vez que viram HEMME. Jamais aceitou um convite para o que quer que fosse, e devolvia as cartas sem abrir.

HEMME deu o máximo do que pôde para não dar certo. Fez tudo o que estava a seu alcance para se arruinar. Mas mesmo assim, num determinado momento foi escolhido para ser HOFRAT, CONSELHEIRO PARTICULAR, do chefe dos mais importantes cargos públicos. No caso de HEMME, ser o HOFRAT do Ministério das Finanças da Áustria. Mas, para tanto, foi-lhe sugerido submeter-se a formalidade do batismo. Imediatamente manifestou-se, 'Não me importo com a formalidade. Para um confucionista como eu é absolutamente irrelevante. Não preciso recusar essa cerimônia para não ser considerado um judeu. Não sou judeu há muitos anos, desde que consegui me limpar do espírito judaico nos tempos de estudante'. Conclusão, a nomeação foi retirada."

INOVAÇÃO ■ **125**

O que intrigou absurdamente o imperador que decidiu intervir, escrevendo uma carta para HEMME, que o pai de DRUCKER leu e contou para nosso mestre. Na carta, o imperador dizia:

"Sr. Hermann Schwarzwald – HEMME – jamais ditei a escolha de religião para qualquer dos meus súditos. Respeito todas as crenças. Mas fiz um juramento na minha coroação de manter este país cristão, por mais antiquado que isso possa parecer ao senhor, o que significa que prefiro ter ao meu lado pessoas cristãs. Sou muito mais velho que o senhor – assim, peço que ceda apenas um pouco em consideração à velhice." HEMME DISSE NÃO, conta-nos o mestre. "E, mesmo assim, devido ao seu brilhantismo, a formalidade de seu batismo foi deixada de lado, e acabou sendo nomeado HOFRAT do Ministério das Finanças da Áustria."

Não obstante seu péssimo gênio, o que o tornava insuportável, era tão brilhante, conta-nos PETER DRUCKER, que sua atuação no governo austríaco marcou época.

"Talvez, o comportamento de HEMME não passasse de excentricidade. Mas, com o tempo, degenerou em desprezo e vileza. Mais ou menos 10 anos depois de desembarcar em VIENA sua mãe morria e seu pai, mascate incompetente, perdia as esperanças. O tio, então decidiu trazê-lo de volta para VIENA conseguindo-lhe uma sinecura, ser o único mascate no prédio do Ministério das Finanças. Naquela época, nas repartições públicas, existia uma espécie de MASCATE DA CASA. E esse posto foi confiado pelo tio a HEMME. Em verdade, essa figura fazia parte da cena das grandes capitais. Nos grandes prédios de escritório de Nova York acontecia o mesmo. Os altos executivos tinham seus mascates de confiança. Que forneciam tecidos, gravatas, camisas, e ainda desempenhavam as funções de engraxate. Essa foi a posição conseguida pelo tio para HEMME no prédio do Ministério das Finanças da ÁUSTRIA. Sua primeira medida, ao tomar posse da sinecura oferecida pelo tio, foi expulsar seu pai do edifício onde também era mascate.

ALFRED ADLER, discípulo de Freud na época, explicava esse comportamento de HEMME como SUPERCOMPENSAÇÃO. De certa forma, HEMME culpava seus pais por sua deformação. Mais adiante, quando ainda não se enxergava a dimensão da tragédia que representaria HITLER, HEMME foi um dos muitos judeus que se tornaram antissemitas, para aplacar suas fragilidades e revolta. Assim, estava ao lado de outros judeus famosos como MARX, FREUD e HENRI

BERGSON. Em verdade, HEMME não tinha nada contra os judeus. Sua mulher era judia, seus melhores amigos, judeus.

HEMME, não obstante ser uma pessoa quase insuportável, conseguiu fazer uma carreira espetacular, talvez a mais relevante dentre todas no serviço público da Áustria de sua época. Um dia perguntei a meu pai, quando comecei a atentar mais para o fenômeno HEMME, como foi possível não obstante ser uma pessoa intragável, ter ele conseguido tanto sucesso. E meu pai, em três palavras, respondeu, ELE ERA NECESSÁRIO. Todos os maiores desafios, impossíveis de serem encarados por outras pessoas, eram confiados a HEMME. E, jamais, deixou de resolver e superar a melhor das expectativas. Possuía a virtude única de conseguir enxergar e concentrar-se no ponto essencial que todo desafio sempre traz."

Eugenie Schwarzwald

Nas palavras de DRUCKER, "Enquanto as feições de HEMME eram ossudas e angulosas, as de GENIA eram todas arredondadas. Não era gorda, embora tivesse uma inclinação para ser rechonchuda. Se HEMME me lembrava um cágado selvagem, GENIA me trazia à mente um esquilo vermelho. De estatura um pouco abaixo da média, uma cabeça grande sobre um pescoço curto, um quadril enorme sobre pernas pequenas e mínimas, tornando-a aos olhos mais gorda do que realmente era. Seus traços, rudes e toscos. Mas, mesmo assim, nem rosto nem corpo teriam importado se GENIA não fosse tão preocupada com eles. Tinha os olhos extraordinariamente atraentes, os olhos de uma criança séria, capazes de registrar todas as emoções – surpresa, afeição, mágoa – e que retinham, magneticamente, o olhar alheio. Mesmo fazendo o máximo para dissimulá-los, sob camadas excessivas de maquiagem. Seus cabelos eram igualmente lindos, acastanhados, com leves reflexos ruivos e suavemente ondulados. Mas desde seus tempos de estudante, usava-os curtíssimos, acentuando e não suavizando a indelicadeza de seus traços. Vestia as roupas mais discretamente erradas que jamais vi – roupas destinadas à bailarina esguia e alta que obviamente sempre quis ser, roupas que intensificavam seu pescoço grosso, suas nádegas pesadas, suas pernas atarracadas.

Ficava perfeitamente claro que GENIA teria oferecido todas as suas realizações e êxitos – e provavelmente até seu brilhantismo intelectual – para ser uma beleza convencional. Enquanto HERMANN – HEMME, parecia não envelhecer, GENIA não revelava ter uma natureza sequer parecida. Numa fotografia tirada aos 20 anos, na formatura da universidade – sempre em cima da cômoda de GENIA, a aparência de HEMME era exatamente a mesma de 45 anos depois, já no final de sua vida. Já GENIA envelheceu cedo e envelheceu mal. Sempre foi abstêmia e, contudo, antes dos 40 anos, sua face e seu nariz já revelavam veias vermelho-azuladas. Sua pele, que nunca fora muito boa, tornou-se pálido-amarelada, frouxa e enrugada. GENIA reagiu violentamente – como sempre, mas a aplicação exagerada de cosméticos inadequados que fazia só a tornava mais velha e, ainda, abatida. E o mesmo efeito tiveram seus muitos amantes – toda uma corte deles durante alguns anos febris, todos homens muito mais jovens e quase todos fúteis e meio efeminados. Cada um desses casos amorosos mesquinhos foi espalhafatoso, público e rude. Cada um deles terminou em comoções violentas, depois das quais GENIA arranjava uma esposa para o jovem, geralmente entre suas secretárias e auxiliares *mezzo* solteironas, que ao menos poderiam sustentar o ex-amante."

E DRUCKER conclui sua descrição dizendo: "Em suma, GENIA possuía o dom de salientar seus piores pontos. Não tinha nem ouvido nem voz, sua propensão à música era nula e era incapaz de cantarolar afinada as melodias mais vulgares. Entretanto, mantinha em segredo um genuíno dom para o desenho, muito especialmente de crianças e animais. Quando lhe perguntaram certa vez por que escondia todos os seus desenhos, disse: "Naquilo que faço bem eu sinto que tenho de ir além", e essa era a chave de sua personalidade.

GENIA nasceu, como seu companheiro HEMME, no extremo oriental da Polônia austríaca, também perto da fronteira russa. Seu pai era um comerciante de madeiras, muito rico, enquanto o pai de HEMME era pobre. Diziam que GENIA era sua filha ilegítima, fruto de um caso pontual com uma criada polonesa e com quem só se casou nos últimos momentos de sua vida para legitimar GENIA que na época estava próxima dos 20 anos de idade.

GENIA certamente falava polonês quando criança e não alemão-judaico, ou iídiche. Suas feições tinham nuances eslavas, especialmente e a partir de uma maçã de rosto saliente, na boca generosa, no nariz arrebitado e nas grossas sobrancelhas em arco. Assim, com a morte do pai, prestes a completar 20 anos, GENIA viu-se sozinha no mundo, e com uma grande fortuna em suas mãos. Decidida, no final do século XIX, partiu para a Universidade de Zurique, a única que aceitava mulheres na época. E anos depois, com um doutorado de literatura nas mãos, chegou a VIENA com o intuito de derrubar as muralhas que mantinham as mulheres afastadas da universidade. Não era proibido mulheres

128 ■ DRUCKER, FOREVER

na universidade. Mas as barreiras sociais eram de tal ordem que desistiam ou ficavam pelo caminho. GENIA decidiu quebrar todas as barreiras e abrir a primeira escola para preparar mulheres para a universidade."

Por mais que gostasse do casal – eram as pessoas mais queridas dentre seus relacionamentos – colocava o gostar de lado e, da mesma maneira que não poupava elogios, descia a lenha com a maior naturalidade. Assim era nosso adorado mestre e mentor.

"Num determinado momento, GENIA propôs-se a abrir uma escola para mulheres, e preparatória para a faculdade. E sempre dentro do seu estilo e tradição irlandesa dos que se dizem amantes da paz: pessoas dispostas a ouvirem depois de terem nocauteado seus opositores. Primeiro alugou um apartamento num bairro elegante. Depois foi atrás dos professores. Descobriu os cursos para trabalhadores e ministrados por jovens e sinceros funcionários públicos liberais. Matriculou-se. E selecionou dentre os jovens professores os que gostou mais. Meu pai", diz DRUCKER, "foi o primeiro a ser contratado. Um dia perguntei a meu pai o que GENIA teria dito para persuadi-lo. E ele respondeu rápido e sem excitação: não me persuadiu, me intimou. Um dia eu estava em meu escritório quando uma Dra. NUSSBAUM (o sobrenome de solteira de GENIA) fez-se anunciar. Entra uma mulher jovem, atarracada, com cabelo de menino e uma roupa berrante de tweed escocês. Sem bom-dia ou qualquer outra manifestação, foi dizendo: 'Você prefere lecionar segundas e quartas à noite, ou terças e quintas?'. Ele respondeu: 'Não sei do que a senhora está falando'. E ela disse: 'Ok, fechado, terças e quintas, das 18h30 às 21h, e oferecemos jantar para os professores'.

Ninguém acreditava na escola de GENIA. De onde viriam os estudantes? Anunciou a chegada de sua escola com um anúncio de primeira página jamais visto nos jornais de VIENA. Deu certo. Mais de 330 candidatos para cursar o preparatório para vestibular, incluindo 100 homens que foram descartados de imediato. Na primeira turma de 50 mulheres, 30 entraram na faculdade com distinção. E a partir daí, seu negócio de escolas foi crescendo sem parar até Hitler invadir a ÁUSTRIA e determinar o fechamento da ESCOLA SCHWARZWALD.

Como professora, GENIA era poderosa e convincente. De todos os professores com que cruzei em minha vida apenas MARTHA GRAHAM, ensinando uma classe de principiantes em dança moderna, irradiava um poder semelhante e fascinava os alunos com igual domínio e competência. Mas MARTHA GRAHAM, pelo que sei, nunca lecionou qualquer outra coisa além de dança moderna. GE-NIA ensinava todas as matérias e em todos os níveis, do 1º ao 13º grau. Claro, eu não fiz o colégio onde GENIA lecionava porque era só para mulheres, a ES-COLA SCHWARZWALD, mas passava lá boa parte de meu tempo porque era apaixonado pelas moças daquela escola. Aos poucos GENIA foi se afastando da escola e a transformou numa fundação, com um conselho de curadores, presidido por meu pai até a ascensão de HITLER. Em verdade, GENIA jamais esteve interessada em educação em si, da mesma forma que não fazia parte de seus sonhos dirigir uma escola. Mas sabia que através de uma escola poderia contribuir para a abertura das universidades às mulheres. E, uma vez alcançado esse objetivo, decidiu concentrar-se em outras iniciativas de cunho social.

Depois de ter sua escola fechada por HITLER, GENIA procurou amenizar, com diferentes ações de cunho social, problemas específicos de sua época. Para ajudar as jovens esposas e mães, com os maridos lutando na Primeira Guerra, e aliviá-las da solidão angustiante, criou no ano de 1915 os 'arraiais da família'. Com oito e até dez funcionando simultaneamente. Para os prisioneiros de guerra russos, e vencendo a resistência dos generais, GENIA criou um serviço social voluntário. Criou também acampamento para as crianças – os primeiros da Europa – cujos pais morreram na guerra. Quando a fome chegou em 1917, organizou restaurantes cooperativos, que chegaram a ser entre 15 a 20 na Áustria. E depois do final da guerra, levou essa iniciativa para Berlim."

Não obstante as personalidades fortes, duras, muitas vezes grosseiras, o senso social dos dois, sem a menor dúvida, invadiu e impregnou para sempre o coração e a alma de PETER DRUCKER. Depois de contar suas iniciativas em escolas e restaurantes para aplacar a fome decorrente da Primeira Guerra Mundial, quando essa fase se revelou superada, GENIA converteu-se numa espécie de ombudswoman não-remunerada, lutando incessantemente contra a burrice, a incompetência e a truculência do Estado. No exato momento em que "ter papéis" passa a conduzir e orientar a vida das pessoas. Os chamados documentos pessoais.

Diz o mestre:

"Nos dias de hoje" – 1978, ano em que Drucker escreveu suas memórias –, "é impensável que antes da Primeira Grande Guerra ninguém precisasse nem de carteira de identidade, nem de passaporte, carteira de trabalho, certidão de nascimento. E aí, do dia para a noite, todos passaram a precisar. Naquela época" – conta o mestre – "VIENA estava repleta de pessoas sem documentos, refugiados da Revolução Russa aos milhares, refugiados do terror comunista na vizinha Budapeste, e ainda do 'antiterror' branco que veio na sequência. Mais prisioneiros de guerra, soldados que não podiam retornar as suas casas. Quase todas essas pessoas recorriam ao pequeno escritório de GENIA, onde existiam quatro telefones que tocavam incessantemente durante todo o dia. Conclusão, GENIA tinha acesso a toda a cúpula do Estado em sua luta em defesa dos sem documentos e sem orientação. Com o tempo dominou a ciência e a arte de como convencer as autoridades. Dizia, 'Jamais pergunte a um burocrata o que fazer, diga-lhe sempre o que precisa ser feito. Caso não seja a coisa certa, eles vão dizer. Mas se você já não for dizendo o que precisa ser feito, eles apenas dirão, 'Vamos estudar o caso'. Mais ainda, 'jamais se dirija a um burocrata pedindo ajuda'. GENIA já ia direto dizendo que tinha encontrado uma solução para um problema que certamente, enfatizava, 'preocupa muito ao senhor'." E o mestre conclui sobre a importância de seus aprendizados com sua adorada amiga GENIA:

"Muitos anos depois, nas décadas de 1950 e 1960, encontrei-me numa posição em que pude testar os métodos de GENIA. Era professor da New York University e muitos ex-oficiais de meia-idade, perdidos, começaram a me procurar em busca de conselho, orientação, ajuda. Agi exatamente do mesmo modo que GENIA. Descobri o que cada homem fizera e poderia fazer. Entendi a história de cada um deles, e corri atrás de encontrar alguma ocupação para todos.

E sempre me apresentava dizendo ter uma solução para um problema que meu amigo do outro lado do telefone provavelmente vinha enfrentando. Jamais ligava para pedir ajuda, para transferir o problema. Começava dizendo, 'imagino que esteja enfrentando esse problema e conheço alguém que pode ajudá-lo'. Claro, GENIA saiu-se muito melhor que eu, mas, de certa forma, consegui dar o apoio de que a maioria daqueles ex-oficiais precisava."

Últimos Registros

"Quando HITLER invadiu a ÁUSTRIA, no inverno de 1938, GENIA encontrava-se num hospital de COPENHAGUE recuperando-se de uma mastectomia radical. Detectara semanas antes um caroço ominoso em seu seio. Não queria que ninguém em Viena ficasse sabendo; e assim, organizou umas conferências na DINAMARCA e foi operar-se em um hospital de Copenhague.

INOVAÇÃO ▪ **131**

Nunca mais voltou a VIENA, indo diretamente para ZURIQUE onde se reuniu com HEMME. HEMME estava aposentado há 15 anos e quase totalmente senil. Porém, constava da lista NAZI dos MAIS PROCURADOS. Um antigo colega e protegido que HEMME salvara tempos atrás de uma grave acusação de suborno – o homem que se tornaria um dos piores carniceiros da ROMÊNIA – denunciara-o como perigoso. Em menos de um ano, HEMME e GENIA estavam mortos."

6 Pesquisa

6.1 *A pesquisa de mercado só deve ser usada para pesquisar o que já está no mercado. Nem para o que se pretende lançar nem na identificação de oportunidades para novos e possíveis produtos. O cliente é conservador e só sabe opinar sobre o que já existe.*

6.2 *A melhor forma de um executivo obter informações relevantes, genuínas e significativas sobre o negócio é indo, lá fora, buscar. Não importa se os relatórios estão bons e nem o quanto é aceitável a teoria econômica ou financeira que os dão sustentação. Não supera nem substitui a observação direta e pessoal.*

6.3 *Uma observação bem antiga diz que poucas coisas melhoram mais o desempenho de um médico do que ser paciente de um hospital por duas semanas. Pesquisas de mercado, discussões em grupo e outras metodologias assemelhadas têm muito valor. Mas focalizam nos produtos da empresa e não necessária e verdadeiramente no que o cliente compra e revela-se interessado. Somente sendo um cliente, um vendedor, um paciente é que se pode obter informações verdadeiras a respeito do mundo, do mercado e da vida.*

6.4 *Sobre cada conquista reflita, silenciosamente. A cada reflexão silenciosa certamente se seguirá uma nova conquista.*

6.5 *O computador é um idiota mecânico e consegue lidar apenas com dados quantificáveis. Consegue lidar com a velocidade, com a precisão e a exatidão. Assim produzirá sempre informações quantificadas e em grande volume que não podiam ser alcançadas antes. Já os acontecimentos exteriores relevantes raramente estão disponíveis no formato quantitativo. E, quando isso acontece, invariavelmente é tarde demais para se tomar alguma iniciativa a respeito. E isso acontece não porque nossa capacidade de reunir informações externas esteja aquém da capacidade dos computadores.*

O desafio é que os acontecimentos externos relevantes muitas vezes são de índole qualitativa e não passíveis de quantificação. Os acontecimentos realmente importantes fora da organização não são as tendências. São as mudanças nas tendências. E que vão definir o fracasso ou sucesso de uma organização.

6.6 *O computador deveria tornar os executivos conscientes de seu isolamento e liberá-los para passarem a maior parte do tempo fora da empresa, no mercado. No curto prazo, no entanto, acontece exatamente o oposto. Ficam fascinados pelas máquinas e voltam-se para dentro. Em verdade, computadores só tornam visível uma condição que já existia antes. E assim, se os executivos não resistirem à tentação e não se voltarem para fora e para o mercado, terminarão cegos pelo mundo interior e insensíveis à verdadeira realidade.*

6.7 *Pesquise-se. A primeira coisa a saber é se você é um leitor ou um ouvinte. Poucas pessoas nem ao menos sabem se são leitores ou ouvintes e que, excepcionalmente, podem ter as duas características. Alguns exemplos revelam esse desconhecimento.*

Quando Dwight Eisenhower era o comandante em chefe das Forças Aliadas na Europa, era o queridinho da imprensa. Suas coletivas eram concorridas por seu estilo. Demonstrava total conhecimento e domínio sobre qualquer pergunta que lhe fizessem, e respondia com frases elegantes e brilhantes. Dez anos mais tarde, os mesmos jornalistas que foram seus admiradores o desprezavam de forma escancarada. Nunca respondia as perguntas e ficava enrolando ao infinito sobre outros assuntos. Respostas longas, incoerentes e repletas de erros gramaticais. Em verdade, Eisenhower não sabia que era um leitor e não um ouvinte.

Quando comandante em chefe da Europa, seus assessores certificavam-se que cada pergunta fosse apresentada no mínimo meia hora antes de cada coletiva. E então, quando começava ele tinha o comando total. Quando se tornou presidente, sucedeu Roosevelt e Truman, dois líderes que sabiam que eram ouvintes e gostavam das coletivas abertas. Eisenhower sentiu-se na obrigação de fazer o mesmo e se arrebentou.

Mais tarde, o mesmo aconteceu com Lyndon Johnson, porque não sabia que era um ouvinte. O ouvinte que tentar ser um leitor sofrerá o destino de Johnson, e o leitor que tentar ser um ouvinte terá o mesmo destino de Eisenhower.

6.8   *Pesquise-se. Existem pessoas que, como Churchill, aprendem escrevendo, muitos aprendem fazendo extensas anotações. Beethoven, por exemplo, deixou um número enorme de cadernos de notas, mas diziam que ele jamais consultava quando compunha. Quando um dia lhe perguntaram por que os guardava, respondeu: "Se eu não anotar imediatamente, esqueço no minuto seguinte". Se anotar, nunca esqueço e nunca precisarei consultar, muitas pessoas aprendem fazendo; muitas outras, ouvindo a si mesmo conversando.*

6.9   *Pesquise-se. Algumas pessoas trabalham melhor como subordinados. O General George Patton, o grande herói americano da Segunda Guerra Mundial é um excelente exemplo. Foi o maior comandante de tropas dos Estados Unidos. Mas, quando lhe propuseram um comando independente, o General George Marshall, chefe do Estado-Maior dos Estados Unidos, o mais bem-sucedido selecionador de pessoas da história do país, disse: "Patton é o melhor subordinado que o exército americano já produziu, mas seria o pior comandante".*

6.10   *No início dos anos 1930, a IBM desenvolveu a primeira máquina de calcular pensada para os bancos. Em 1933, quando a máquina ficou pronta, os bancos não compraram. O que salvou a IBM, de acordo com o que o fundador e CEO contava, foi o fato de a Biblioteca Pública de Nova York, que tinha dinheiro, comprar as máquinas, e levando todas as demais bibliotecas americanas a adotarem o mesmo comportamento. WATSON vendeu mais de uma centena daquelas máquinas para as bibliotecas que tinham dinheiro, e não vendeu nenhuma para bancos sem dinheiro em decorrência do NEW DEAL...*

6.11   *Desde os primórdios da computação, a IBM sabia que o computador seguiria um caminho semelhante ao da eletricidade. A gigante sabia e podia provar que no futuro os mainframes se tornariam cada vez mais robustos. Tudo levava a essa conclusão. Mas, de repente, quando parecia que um sistema de informações baseado em uma estação central estava prestes a se concretizar, dois jovens apareceram com o primeiro computador pessoal. Qualquer fabricante de computadores sabia que o PC era um absurdo: banco de dados, alta velocidade, capacidade de computação. Todos estavam mais que convencidos do fracasso do PC. Quando a aberração chegou ao mercado as pessoas apaixonaram-se e não pararam de comprar.*

6.12   *O fracasso inesperado não deixa de ser uma fonte involuntária de pesquisa e inovação. O FORD EDSEL, o maior fiasco em termos de lançamento pela indústria automobilística, trouxe todos os inputs necessários à FORD para um de seus maiores sucessos, o MUSTANG.*

Com o EDSEL, a FORD aprendeu que o mercado não se segmentava mais por grupos de renda, e sim por comportamento, estilo de vida. E a resposta veio com um de seus grandes sucessos, o MUSTANG. Fracassos são importantes fontes de pesquisa que a maioria das empresas não aproveita pelos traumas que provocam.

6.13   *Hoje, quando olho para trás, aos 90 anos de idade, e procedo a uma rápida pesquisa e balanço de minha vida, uma de minhas maiores frustrações, certamente, foi ter priorizado, mais do que gostaria, aquilo que era urgente em vez de aquilo que era importante. E, assim, deixei de escrever alguns livros que deveria ter escrito, e escrevi livros porque eram urgentes, ou ensinei o que era necessário num determinado momento, deixando de lado o que seria essencial cinco anos depois. Assenti em cuidar do imediato, em detrimento do longo prazo. Mas isso só se descobre depois...*

6.14   *Acredito que está cega e surda qualquer pessoa que não se sinta incomodada com a direção que o mundo está tomando. A crença no progresso, herdada do século XVIII, ficou no passado. Potências emergentes – China e Índia – definitivamente não são ocidentais nem vão se ocidentalizar como aconteceu com o Japão 150 anos atrás. Está nascendo um mundo novo que não compreendemos. E, por outro lado, a União Europeia está cada dia menos uma união e cada dia mais uma confederação frouxa. E, até agora, o Mercosul não justificou sua existência. Assim, encontramo-nos num período de transição radical. O mundo não será dominado por nenhuma potência isolada e isso é muito difícil para os americanos aceitarem. Ainda a maior parte das pessoas enxerga um mundo – 1960 – em que os Estados Unidos eram a única grande potência e a única economia funcional. Assim, os americanos precisam convencer-se de que o mundo vai se revelando muito diferente, e em que valores diferentes precisarão aprender a conviver. Um mundo que será sustentado pela informação e não mais pelo poder. Será um período de forte transição e que vai durar uns 30 anos.*

6.15 *Não se desafia e muito menos se enfrenta a mudança. Nos dias em que vivemos, a única certeza é a mudança. Dolorosa, arriscada, exigindo atenção e trabalho duríssimo. Quem partir para o enfrentamento não sobreviverá. Em períodos de mudança as empresas carecem de lideranças transformadoras. Tentar construir o futuro em épocas de fortes turbulências é arriscado. Mas, mais arriscado, não tentar. Muitos dos que tentarem não conseguirão. Já os que não tentarem...*

6.16 *Estamos em meio a uma transição monumental. O novo – não apenas novas estruturas e novas organizações, mas, fundamentalmente, novos conceitos, novas formas de ver o mundo, de nos relacionarmos como indivíduos, organizações e países – terá de ser criado.*

Em 1506, dez anos antes da Reforma Protestante, Leonardo da Vinci mudou-se para a França, e um sobrinho lhe perguntou: "Querido tio Leo, diga-me como era o mundo quando você nasceu? Naquele momento, Leonardo estava com 50 anos. E respondeu ao sobrinho, dizendo: "Caro sobrinho, ninguém nascido antes de 1460 poderia compreender como era o mundo quando nasci".

Hoje, novembro de 1992, chegamos ao ponto que, se eu tentasse explicar aos nossos melhores jovens, de 17 ou 18 anos, como era o mundo antes da Segunda Guerra, jamais estariam dispostos a acreditar que existiu um mundo sem a televisão. Hoje, quem tem 80 anos sabe que um dia existiu um mundo sem elástico, mas imaginar é difícil. Imaginar um mundo sem computadores talvez hoje seja mais difícil para uma criança de 8 anos do que para um adolescente de 17.

Nas últimas eleições, alguns amigos manifestaram-se aturdidos: "Explique-nos, a economia vai bem, melhor que em qualquer outro país, e mesmo assim as pessoas estão inquietas, irrequietas, desconfortáveis?". E eu respondi: "Em verdade, as pessoas são mais inteligentes que vocês... Trata-se das incertezas, a sensação de que o chão sob seus pés está tremendo e vocês não sabem se é hora de saltar fora ou de mergulhar de cabeça. Pouco a ver com índices econômicos, tudo a ver com sensações...

6.17 *Os futurólogos sempre medem seus índices de acerto pelo número das coisas que previram e se realizaram. Jamais contam as coisas importantes que se*

138 ■ DRUCKER, FOREVER

realizaram, mas não faziam parte de suas previsões. Assim, tudo o que um previsor prevê pode acontecer. Mas pode não ter nem previsto e muito menos visto a mais significativa das realidades emergentes por não ter prestado atenção. Não há como prevenirem-se irrelevâncias nas previsões, mesmo porque o que é importante, e se distingue quase sempre, decorre de mudanças nos valores, nas percepções, nos objetivos. Em tudo aquilo que se pode adivinhar mas, jamais, prever.

De qualquer maneira, a principal tarefa e obrigação de um executivo é identificar as mudanças que já aconteceram. E explorar todas as transformações decorrentes e que se traduzem em oportunidades. Assim, mais importante do que prever, é identificar o futuro que já chegou, e como tirar proveito do que certamente oferece.

6.18 *Executivos e profissionais nas empresas, governo, universidade, igrejas, jamais podem ignorar o futuro que já chegou. Assim precisam ter total consciência dos eventos já ocorridos, que não se encontravam em suas previsões, e acabaram determinando uma nova realidade.*

Intelectuais e acadêmicos tendem a acreditar que as ideias vêm antes de tudo, e que apenas as ideias determinam uma nova realidade política, social, econômica ou psicológica. Isso, em verdade, pode também acontecer, mas como exceção. A regra é: a teoria não necessariamente precede a prática. A teoria organiza e tenta dar sentido e tornar replicável uma realidade nova. Raras vezes, raríssimas vezes, cria uma nova realidade.

6.19 *Nenhum estudo, nenhuma pesquisa de mercado, nenhuma simulação em computador substitui o teste da realidade. Toda melhoria ou inovação precisa ser testada em escala, ou seja, precisa ser pilotada. E a melhor forma de se fazer isso é encontrar alguém dentro da empresa que realmente seja adepto e deseje o novo. Alguém que procure com determinação e sensibilidade fazer com o que a inovação se prove relevante e desejável. De preferência, uma pessoa respeitada dentro da organização, mesmo que não trabalhe internamente na empresa. Melhor ainda, é encontrar um cliente que seja adepto de inovações e se disponha a testar a novidade. Em verdade, poucas pessoas, como o próprio cliente, têm chances verdadeiras de identificar problemas de toda a ordem, e recomendar as correções necessárias.*

6.20 *Nenhum caminho para o desenvolvimento tem a probabilidade de estar aberto no futuro. Entre os países desenvolvidos apenas o Japão tem um déficit de alimentos; todos os outros países desenvolvidos não comunistas têm superávit de alimentos. A produção industrial está se tornando menos intensiva de matérias--primas. O produto típico dos anos 1920, o automóvel, tem um conteúdo de matérias-primas de quase 60%; o produto típico dos anos 1980, o semicondutor, tem um conteúdo de 1%. O conteúdo de matérias-primas e de energia de um cabo de fibras de vidro é de aproximadamente 12%; o cabo de cobre, que ele substitui, tem um conteúdo de matérias-primas e de energia de quase 50% e assim por diante.*

Assim, o Brasil pode ter sido o último país a financiar seu desenvolvimento à maneira do século XIX, pagando as importações de capital com exportações de alimentos e matérias-primas.

6.21 *Quando Frederick Taylor iniciou o que mais tarde seria denominado de Administração Científica, estudando, por exemplo, a movimentação de areia com pás, jamais ocorreu a ele perguntar: "Qual é a tarefa? Por que executá-la?". Tudo o que se perguntou foi: "Como a tarefa é executada?".*

Quase 50 anos depois, Elton Mayo, preparou-se para demolir a Administração Científica e substituí-la por aquilo que viria a ser chamado de Relações Humanas. Mas, como Taylor, ele nunca perguntou: "Qual a tarefa? Por que executá-la?" Em seus famosos experimentos na fábrica Hawthorne, da Western Electric, somente perguntou: "Como produzir melhor os equipamentos telefônicos?".

Desde então, e no trabalho com conhecimento e serviços, a primeira pergunta a ser feita, para aumentar a produtividade, é: "Qual é a tarefa?". O que estamos tentando conseguir? Por que fazer tudo isso? Os aumentos mais fáceis e também os maiores de produtividade provêm da redefinição da tarefa e, em especial, da eliminação daquilo que não precisa ser feito.

6.22 *Frederick Taylor tem sido muito criticado por nunca conversar com os operários. O mesmo se dava com Elton Mayo. Mas também não há registros de Sigmund Freud ter, alguma vez, perguntado aos seus pacientes qual era o problema deles. Também Marx e Lenin nunca pensaram em perguntar às massas. E nunca ocorreu, a qualquer Alto Comando nas duas guerras mundiais, perguntar aos oficiais subalternos ou praças nas linhas de frente a respeito de armas, uniformes* *ou mesmo alimentos. Taylor simplesmente compartilhava da crença de sua época, na sabedoria do perito. Ele considerava operários e gerentes "animais racionais". Mayo, 40 anos mais tarde, tinha alto respeito pelos gerentes, mas, em sua opinião, os operários eram imaturos e desajustados, necessitando de orientação competente e psicólogo.*

6.23 *Alfred Sloan Jr. fez da General Motors a maior do mundo nos anos 1920 e 1930, trabalhando de fato com os clientes. Uma vez a cada três meses, Sloan desaparecia de Detroit sem dizer para onde ia. Na manhã seguinte, acordava numa revenda em Memphis ou Albany, apresentava-se e pedia permissão ao revendedor para trabalhar como vendedor por dois dias, ou como responsável pela área de serviços. Naquela semana dedicava-se a isso. Na segunda-feira seguinte, amanhecia em Detroit disparando memorandos informando sobre mudanças no comportamento dos clientes, as avaliações que faziam sobre os serviços. Assim, e por bater ponto no mercado com regularidade, Sloan invariavelmente identificava tendências mais importantes e em maior quantidade do que as pesquisas regulares que a empresa fazia com os clientes.*

6.24 *Em meados dos anos 1950, dois amigos assumiram uma pequena e irrelevante cadeia de lojas de moda. Anos depois, a converteram numa gigante do território. Conforme combinaram desde o início, todo sábado era sagrado. Comprometeram-se e honraram o compromisso de passar todos os sábados visitando shopping centers e lojas de concorrentes diretos e indiretos. Assim passavam os sábados em lojas de moda, livrarias, utensílios domésticos, observando compradores, vendedores, conversando com os gerentes. Nas segundas-feiras, contavam para seus gerentes e insistiam para que fizessem o mesmo. Assim e por essa razão, a empresa foi capaz de prever com a necessária antecedência a chegada de uma "cultura jovem" reconstruindo e adaptando algumas de suas lojas para adolescentes. Percebeu, antes de seus concorrentes, que a tal da cultura jovem estava chegando ao fim e rapidamente migrou suas lojas para o território dos "jovens adultos". E, dez anos mais tarde, foi a primeira organização a mergulhar na customização de suas lojas para famílias onde os dois cônjuges trabalhavam fora...*

6.25 *Há sete ou oito anos as máquinas fax eram encontradas apenas nos grandes escritórios. Hoje encontram-se em todos os lugares. Originalmente, o fax é uma máquina americana – invenção, tecnologia, projeto e desenvolvimento. E os* *fabricantes americanos tinham máquinas prontas para realizarem vendas. Mas fizeram pesquisas, e as pesquisas convenceram esses fabricantes de que não havia demandas para o fax.*

Todos nós sabemos que é quase impossível você obter informações sobre um produto que ainda não se encontra no mercado. E assim, e quando perguntados: "Você compraria um acessório para o telefone, que custa mais de US$ 1.500,00 e que possibilita o envio, pelo custo de US$ 1,00 por página, de uma mesma carta que o correio entrega por US$ 0,24?".

Já os japoneses olharam para o mercado e não olharam para a pesquisa. Nos chamados mercados novos, quase nenhum dos sucessos decorreu de pesquisas de mercado. E quando fizeram pesquisas, não perguntavam se as pessoas comprariam o produto, e sim quanto se disporiam a pagar pelos serviços que o produto presta. Assim, o computador de grande porte, o PC, a copiadora, o telefone celular, definitivamente não nasceram de pesquisas de mercado.

6.26 *Poucas empresas conseguem retornos espetaculares sobre o que investem em pesquisas. A maioria, zero. O segredo do sucesso não é conhecimento, inteligência, nem trabalho duro e, muito menos, sorte. É seguir as DEZ REGRAS DA PESQUISA EFICAZ.*

6.27 *A qualidade de um serviço de inteligência revela-se pela inexistência de surpresas. Antes dos acontecimentos ganharem dimensão, executivos sensíveis antecipam-se e tomam as decisões necessárias. Pesquisar é acreditar na possibilidade de saber antes, a tempo, e antecipar-se. Ou só saber depois do fato consumado, e quando não existe mais nada a ser feito.*

1. Todo novo produto, processo ou serviço torna-se obsoleto no exato momento em que alcança o chamado ponto de equilíbrio;

2. A única maneira de prevenir que seu produto se torne obsoleto pela ação de seus concorrentes é antecipando-se e o tornando obsoleto por um novo produto;

3. Pesquisa pura é assunto de universidades. Já a criação de um produto ou processo inteiramente novo, na maioria das situações, envolve apenas observação sobre o que e como vem sendo feito;

4. A pesquisa eficaz exige apenas em seu comando alguém que saiba quando e como chamar e atrair um especialista. Foi o que fez JIM WEBB na NASA, nos anos 1960, para colocar um homem na Lua;

5. Em toda a pesquisa não se busca, na partida, e exclusivamente um resultado. Sempre três. Aperfeiçoamentos, evolução e inovação. Mesmo que pelo caminho acabe se concentrando em um ou dois dos três;

6. Mire para o alto. Mais alto, ainda. As correções triviais são tão difíceis de se fazer e enfrentam tanta resistência quanto as mudanças essenciais. O teste a ser feito é: "Se tivermos sucesso, isso fará uma diferença real na vida ou nos negócios de nossos clientes?". Se sim, essa é a pesquisa a ser feita;

7. Pesquisas, mesmo que os resultados estejam voltados para o curto prazo, jamais podem deixar de considerar o longo prazo também;

8. A pesquisa é um trabalho separado, mas jamais uma função separada. O desenvolvimento de todas as decorrências dos possíveis resultados da pesquisa deve caminhar lado a lado com a pesquisa;

9. A pesquisa eficaz pressupõe o abandono organizado. De produtos, de serviços, de processos e, também, de projetos de pesquisas. E sempre a partir de uma mesma pergunta que se renova permanentemente: "Sabendo o que sabemos hoje devemos dar sequência ao que estamos fazendo – produtos, serviços, processos, pesquisas?"

10. A pesquisa eficaz pressupõe medidas permanentemente. Isso é particularmente mais fácil em aperfeiçoamentos e evoluções. Mas em inovação é um pouco mais desafiador.

6.28   Vinte e cinco cirurgiões ortopédicos de uma cidade do Meio-Oeste dos Estados Unidos decidiram pesquisar uma nova forma de trabalho. Na busca da excelência, otimizar a organização dos recursos escassos e limitados, como, por exemplo, as salas de operações e de recuperação, utilizar com eficácia o pessoal de apoio – anestesistas, enfermeiros, mediante técnicas de aprendizado contínuo.

Tradicionalmente cada cirurgião programa suas operações para o início da manhã. Assim, as salas de operação e de recuperação permanecem vazias a maior *parte do tempo. Na nova forma de trabalho adotada as salas passam a ser utilizadas o dia inteiro, em média, 10 horas por dia. Depois de exaustiva análise chegou-se à padronização dos equipamentos, alcançando-se mais qualidade e menor custo. Técnicas de controle de qualidade foram adotadas. O próprio grupo organizou-se para proceder uma análise de desempenho de forma recorrente, com reuniões de feedback, recomendações e providências para correções e aperfeiçoamentos de procedimentos... E muito mais. Em poucos anos, o mesmo grupo passou a entregar quatro vezes mais trabalho do que antes, e os custos foram reduzidos em mais de 50%. Os desperdícios e ineficiências foram reduzidos a quase zero...*

6.29 *Os executivos da General Motors acreditavam dominar princípios absolutos, como as leis da natureza. Sempre entendi esses tais de princípios absolutos, e quando elaborados pelo homem, na melhor das hipóteses, como especulativos. Talvez se encontre nesse ponto minha maior divergência em relação a maioria dos teóricos e escritores que tratam da gestão, e a desconfiança indissimulável que a comunidade acadêmica sempre lançou sobre minhas manifestações.*

Acredito em valores básicos, em valores humanos. Mas não acredito que sempre exista uma resposta correta. Tudo o que temos são respostas e ponto. Assim, e em meu entendimento, o teste sobre qualquer política de gestão, ou a qualquer outra ciência social, afere-se pelo resultado alcançado, e não por discussões sobre se certa ou errada. Continuo acreditando que a gestão não se insere numa das disciplinas da teologia, e sim, na realidade, numa disciplina clínica como a medicina. Não consiste exclusivamente em alegar-se que o tratamento é científico. E, sim, se o paciente se recupera.

6.30 *Ser líder é ter a capacidade de fazer o que seus concorrentes ou não conseguem fazer, ou o fazem sem qualidade. Por exemplo, os japoneses têm uma capacidade única para miniaturizarem as componentes eletrônicas a partir de uma tradição de mais de três séculos de pintar paisagens em cabeças de alfinetes, assim como a GM desenvolveu durante anos uma capacidade genuína e única de fazer aquisições de sucesso.*

E como uma empresa identifica e reconhece essa sua capacidade única? Mediante o registro e a documentação permanente pesquisando o desempenho de seus concorrentes, seu próprio desempenho, e realizando a confrontação.

Quase sempre o melhor indicador dessa competência exclusiva revela-se na conquista do sucesso, no reconhecimento do mercado. Percebe a competência, valoriza, reconhece a exclusividade, e se dispõe a pagar.

6.31 *Em matemática, não há diferença se o copo está meio vazio ou meio cheio. Mas o significado dessas duas situações é completamente diferente, bem como suas consequências. Se a percepção das pessoas mudar e elas passarem a ver aquele copo meio vazio como meio cheio, as consequências serão diferentes e, muitas vezes, opostas. E, quando isso acontece, magníficas oportunidades de inovação revelam-se.*

Sucessos e fracassos inesperados, com raríssimas exceções, têm uma única e mesma causa. Mudança na percepção do mercado, dos clientes. O fato, objetivamente permanece o mesmo. O significado é que é outro.

6.32 *Durante anos a maior parte das empresas europeias e americanas definiam o preço de seus produtos colocando uma margem sobre o custo. Errado. Começa-se pesquisando o que o cliente estaria disposto a pagar e, depois, tenta-se criar, desenvolver e construir um produto que caiba no bolso do cliente, no preço que se disse disposto a pagar. Esse comportamento decorria de uma economia de escassez, onde faltava tudo.*

A consciência de que o mercado tinha mudado e que chegara a hora de definir-se o preço a partir da manifestação dos clientes e não mais dos custos é, de certa forma, uma invenção americana, da General Electric. Quando, nos primeiros anos do século XX, começou a desenhar suas turbinas e transformadores considerando os preços que as empresas elétricas podiam pagar.

6.33 *As empresas japonesas, como procedem os mestres do judô, sempre procuraram identificar a força de seus adversários. O que os faz orgulhosos e alegres. E depois atuam para transformar essa força em fraqueza fatal, e até mesmo derrota.*

O judô empresarial, repito, transforma aquilo que as empresas líderes de mercado consideram ser suas forças principais nas fraquezas que irão derrotá-las. Usando essa estratégia, as empresas japonesas foram tomando e dominando muitos mercados norte-americanos que pertenciam a empresas locais. Assim aconteceu com as fotocopiadoras, máquinas fotográficas digitais, outros produtos eletrônicos, fax e, por fim, os automóveis. A estratégia sempre a mesma.

PESQUISA ■ **145**

Nos automóveis, as empresas americanas estavam focadas nos segmentos mais altos deixando o mercado de massa pessimamente servido, quase abandonado. Por lá ingressaram as empresas japonesas. Primeiro, com produtos de baixo custo e criando uma base. Os americanos nem perdiam tempo em combater as montadoras japonesas. Com os recursos decorrentes dos mercados de massa as empresas japonesas voltaram-se para o mercado de luxo. E muito rapidamente conquistaram uma parcela expressiva desse mercado.

6.34 *Informação é que mantém a unidade de uma organização e o que mantém eficaz cada um de seus profissionais do conhecimento. Empresas e profissionais precisam aprender quais informações necessitam e como obtê-las. Na sequência, como organizar a informação para que se converta em seu recurso-chave, sua molécula, seu princípio ativo.*

Quando se evolui da leitura simples de dados, para a leitura consistente da informação, é fundamental responder a duas questões: De qual a informação minha organização precisa? E de que informação eu preciso? Na busca de respostas, isso ajuda muito a refletir sobre:

- *Qual é o seu trabalho e qual deveria ser?*
- *Qual é sua contribuição e qual deveria ser?*
- *Quais os fundamentos e a essência de sua organização?*

O seu sucesso e o da organização dependem de responder acertadamente a essas questões.

Leitura

Dona Elsa e Dona Sophy

Segundo o adorado mestre PETER FERDINAND DRUCKER, DONA ELSA e DONA SOPHY, enquanto professoras, não eram apenas boas; eram excepcionais. Drucker foi aluno das duas no quarto ano primário, e em seu depoimento: "Nenhuma outra professora conseguiu ensinar-me o que elas e eu sabíamos que eu precisava aprender". DONA ELSA era a diretora da escola e professora da classe onde estava DRUCKER. Eram quatro horas de aula por dia, seis dias por semana. Apenas no sábado, a aula acabava mais cedo.

Depois de duas semanas de prova, um dia DONA ELSA chama o menino DRUCKER: "Sente-se aqui ao meu lado. Diga-me, o que você acha que sabe fazer bem? E depois me diga, também, o que você faz mal". Depois de DRUCKER responder, ela disse: "Sim, tem razão, você sabe ler bastante bem, continue lendo sempre e o que quiser. Não se esqueça de ter sempre uma boa iluminação para não forçar a vista. Vou transferir você para uma carteira mais próxima da janela com mais luz, para não forçar a sua visão. Já sua letra não é boa, mas tenha mais cuidado nas palavras que usa, pare de adivinhar e recorra sempre ao dicionário. Ah, você esqueceu-se de dizer que é bom em redação e também bom com os números. Já na caligrafia, você é péssimo, ninguém consegue adivinhar o que você colocou no papel". Depois de terminar e repassar toda a programação para o ano, DONA ELSA disse: "Uma vez por semana vamos repassar tudo, mas sempre que precisar de alguma orientação me procure, a qualquer hora".

Já DONA SOPHY, lecionava artes e ofícios, uma hora e meia todos os dias. Suas aulas eram num enorme estúdio multicolorido com cavaletes, pastéis, pincéis, aquarelas, argila e resmas e resmas de papel colorido gomado. Do outro lado do estúdio, a oficina com máquinas de costura pequeninas para as crianças e muitas ferramentas – serrotes, alicates, arcos de pua, martelos, plainas. E do lado, panelas, fogareiros e uma grande pia. Depois de três semanas, ela procurou PETER: "Você não está muito interessado em pintura, modelagem, argila, certo? Não sou muito bom nessas coisas", respondeu PETER. "É verdade", disse SOPHY, "mas até o final do ano você conseguirá usar as ferramentas mais simples".

"ELSA e SOPHY eram irmãs" – diz DRUCKER. "Tinham uma terceira irmã, CLARA, que dava aulas no 5º ano, eram três solteironas muito diferentes uma da outra. CLARA lembrava mais um granadeiro prussiano – angulosa, ombros largos, altíssima – mais alta que a maioria dos homens. ELSA era de meia estatura, rechonchuda e desmazelada para se vestir. SOPHY era pequenina – a maioria dos meninos do quarto ano era mais alta do que ela. ELSA, a mais jovem, três anos menos que CLARA e cinco ou seis menos que SOPHY. Diziam que SOPHY tinha um olho nas costas, na lousa e sem virar o rosto dizia: 'PETER DRUCKER, pare de puxar as tranças de LILLY BRUNNER' ou 'PETER DRUCKER, quem deixou você andar pela classe?'."

DRUCKER dá seu depoimento sobre DONA ELSA: "Conhecia todos os alunos pelo nome desde o primeiro dia de aula. Nós não a amávamos – creio que teria considerado isso uma invasão impudente de sua vida particular, mas a adorávamos. Cinquenta anos mais tarde, quando as feministas anunciaram que Deus era uma mulher não fiquei surpreendido. A noção de um Deus parecido com DONA ELSA ocorrera-me muito antes."

Sobre DONA SOPHY: "Totalmente voltada para as crianças que sempre formigavam a seu lado. Não consigo me lembrar de um único momento em que não tivesse uma menina ou um menino sentado em seu colo, até mesmo os do 5º ano, mais espichados. Todos corriam para seus ombros em busca de um afago, beijos, palavras de incentivo e parabéns. Mas não conseguia guardar o nome de seus alunos, chamava a todos de criança."

E sobre ELSA e SOPHY, conclui o mestre: "Por causa de DONA ELSA e de DONA SOPHY, descobri que o ensino pode ser algo muito diferente do que era para os pobres burros de carga que tanto se mortificavam tentando nos ensinar gramática latina, dramaturgia grega ou história universal. As matérias, eu descobri estupefato, de entediantes não tinham nada, a razão é que aqueles pobres diabos estavam mortalmente entediados por serem pavorosos e também terem alunos pavorosos. Nesses momentos, sempre me vinha à cabeça DONA ELSA e DONA SOPHY. Claro que o passo a passo de uma conta de dividir não é um tema menos fastidioso do que a história romana, contudo, DONA ELSA mostrava-se interessada, nunca entediada, e tornava quocientes, dividendos e divisores interessantes. E DONA SOPHY nos mostrava como se deve segurar o martelo para não entortar um prego – ainda que eu sempre entortasse.

O fato é que sem DONA ELSA e DONA SOPHY eu não teria aceitado lecionar. ELSA e SOPHY, em verdade, pelas pessoas que eram, me ensinaram muito mais do que tudo o que aprendi no ginásio. SOPHY não me transformou num artista, mas transmitiu-me uma apreciação da arte manual que carreguei comigo por toda a vida, enquanto ELSA proporcionou-me uma disciplina de trabalho e o conhecimento de como me organizar para sempre alcançar um ótimo desempenho."

E o mestre finaliza, dizendo: "DONA ELSA e DONA SOPHY me fizeram ver que é possível ensinar e aprender mantendo um alto padrão de qualidade, um interesse inabalável e um prazer constante. Essas duas mulheres foram meus modelos e exemplos."

7 Gestão

7.1 *Sessenta por cento de todos os problemas administrativos decorrem de comunicação ineficaz.*

7.2 *O mais importante na comunicação é ouvir o que não foi dito.*

7.3 *UM ADMINISTRADOR DEFINE OBJETIVOS – e só depois estabelece as metas dentro de cada um dos objetivos. Finalmente, orienta na escolha dos caminhos para a consecução desses objetivos, procurando motivar e conseguir a adesão de todas as pessoas responsáveis pelos resultados.*

UM ADMINISTRADOR ORGANIZA – Analisa todas as atividades, as decisões e as relações necessárias; classifica o trabalho; divide o trabalho em tarefas passíveis de gerenciamento; agrupa unidades e tarefas em uma estrutura organizada; e escolhe as pessoas responsáveis pelo gerenciamento das unidades e pela realização das tarefas.

UM ADMINISTRADOR MOTIVA PESSOAS – escala o time, define estratégias e táticas; gerencia mecanismos de reconhecimento emocional e financeiro; e, através de comunicação de mão dupla, estabelece um diálogo esclarecedor.

UM ADMINISTRADOR MEDE – estabelece métricas de conhecimento e domínio de todos os envolvidos; analisa, avalia e interpreta os desempenhos coletivos e os individuais; e de forma objetiva, sincera e exemplar, divulga democraticamente esses desempenhos.

UM ADMINISTRADOR FORMA E DESENVOLVE PESSOAS – todos sob seu comando e, principalmente, a si próprio.

7.4 *As quatro perguntas essenciais que todos os administradores sempre se deveriam fazer:*

1. O que eu estou fazendo que não precisa ser feito?

2. O que eu estou fazendo que poderia ser feito por outra pessoa?

3. O que eu estou fazendo que só eu posso fazer?

4. O que eu deveria fazer que não estou fazendo?

7.5 *As cinco perguntas que todas as unidades de negócio deveriam se fazer, sempre:*

1. Qual é nossa missão?

2. Com quais recursos contamos?

3. Como nossa unidade funciona?

4. Qual a função da liderança em nossa unidade?

5. Quais as funções das pessoas-chave na equipe?

7.6 *O protótipo da organização moderna é a orquestra sinfônica. Cada um dos seus 200 músicos é um especialista de alto nível. Contudo, a tuba sozinha não faz música. Só a orquestra pode fazê-lo. E isso só acontece porque todos os músicos têm a mesma partitura. E todos tocam uma peça musical de cada vez.*

7.7 *O desempenho econômico é a primeira responsabilidade social de uma empresa. Uma empresa que não apresente lucro depois de um determinado tempo é socialmente irresponsável, desperdiça recursos da sociedade. O desempenho econômico é a base; sem esse desempenho a empresa não pode cumprir nenhuma outra responsabilidade, nem ser uma boa empregadora, nem ser uma boa cidadã, nem mesmo ser uma boa vizinha.*

7.8 *Não se pode gerenciar as mudanças, somente estar à sua frente.*

7.9 *Acredito que poucas pessoas consigam desempenhar com excelência três importantes tarefas ao mesmo tempo. Mozart foi uma dessas pessoas. Era capaz, ao que parece, de trabalhar em várias composições ao mesmo tempo. E todas, obras-primas. É a única exceção que se tem conhecimento. Os demais compositores criativos e de primeira linha – Bach, Handel, Haydn, Verdi, por exemplo – compunham uma obra por vez. Nenhum executivo pode e deve se supor Mozart.*

GESTÃO ■ **151**

7.10   *Gerenciar é substituir músculos por pensamentos, folclore e superstição por conhecimento, e força por cooperação.*

7.11   *Cultura de países e empresas assemelham-se. Jamais tente mudá-las. Limite-se a trabalhar a partir das mesmas.*

7.12   *Não existe nada melhor do que administrar por objetivos desde que se saiba quais são os objetivos; 90% das empresas não sabem.*

7.13   *Não adormeça sobre a sua felicidade; concentre-se em suas inquietudes.*

7.14   *Nenhuma empresa que dependa de gênios e super-homens para prosperar sobrevive. Toda empresa precisa ser organizada da melhor maneira para que pessoas comuns, sob liderança verdadeira, sejam capazes de conduzi-la em sua jornada.*

7.15   *Não existe nada pior do que fazer com ótima qualidade o que não precisa ser feito.*

7.16   *Quem não é capaz de administrar o seu tempo não é capaz de administrar nada.*

7.17   *Na prosperidade, todos são bons.*

7.18   *Não existe a organização certa, apenas organizações, cada uma das quais com forças e limitações distintas e aplicações específicas. Organização não é um item absoluto, é um instrumento para tornar as pessoas mais produtivas num trabalho conjunto. Assim, um determinado tipo e formato de organização é adequado para algumas tarefas em determinadas circunstâncias e ocasiões. Já para outras, outro tipo de formato e organização.*

7.19   *Pense globalmente, haja localmente. Referencie-se sempre nos melhores do mundo.*

7.20   *Não são os custos de um produto que devem determinar seu preço. Os preços que as pessoas se dispõem a pagar é que devem determinar os custos.*

7.21   *Crescimento sem ganho de produtividade é apenas e tão somente gordura.*

7.22   *As organizações tradicionais suportam-se na autoridade e no comando. As organizações do futuro, na responsabilidade e na autonomia.*

7.23 *O teste final a um princípio de gestão não é o de se saber se está certo ou errado, mas se funciona. Gestão, tal como a medicina, é uma prática. Pouco importa se o tratamento é ou não é científico. O que interessa é se cura ou não o doente.*

7.24 *Organizar as empresas por funções começou com FAYOL em 1916. Rapidamente adotada por empresários legendários como ROCKEFELLER, J.P. MORGAN e CARNEGIE. Em 1920, DU PONT e ALFRED SLOAN JR. desenvolveram a descentralização. E, a partir dessa data, procurou-se à exaustão encontrar-se uma estrutura organizacional perfeita e universal. Em vão, não existe.*

7.25 *McGREGOR defendia que lideranças participativas eram o estilo ideal. Acabei dizendo o mesmo no livro Prática de Administração de Empresas. Em 1962, MASLOW demonstrou que estávamos errados. Diferentes pessoas devem ser geridas de forma diferente. Apenas isso.*

7.26 *Gestão versa sobre pessoas. Assim, a principal tarefa de um gestor é tornar as pessoas capazes de trabalhar em conjunto. Na sequência, fazer com que as pessoas se comprometam com os compromissos e valores da organização. Faz parte das responsabilidades do gestor o crescimento da organização e o desenvolvimento profissional de todos os colaboradores. O gestor jamais deve procurar os resultados dentro da própria empresa, mas sim fora. Da mesma maneira que um paciente saudável é o melhor que um hospital pode alcançar, um consumidor feliz e reconhecido é o melhor resultado para todas as empresas. Um gestor sem ética destrói as pessoas e a organização.*

7.27 *Uma organização não é um clube social e recreativo. O que conta é o desempenho. O bom gestor não é aquele que se faz rodear de pessoas simpáticas ainda que nada produzam. É o que se faz rodear de pessoas independentemente de gostar ou não delas, pela capacidade de produzirem resultados.*

7.28 *É assustador o número de atividades que pessoas ocupadas desenvolvem e que não têm importância alguma. Palestras, jantares, participações em comissões tomam uma parte desmedida de tempos de profissionais, sem o menor proveito, e que acabam suportando ano após ano como se fosse uma praga egípcia rogada pelos deuses. É necessário aprender a dizer "NÃO" se uma atividade em nada contribui para a empresa e para o profissional. Em verdade, muitos convites são* *feitos por mera formalidade. Quem convida tem certeza da recusa e fica sem saber o que fazer quando existe a aceitação.*

7.29 *Quando uma grande empresa decidiu se reestruturar a partir da informação e de seu fluxo, constatou que sete de seus 12 níveis gerenciais poderiam ser eliminados. Em verdade, não eram níveis de autoridade, de tomada de decisão e nem de supervisão, como acabou se constatando. Eram apenas retransmissores de informação com função semelhante à de um cabo telefônico. Nada que um sistema de informação impessoal não pudesse fazer melhor.*

7.30 *Definir e descrever cargos é uma tarefa objetiva, e determinada pela tarefa a ser executada. Não se define cargos pela personalidade de seus ocupantes.*

7.31 *A cada três anos, toda a empresa deve questionar-se sobre cada um de seus produtos, serviços, políticas, canais de distribuição. Perguntando-se sempre, se fosse hoje tomaríamos a mesma decisão? Sem recorrer à desistência de forma sistemática e objetiva, qualquer organização será atropelada pelos acontecimentos.*

7.32 *Não existe uma única organização correta. O que existem são organizações, cada qual com suas diferentes forças, limitações e aplicações específicas. A organização não é algo absoluto. É uma ferramenta que torna as pessoas mais produtivas ao trabalharem juntas. Assim, cada estrutura organizacional será adequada a determinadas tarefas, sob certas condições e em determinadas épocas.*

7.33 *Qualquer iniciativa empresarial carece de capital humano, convertendo esforços e iniciativas individuais em esforço conjunto. Cada participante contribui com uma parte específica, mas todos convergem para um objetivo comum. Somando-se na mesma direção e produzindo um todo harmonioso, sem lacunas, sem atritos, sem duplicação de esforços.*

7.34 *Em toda organização administrada por impulsos, ou as pessoas negligenciam suas tarefas para poder seguir o impulso do momento, ou organizam-se tacitamente para sabotar coletivamente o impulso. Tal qual a "administração por gritaria e ameaças", a administração por impulsos é uma admissão de incompetência. Sinal de que a administração é incapaz de planejar e definir com precisão o que espera de seus gestores e colaboradores.*

7.35 Uma grande seguradora decidiu instituir um programa de melhoria de gestão. Criou uma área para medir tudo: índices de renovação, respostas às reclamações, custos das vendas, eficácia dos métodos de vendas, e muito mais. Tudo parecia perfeito não fosse o desempenho real ter mergulhado em queda constante. Os homens de campo passaram a ocupar a maior parte do tempo preparando relatórios em vez de se concentrarem nas vendas. Com o tempo, aprenderam técnicas de como ser bem avaliados dependendo de como fizessem os relatórios. Mais adiante, passaram a considerar seus comandantes e chefes como inimigos que, ou deveriam ser enganados, ou mantidos à maior distância possível.

7.36 Controlar tudo é nada controlar. Assim, os relatórios devem focar somente em desempenhos essenciais para se conseguir resultados nas áreas-chave. E mais, relatórios devem ser ferramentas de quem os preenche, e jamais medida de seu próprio desempenho.

7.37 Pouquíssimas empresas familiares aceitam o preceito básico que as fundamentam: a família e também a empresa só sobreviverão se a família servir à empresa. A palavra de peso na expressão EMPRESA FAMILIAR não é familiar, é empresa.

7.38 Os conhecimentos por si só são estéreis. Somente tornam-se produtivos se forem soldados em um só conhecimento unificado. Tornar isso possível é tarefa da organização, a razão de sua existência, a sua função.

7.39 Se você se dirigir à AAP (Associação Americana de Pulmão) e disser: "Noventa por cento dos adultos americanos sofrem de unhas encravadas nos pés, e precisamos de seus conhecimentos e experiência em pesquisa, educação de saúde e prevenção para eliminar esse terrível flagelo", você ouvirá a seguinte resposta: "Estamos interessados exclusivamente no que existe entre a cintura e os ombros". Essa é a razão para a Associação Americana de Pulmão, ou a Associação Americana do Coração, ou qualquer outra organização no campo da saúde ser bem-sucedida em suas missões. A sociedade, a comunidade e a família precisam lidar com todo e qualquer problema que ocorrer. Para uma organização isso é diversificação. E em uma organização diversificar é fragmentar. E fragmentar destrói a capacidade de desempenho de qualquer organização seja ela qual for. A organização é uma ferramenta; quanto mais especializada for, melhor será seu desempenho.

7.40 *Organizações não são mais construídas com base na força, mas na confiança. A existência de confiança entre as pessoas não significa necessariamente que se gostem. Significa apenas que se entendam. Que sejam responsáveis em seus relacionamentos.*

7.41 *Os executivos dedicam mais tempo ao gerenciamento de pessoas e às decisões que as envolvem do que a qualquer outra atribuição – e estão certos em agir assim. Nenhuma outra decisão tem consequências de tão longo prazo e difícil reversão. No entanto, boa parte dos executivos toma decisões inadequadas em relação ao pessoal. A proporção é, mais ou menos, a seguinte: no máximo, um terço de acerto, um terço minimamente eficaz, e um terço fracasso total. Claro que os gestores nunca serão perfeitos, mas deveriam aproximar-se o máximo possível de um índice próximo aos 100% de acerto. Em tese, pessoas são o que melhor conhecemos.*

7.42 *As decisões que envolvem pessoas podem revelar-se falhas porque o cargo transformou-se durante ou depois do processo de escolha. Na NOVA INGLATERRA, quando os capitães das embarcações, não importa quão bem projetadas, começavam a falhar, a provocar acidentes fatais, não optavam por reformá-las, e sim destruí-las; eram chamadas de "viúvas negras" – cargos que se modificam naturalmente, e derrubam os melhores profissionais, na medida em que se modificam quando a empresa cresce ou passa por mudanças rápidas e radicais. Assim, sempre que um cargo derruba seguidamente duas pessoas que revelavam bom desempenho em funções anteriores, estamos diante de uma "viúva negra".*

A solução não é contratar um gênio e nem punir o profissional. É rever o cargo ou, até mesmo, eliminá-lo. Qualquer posição que uma pessoa reconhecidamente competente na área não possa desempenhar a contento é impraticável.

7.43 *Daqui a 20 anos, a típica empresa de grande porte terá menos da metade dos atuais níveis gerenciais e não mais que um terço dos gerentes. Quanto à estrutura e aos desafios gerenciais, a nova empresa apresentará pouca semelhança com a empresa industrial típica, nos moldes da década de 1950 e que ainda alguns livros insistem em tratar como padrão. Ao contrário, assemelham-se às organizações que hoje atraem pouca ou nenhuma atenção dos gestores acadêmicos: hospitais, universidades e orquestras sinfônicas. Assim, a empresa típica será*

156 ■ DRUCKER, FOREVER

baseada no conhecimento, uma organização composta sobretudo de especialistas, que dirigem e disciplinam o próprio desempenho mediante feedback sistemático de seus companheiros de trabalho, dos clientes, e de seus superiores hierárquicos. Serão organizações baseadas na informação.

Assim, as empresas, em especial as grandes, têm pouca escolha. Inexoravelmente terão de se converter em empresas baseadas na informação. A começar pela própria demografia. O centro de gravidade dos empregos desloca-se dos trabalhadores braçais e profissionais do escritório para trabalhadores do conhecimento que resistem ao modelo – comando e controle – copiado das organizações militares de 100 anos atrás.

7.44 *Executivos e profissionais especialistas precisam definir quais são as informações relevantes para seu trabalho. Todos os dados que precisam para, primeiro, saber o que estão fazendo; depois, para mostrarem-se capazes de decidir o que deveriam estar fazendo; e, finalmente, para avaliar a qualidade de seus desempenhos. Se assim não for, permanecerão sendo centros de custos, e jamais, e como deveriam ser, centros de resultados.*

7.45 *Quando as pessoas fabricam ou movimentam itens, executam uma tarefa de cada vez. O operário de Taylor revolvia a areia, mas não abastecia a fornalha. O pessoal de cabeamento da Mayo soldava e não realizava os testes nos telefones instalados. O fazendeiro de Iowa plantava milhos e não saía com seu trator pela plantação para participar de uma reunião. O trabalho do conhecimento e a prestação de serviços exigem concentração. O cirurgião não atende a telefonemas no centro cirúrgico, tampouco ao advogado durante uma consulta com um cliente.*

7.46 *Um dos maiores desafios dos trabalhadores do conhecimento é terem sua atenção fragmentada por uma avalanche de burocracia e outras demandas nada a ver com suas competências. Dedicam boa parte de seus tempos a atividades incompatíveis com suas qualificações e ganhos.*

O pior caso talvez seja o dos enfermeiros que trabalham em hospitais. Enquanto se assiste uma diminuição sensível no número de pacientes, o número de enfermeiros não para de crescer. Hoje esses enfermeiros passam apenas metade ou menos de seu tempo nos serviços de enfermagem. A outra metade é alocada em atividades que não requerem qualificações e conhecimentos e tampouco agregam valor ao que fazem, e muito menos têm a ver com o bem-estar dos pacientes. Estão ocupados e mais preocupados com a avalanche de papéis que precisam preencher e mandar para as instituições da saúde, para as seguradoras, para o setor de faturamento, e para a prevenção de eventuais e futuros processos judiciais.

7.47 *Raramente, na história da humanidade, uma instituição surgiu tão rapidamente ou causou um impacto tão profundo como a administração. Em menos de 150 anos, a gestão transformou a estrutura social e econômica dos países do primeiro mundo. Criou uma economia global e estabeleceu novas regras para os países que participariam dessa economia em condições de igualdade. Mas não há dúvida de que o desafio fundamental da administração permanece o mesmo: tornar as pessoas capazes de apresentar um desempenho de qualidade face a desafios, objetivos e valores comuns, proporcionando-lhes a estrutura correta, treinamento e desenvolvimento contínuos de que necessitam para desempenhar suas funções e reagir às mudanças.*

7.48 *O que é a administração? Um pacote de técnicas e truques? Ou de ferramentas analíticas como são as ensinadas nas escolas de administração? Sim, técnicas e ferramentas são importantes, da mesma forma que o termômetro e o conhecimento da anatomia são essenciais para o médico. Mas o que a evolução da história da administração – desafios e êxitos – nos ensina é que a administração é, acima de tudo, um conjunto bastante reduzido de princípios essenciais. E que são:*

A – Administração tem a ver com humanos. Sua tarefa é tornar as pessoas capazes de apresentar um desempenho conjunto, de fazer com que seus pontos fortes se manifestem e seus pontos fracos se tornem irrelevantes.

B – Como a administração trata da integração de pessoas em uma iniciativa comum, está profundamente arraigada na cultura. Assim, um dos principais desafios enfrentados por um gestor em um país em desenvolvimento é encontrar e identificar aspectos de sua tradição, história e cultura que possam ser utilizados como alicerce.

C – Toda organização precisa ter objetivos comuns, simples e claros. Sua missão precisa ser compreensível e inspiradora para que dela emerja uma visão comum. Os objetivos precisam ser claros e específicos, e divulgados de forma recorrente.

Provocar adesão e comprometimento. Sem comprometimento não existe organização.

D – À administração compete cuidar do crescimento da organização e de todos os seus membros. Para tanto precisa ser de forma permanente uma instituição de ensino e de aprendizado. Treinamento e desenvolvimento de todos os níveis da organização são partes integrantes da administração.

E – Na medida em que toda a organização é composta de pessoas com diferentes níveis de habilidades e conhecimentos, compete à administração uma comunicação acessível até o nível individual de cada um de seus colaboradores.

F – Produtividade e resultados finais, por si só, não se constituem na melhor medida de sucesso de uma administração. Posição no mercado, inovações, produtividade, desenvolvimento das pessoas, qualidade, resultados financeiros são cruciais para o desempenho de uma empresa, assim como, para sua sobrevivência. Da mesma forma que um ser humano, uma organização precisa de várias medições para avaliar sua saúde e qualidade de desempenho.

G – Por último, mas em primeiríssimo lugar, jamais se esquecer de que não existem resultados dentro das quatro paredes de uma organização. A única definição de resultado de qualidade continua sendo um cliente satisfeito. O resultado de um hospital é um cliente curado. O resultado de uma escola é um aluno que comprovadamente aprende. Dentro de uma empresa só existem custos. Todos os resultados encontram-se fora.

7.49 *É muito comum as pessoas me perguntarem porque depois de tantos anos estudando a gestão eu fui me interessar pelas igrejas. Em verdade, aconteceu exatamente o contrário. Me interessei por gestão a partir dos trabalhos que fiz para a igreja e outras instituições. Comecei dando aulas de religião e toda a minha experiência em gestão se deu em instituições sem fins lucrativos. Muitas pessoas surpreendem-se quando ficam sabendo que trabalhei por mais de 35 anos para essas instituições – hospitais, colégios, museus... E acreditam que minha maior contribuição teria sido em como arrecadar fundos mediante doações. Estão redondamente enganadas. Não entendo nada sobre arrecadação de fundos. Ensino e oriento sobre gestão.*

7.50 *A administração não se encaixa nem na cultura humanista, nem na cultura científica. Tem a ver com ação e aplicação. É testada pelos resultados. Assim, é uma ciência tecnológica. Mas, a administração também lida com pessoas – valores, evolução, desenvolvimento – o que a torna também uma ciência humana. O mesmo ocorre com sua preocupação e impacto em relação à comunidade e a estrutura social. E, por outro lado, e conforme constataram todos aqueles que, como eu, trabalharam décadas com gestores de todos os tipos de instituição, a administração tem um profundo envolvimento com questões espirituais – o homem, sua natureza, o bem e o mal. Conclusão, a administração é o que se convencionou denominar de uma profissão liberal. Liberal porque lida com os fundamentos do conhecimento, do autoconhecimento, da sabedoria e da liderança; profissão porque lida com a prática e a aplicação. E ainda o gestor recorre a uma ampla variedade de conhecimentos e insights das ciências humanas e sociais – psicologia e filosofia; economia e história; física e ética. Mas tem de concentrar todo esse conhecimento na busca da eficácia. E isso se traduz na cura de um paciente, no aprendizado de um estudante, na construção de uma ponte, na criação, desenvolvimento e venda de um software, enfim, na vida.*

7.51 *Gestores precisam, por assim dizer, manter um olho na terra, e outro no céu. Duas são as tarefas específicas dos gestores. A primeira, a criação de um todo que seja maior que a soma das partes, uma entidade produtiva que gere um resultado maior que a soma dos recursos empregados. A segunda é harmonizar, em todos os seus atos e decisões, as exigências do futuro imediato e do futuro distante. Precisa, o tempo todo, estar calculando o sacrifício que vai impor ao futuro do empreendimento no longo prazo para proteger seus interesses e necessidades imediatas ou o sacrifício que vai impor hoje ao negócio, em benefício do amanhã. Assim precisa limitar os dois sacrifícios o máximo que puder e, na sequência, consertar o mais rápido possível os eventuais danos provocados.*

7.52 *A gestão de qualidade empresta o mesmo peso em relação às decisões que toma sobre o presente, e sobre o futuro. Não se resolve um problema gerencial quando se privilegia o lucro de curto prazo colocando em risco sua saúde no longo prazo, até mesmo a sobrevivência da empresa.*

A história da administração está repleta de casos de supostos grandes gestores que produziram resultados econômicos fantásticos no comando da empresa e

160 ■ DRUCKER, FOREVER

que, quando partem, deixam para trás um navio afundando. Gestão irresponsável é isso. Incapacidade de equilibrar presente e futuro.

7.53 *A teoria do negócio precisa ser conhecida e compreendida por toda a organização. Isso é fácil no começo de uma organização. Mas, e à medida que se torna bem-sucedida, tende cada vez mais a considerar sua teoria como algo dado, e se torna cada vez menos consciente dessa teoria. Nesse momento, a organização torna-se negligente. Começa a querer cortar caminho. A buscar o fácil em vez de o certo. Para de raciocinar. Para de questionar. Lembra-se das respostas, mas esqueceu-se das perguntas. A teoria do negócio vai se convertendo numa "cultura". Mas essa "cultura" jamais substitui a disciplina, e a teoria, a hipótese do negócio é, acima de tudo, uma disciplina.*

7.54 *Culturas são persistentes. Há quase 50 anos, Japão e Alemanha sofreram as piores derrotas da história, com seus valores, instituições e culturas colocadas em descrédito. Mesmo assim, hoje Japão e Alemanha seguem inconfundíveis. Assim, qualquer tentativa de mudança cultural só terá alguma chance de sucesso se for baseada na cultura existente. Esse é o ponto de partida.*

O Japão é o melhor exemplo. É o único país não ocidental que se tornou uma sociedade moderna porque seus reformadores, 100 anos atrás, plantaram um novo comportamento ocidentalizado tendo como base valores japoneses tradicionais, e a cultura tradicional japonesa.

7.55 *Konrad Adenauer era, nos anos 1920, um crítico insistente da Alemanha de Weimar, por seus valores "burgueses", ganância, materialismo, culto ao dinheiro e aos negócios. Quando foi nomeado chanceler da Alemanha derrotada depois da guerra, lutou com todas as suas forças para restaurar a Alemanha burguesa, "pré-Hitler", que tanto detestava. Quando criticado duramente pelos progressistas, respondia: "A Alemanha pré-Hitler, não importa o quanto seja deficiente, é a única cultura conhecida pelos alemães que hoje estão vivos, e que funcionava. Não temos outra escolha senão usá-la para, depois, construir uma nova. Uma nova Alemanha pós-Hitler".*

7.56 *Existem boas e relevantes razões para se concluir que as grandes organizações terão de se lastrear em informações. A começar pela demográfica. Os trabalhadores do conhecimento não se submetem aos métodos de comando e controle do passado.*

A segunda razão é a necessidade de se sistematizar a inovação e a energia empreendedora no mais elevado grau possível. E a terceira é a necessidade de se aprender a conviver com naturalidade e eficácia com a tecnologia da informação. Computadores produzem dados, e em volumes cada vez maiores. Porém, dados não são informações. Informações são dados aditivados por relevância, sentido e propósito. Uma empresa precisa decidir de que dados necessita para produzir todas as informações necessárias. Caso contrário estará condenada a afogar-se em dados.

7.57 *Administração é, portanto, o que tradicionalmente costumava-se chamar de "arte liberal".*

"Liberal" porque trata do conhecimento, autoconhecimento, sabedoria e liderança. "Arte" porque é prática e aplicação. Assim, gestores deveriam extrair todo o conhecimento e insights da humanidade e das ciências sociais. E dirigir e concentrar esses conhecimentos de forma eficaz na busca por resultados – curar um paciente, ensinar um aluno, construir uma ponte, projetar e vender um software fácil de usar.

7.58 *As hipóteses básicas a respeito da realidade são os paradigmas de uma ciência social como a administração. Normalmente as hipóteses vivem no subconsciente dos estudiosos, escritores, professores e praticantes. No entanto, e apesar de sua importância, as hipóteses raramente são analisadas, estudadas, questionadas e tornadas explícitas. Para uma disciplina social como a administração, as hipóteses são muito mais importantes que os paradigmas para uma ciência natural.*

O paradigma, uma teoria geral predominante – não tem impacto sobre o universo natural. Quer afirme que o Sol gira em torno da Terra, ou que a Terra gire em torno do Sol. Isso não afeta nem o Sol e nem a Terra. Uma ciência natural trata do comportamento dos objetos. Mas uma disciplina social, como a administração, trata do comportamento de pessoas e instituições humanas.

Na realidade, uma ciência natural, o universo físico e suas leis não mudam; e se mudam, só ao longo de muitos e muitos séculos e milênios. O universo social não tem leis naturais. Assim está sujeito a mudanças contínuas. As hipóteses válidas de ontem, não necessariamente permanecerão válidas amanhã.

7.59 *A gestão traduz as crenças e o pensamento da sociedade ocidental de hoje. A certeza de que é possível, mediante a organização sistemática dos recursos econômicos, controlar os meios de subsistência das pessoas. Que é possível conquistar-se melhorias substanciais no motor da economia para o engrandecimento do ser humano e na direção de uma maior justiça social. Conforme Jonathan Swift afirmou há mais de 300 anos: "Aquele que consegue fazer crescer duas folhas onde antes só crescia uma, merece mais homenagens e reconhecimentos da humanidade do que qualquer filósofo ou inventor de sistemas metafísicos".*

7.60 *A gestão existe, acontece e é praticada sempre em uma instituição, uma comunidade humana que se preserva unida pelo trabalho. Assim, e por ser assim, comunidade humana unida pelo laço do trabalho, que lida o tempo todo com o ser humano, e sua natureza. Com o bem, e com o mal. Dessa forma, aprendi mais na prática de consultoria empresarial do que quando ensinei religião.*

7.61 *Quando publiquei Prática de Administração de Empresas, há 50 anos, foi com o intuito de que muitos aprendessem a ciência e a arte da gestão, alguma coisa que só poucos conseguiam, e quase ninguém conseguia imitar.*

Encontrei na gestão muita semelhança com a engenharia. Assim como com a contabilidade e a psicologia. E também com relações de trabalho. Essas áreas eram consideradas separadamente e assim, cada uma delas, por si só, ineficaz. Impossível trabalhar-se em carpintaria se apenas e tiver um serrote, ou um martelo, e se nunca se ouvir falar do alicate. Só a partir do momento em que essas ferramentas integram um mesmo kit é que se inicia o jogo. De alguma forma foi o que procurei fazer no e com o livro Prática de Administração de Empresas. Dando origem a uma nova disciplina.

7.62 *Gestão é muito mais prática do que ciência ou profissão, ainda que carregue elementos de ambos. Não existe estrago maior que se possa causar à economia de um país ou à sociedade, qualquer tentativa de regulamentar a gestão, concedendo permissão da prática exclusivamente às pessoas com graduação acadêmica. Isso implicará na tentativa de eliminação daqueles "aborrecimentos perturbadores" e que dão vida e graça a imprevisibilidade da vida empresarial e dos negócios, garantindo a verdadeira e salutar Liberdade econômica, e a garantia necessária para que realize sua capacidade de crescer.*

7.63 *Gestão é o fator crítico e dominante de um negócio. Deve ter como base a comunicação e a responsabilidade individual. Todos têm de se movimentar considerando os objetivos definidos, e certificando-se que todos comungam de uma mesma compreensão e entendimentos sobre esses objetivos.*

Em síntese, a função da gestão é fazer com que as pessoas sejam capazes de agir coletivamente, que suas forças se revelem eficazes, e suas fraquezas irrelevantes.

7.64 *Todos os negócios pontuam sua gestão diária através de quatro ações empreendedoras e que se sucedem simultaneamente: Primeira, o abandono sistemático de produtos, serviços, processos, mercados, canais de distribuição que manifestem sinais inequívocos de decadência.*

Segunda, a busca sistemática e obstinada pela qualificação de tudo o que faz.

Terceira, organizar-se para a exploração contínua de seus sucessos.

E, quarta, inovar sistematicamente tornando obsoletos os produtos de sucesso de hoje.

7.65 *A organização moderna é uma organização humana e social. A gestão, enquanto disciplina e prática, lida com valores humanos e sociais.*

Toda organização existe para um fim que a transcende. Nos negócios, o fim é econômico; nos hospitais, os cuidados prestados aos pacientes em busca do restabelecimento; nas escolas, o objetivo é o aprendizado. Para alcançar esses objetivos recorremos a gestão que organiza seres humanos para um desempenho conjunto numa organização social.

7.66 *Todos os que já se submeteram a um regime alimentar aprenderam que é muito mais difícil nos livrarmos do que ganharmos 2 kg. Em muitas áreas de gestão de custos das empresas prevalece o mantra de que "30 gramas de prevenção equivalem a meio quilo de cura".*

Assim, recomenda-se que toda a empresa desenvolva um olho de falcão, de forma a garantir que a velocidade do aumento dos custos nunca seja superior a velocidade de aumento das receitas.

Uma das maiores farmacêuticas do mundo cresceu entre 1965 e 1995, com toda a inflação já contabilizada, oito vezes. Oito vezes em 30 anos. Adotou como política que os custos só poderiam subir seis a cada dez de crescimento nas receitas. Isso acabou convertendo-se e incorporando a cultura da empresa.

7.67   *Todo o gestor tem de cuidar para que sua empresa sempre alcance um desempenho mínimo. Sem esse tamanho mínimo a empresa perde força, vigor e capacidade de agir; quem sabe, sobreviver. Assim, sempre que o mercado cresce, a empresa precisa crescer junto, um crescimento mínimo que garanta sua sustentabilidade.*

Mais ainda, tendo sempre o cuidado de crescer na musculatura, e não ou eventualmente por inchaço. Quando, num crescimento, a empresa registra ganhos de produtividade proporcional, isso é músculo. Quando isso não acontece, é gordura.

7.68   *Uma história antiga nos conta sobre três britadores e aos quais perguntaram o que faziam:*

O primeiro respondeu, "cuido do meu ganha pão".

O segundo, "procuro fazer o melhor trabalho de britamento do país".

E o terceiro, olhando para cima, disse, "estou construindo uma catedral".

Este, sim, o verdadeiro gestor. O primeiro sabe do ofício e desempenha com qualidade. Troca trabalho por salário. O segundo é consciente de sua responsabilidade, mas não da dimensão de sua obra. Existe uma diferença substancial entre polir-se e arrumar pedras, e realizar uma obra de excepcional qualidade. Sentido e direção para onde devem ser dirigidos e estimulados.

7.69   *As decisões não são melhores porque decorrem da unanimidade. As melhores decisões são as que resistem e eclodem do choque de visões contraditórias. Assim, a primeira regra a ser seguida numa decisão é a de só adotá-la a partir da existência de um desacordo.*

Conta-se que Alfred Sloan Jr. fez o seguinte comentário numa reunião de diretoria da GM: "Senhores, parece-me que aqui todos estão completamente de acordo em relação a decisão a ser tomada." Todos concordaram movimentando suas cabeças. Então Sloan, completou, "Proponho que adiemos a decisão sobre este assunto para nossa próxima reunião, para termos o tempo necessário para de-

*senvolvermos discordâncias e talvez compreendermos a dimensão sobre o que es-
tamos decidindo".*

Leitura

O Conde Traun-Trauneck e a Atriz Maria Mueller

Mesmo os pais de Peter Drucker sendo os melhores amigos do Conde Traun-
-Trauneck e da atriz Maria Mueller, só recebiam a visita dos dois no Natal e no
Ano Novo. Maria era a grande atriz do Burgtheater, o mais importante teatro
de Viena, e mesmo quando não atuava sentia-se na obrigação de comparecer.
O ritual era o mesmo no Natal e no Ano Novo. Chegavam cedo acompa-
nhados pelo criado do conde e pela camareira de Maria. Horas de conversa na
mesa e apenas na língua inglesa.

Maria Mueller, segundo Drucker: "Tinha uma das vozes mais lindas que jamais ouvi, como um perfeito instrumento de madeira, ou a voz humana de um
dos órgãos barrocos. Tinha absoluto domínio e passava por emoções e sentimentos sem perder entonação, ritmo ou cadência. Ia do pianíssimo ao fortís-
simo naturalmente. Conhecia de cor a maioria das peças. E depois do almoço
recitava Goethe, Schiller, passando por Sófocles e Eurípedes, e após o jantar
lia trechos do *Paraíso Perdido*, de Milton. Terminando a noite com sonetos de
Shakespeare."

"Já o conde", diz o mestre, "tornava-se invisível diante de Maria, sem jamais perdê-la de vista. Procurava sentar-se longe dos lustres e abajures revelando apenas o lado direito de seu rosto. Todo o lado esquerdo era horrivelmente mutilado e desfigurado. Usava um tapa-olhos, mas era possível perceber
que sua cavidade ocular fora despedaçada e o olho arrancado. Também perdera
a mão esquerda e usava uma prótese coberta com camurça preta e terminando
em um gancho. Não se envergonhava das deformações, mas evitava mostrar o
lado ruim de seu corpo. As crianças eram orientadas para não fazer perguntas,
sabia-se serem seus ferimentos decorrentes da Primeira Grande Guerra. Mas
Emmy, nossa empregada descobriu que, na verdade, o Conde feriu-se esca-
lando uma montanha e não na batalha. Foi socorrer um amigo e uma pedra o
arremessou a mais de 100 m de distância. Foi dado como morto, mas Maria

Mueller insistiu em sua recuperação, permanecendo a seu lado durante meses até sua recuperação."

Quem descobriu a história do casal também foi Emmy, diz Drucker: "Os dois conheciam-se desde criança na Inglaterra. O conde era filho do embaixador da Áustria, e Maria, do sargento da guarda da embaixada. Desde criança, sabiam que se casariam". Segundo Peter Drucker, mesmo gostando muito de Maria, seus pais tinham especial apreço e deferência pelo conde. "Uma vez", diz Drucker, "ouvi meu pai comentar com minha mãe", "Max Traun é o homem mais capaz da Áustria. Que pena se esconder tanto."

Tempos depois, e através do conde, preparando-se para entrar na universidade, DRUCKER conseguiu ter acesso aos livros da Biblioteca Nacional, onde cruzou pela primeira vez com os textos de ARISTÓTELES, SÃO TOMÁS DE AQUINO, HUME, BENTHAM, ROSCOE, POUND, EHRLICH, entre outros. "Um dia", conta DRUCKER, "estava na sala da biblioteca lendo quando entra o conde. Eu tinha em minhas mãos dois livretos pequenos datados de 1905. Quando viu os livros em minhas mãos, sorriu e perguntou: 'O que achou deles?' E, antes que eu respondesse, ele continuou: 'Não tinha ideia que ainda existiam, e apontou o nome do autor, dizendo: "Passe o último t para frente, o que forma?' TRAUN!, respondi."

O último encontro que PETER DRUCKER teve com o CONDE e MARIA, nas palavras do mestre: "No final de fevereiro de 1937, pela primeira e única vez, visitei os dois em sua casa. DORIS e eu estávamos em lua de mel, vindo da Inglaterra a caminho dos Estados Unidos e fazendo a última visita a meus pais em Viena. Fui até a modesta casa de campo onde o conde e MARIA MUELLER – agora condessa – moravam, para me despedir. TRAUN-TRAUNECK levou-me a um canto e disse: 'Estou preocupado com os seus pais. Você sabe e eu sei que Hitler irá nos invadir a qualquer momento; mas seu pai não acredita nisso. Acha que tal coisa não pode acontecer aqui e que nada lhe fariam se porventura viesse a acontecer. Mas nós sabemos que isso não é verdade. Ele lhe disse alguma vez que é o Grão-Mestre da Maçonaria austríaca?'. Eu sabia, mas não através de meu pai, já que ele observara o voto de segredo da Loja. 'Não faço ideia do que você pensa dos maçons', continuou o conde. 'Eu nunca fui um deles. Mas estou certo que o nome de seu pai deve estar na lista dos mais procurados pela polícia secreta nazista. Há anos venho tentando preparálo para fugir quando se tornar necessário, mas ele não me dá ouvidos'."

DRUCKER procurou tranquilizar o conde:

"Desde que meu irmão foi para os Estados Unidos no último outono, a casa tornou-se grande demais para os meus pais e trabalho demais para a minha mãe. Puseram-na à venda quando eu estive aqui no Natal passado e acabam de fechar negócio. Assim que eu estabelecer residência em Nova York, dentro de semanas, meus pais irão em seguida morar num pequeno apartamento na cidade. E nos últimos dias, os dois conseguiram vistos de entrada para países vizinhos com dois anos de validade. 'Excelente', disse o conde, 'era tudo o que precisava ser feito'."

Antes de sair, DRUCKER perguntou ao casal: "E vocês, o que pretendem fazer quando os nazistas chegarem, para onde irão? 'Não iremos para o exterior, pois, ao contrário de seus pais, Maria e eu não temos filhos'".

DRUCKER finaliza seu relado, dizendo: "Menos de um ano depois ouve a invasão nazista, e a única coisa que salvou meu pai foi ainda terem o endereço da casa vendida. Quando se deram conta do engano já estavam no trem a caminho de Zurique. Já o conde TRAUN-TRAUNECK e MARIA MUELLER também escaparam. No dia em que o exército alemão entrou triunfante em Viena, serenamente, cometeram suicídio juntos".

8 Marketing

8.1 *O marketing é a função única da empresa. É tão essencial que não basta ter um grande departamento e entregar ao mesmo todos os assuntos relacionados ao mercado. O marketing compreende todo o negócio. É o negócio inteiro olhado do ponto de vista de seus resultados finais, isto é, sob a ótica do consumidor. Assim, a responsabilidade com o marketing deve penetrar e permanecer presente em todos os setores da empresa. E não e exclusivamente na área de marketing.*

8.2 *Os mandamentos da administração moderna e de sua ideologia, o marketing:*

- *O que as pessoas nas empresas imaginam conhecer sobre o cliente e o mercado é mais provável estar errado do que certo.*
- *O que um cliente compra raramente é o que a empresa pensa estar lhe vendendo.*
- *Assim, e por decorrência, os produtos e serviços que a empresa define como concorrentes não o são, necessariamente.*
- *Aquilo que a empresa imagina ser o aspecto mais importante de um produto, via de regra, não tem o menor significado para o cliente.*
- *A racionalidade dos clientes é sempre diferente da racionalidade das empresas fabricantes, ainda que na aparência possam se assemelhar.*
- *Nenhum produto ou empresa isoladamente tem a menor importância para o mercado.*
- *O cliente não é quem compra; é quem toma a decisão de comprar.*

8.3 *Os sacramentos da administração moderna e de sua ideologia, o marketing:*

- *Nem os resultados, nem os recursos existem dentro da empresa. Ambos estão localizados fora.*

- *Resultados são conquistados pelo aproveitamento das oportunidades e não pela solução de problemas.*

- *Assim, e para produzirem resultados, os recursos precisam ser destinados às oportunidades e não aos problemas.*

- *Resultados econômicos são conquistados somente pela liderança e não apenas pela competência.*

- *Qualquer posição de liderança é transitória e provavelmente de curta duração.*

- *O que existe está se tornando velho.*

- *O que existe tem a probabilidade de ser distribuído de forma errada.*

- *A concentração representa a chave para resultados econômicos reais.*

8.4 *O ponto de partida para qualquer empresa jamais pode ser seus próprios produtos ou serviços e nem mesmo o mercado que conhece. A informação relevante e de qualidade, origina-se, sempre, naquilo em que os clientes reconhecem valor. O cliente nunca compra o que a empresa diz vender. O que é valor para o cliente é sempre muito diferente do que é valor para a empresa. E isso vale para qualquer tipo de empresa, inclusive universidades, hospitais e até mesmo para as religiões.*

8.5 *Ensinar as práticas do marketing, assim como nas corporações de ofício, na medicina, no direito, e como a própria palavra diz, é passar para os alunos as práticas que estão sendo praticadas; de preferência, ministradas pelos que as praticam. Os fundamentos de qualquer especialização brotam das práticas do dia a dia e jamais dos bancos acadêmicos.*

8.6 *A gerência eficaz e de qualidade acredita que nem a tecnologia nem seu uso são as bases da política gerencial, e sim suas limitações. As bases devem ser valores do cliente e suas decisões sobre o que pretende fazer com seu tempo e seu dinheiro. É por aí que a política e a estratégia gerencial iniciam-se.*

8.7 *Conquistar clientes jogando os preços lá para baixo só tem um efeito certo e mais conhecido como efeito bumerangue: a vítima será a própria empresa.*

8.8   *O sentido do marketing é o de compreender o cliente de tal forma que produtos e serviços sejam comprados e não vendidos.*

8.9   *A única – única – razão de ser de um negócio é a de criar, conquistar e preservar clientes; tudo mais é decorrência.*

8.10   *KARL MARX foi um "capitalista" que disse, há mais de 100 anos, que o mercado, apesar de todas as suas imperfeições, ainda é muito superior a todas as demais formas de organização da atividade econômica – uma verdade confirmada por tudo o que aconteceu desde então.*

8.11   *Qualidade em produto ou serviço não é o que a empresa supõe existir pelo esforço que fez. É o que o consumidor percebe, reconhece, valoriza, e se dispõe a pagar para ter acesso. Nenhum produto tem qualidade porque custou muito dinheiro e demandou muito esforço para ser produzido, como ainda a maior parte dos fabricantes acredita. Consumidores só pagam pelo que reconhecem valor e isso sim é que é, para eles, qualidade.*

8.12   *Um velho enigma referido pelos budistas, sufis do Islã e rabinos do Talmude, pergunta: "Há algum barulho na floresta, quando uma árvore cai e ninguém está perto para ouvi-lo?". Hoje sabemos que a resposta certa é não. Há ondas sonoras. Mas não há som, a não ser que alguém o capte. O som é criado pela percepção. Som é comunicação. Embora isso possa parecer banal as implicações dessa trivialidade são grandes. A começar pela consciência de que quem comunica é o receptor. O emissor da comunicação não comunica, apenas emite sons. E se não houver alguém para ouvir a comunicação jamais acontecerá. Apenas, ruídos.*

8.13   *A comunicação só é possível quando se usa a linguagem do receptor. E essa linguagem decorre de sua experiência. De nada adianta tentar explicar os termos para as pessoas. Jamais serão capazes de receber uma mensagem se não forem usados os termos de sua própria experiência.*

8.14   *Antes de decidir-se sobre o foco da empresa e seu posicionamento, impossível tomar-se qualquer outra decisão. Arquimedes, um dos maiores cientistas da Antiguidade, dizia: "Dê-me um ponto de apoio e eu moverei o mundo". O ponto de apoio é o foco onde se coloca a alavanca "posicionamento" para "mover o mundo".*

8.15   *A dona de casa inglesa das classes média e baixa era muito conhecida por ser inflexivelmente conservadora nos seus hábitos de compra quanto à alimentação. Duas empresas da Grã-Bretanha decidiram questionar se isso continuava válido no final dos anos 1940. E a resposta foi "não!". Em decorrência da escassez de alimentos nos períodos de guerra e pós-guerra, a antes conservadora dona de casa inglesa começou a acostumar-se com novos alimentos revelando-se disposta a experimentar.*

8.16   *Quando Thomas Bata, o sapateiro esloveno, voltou dos Estados Unidos para a Europa, alimentava a ideia de que todos na Eslováquia e nos Bálcãs poderiam usar sapatos como acontecia com as pessoas nos Estados Unidos. Estava convencido de que os camponeses andavam descalços não porque eram muito pobres, mas porque os sapatos não eram acessíveis. Para ele, era preciso tornar os sapatos uma realidade, garantindo acessibilidade no design, na durabilidade, no preço. E assim construiu em poucos anos uma das maiores e mais bem-sucedidas empresas da Europa.*

8.17   *A UNIVAC, a primeira empresa a ter um computador, estava mais que convencida de que sua magnífica máquina fora projetada exclusivamente para o trabalho científico. Assim, jamais enviou um de seus vendedores para uma empresa. O mesmo aconteceu com a IBM, mas esta não se recusou a atender aos pedidos das empresas. Dez anos depois, a UNIVAC continuava com o melhor e mais avançado equipamento. E a IBM dominava o mercado de computadores.*

8.18   *Várias empresas desprezaram a XEROX e suas patentes com base em pesquisas de mercado que revelavam que as gráficas não tinham o menor interesse e uso para uma copiadora. Não passou por suas cabeças que outras empresas, pessoas, escolas, uma multidão de compradores, estavam ávidos por comprar uma copiadora.*

8.19   *Depois da Segunda Guerra Mundial, uma pequena indústria da Índia comprou a licença e os direitos para produzir uma bicicleta de projeto europeu, com um pequeno e fraco motor auxiliar. A bicicleta foi um fracasso, mas choviam pedidos de compra do motor. O fabricante foi conferir e descobriu que fazendeiros estavam usando o débil motor para acionar bombas de irrigação de água até então operadas manualmente. Esse fabricante tornou-se o maior produtor mun-*

MARKETING ■ **173**

dial de bombas de irrigação de pequeno porte, vende aos milhões, e suas bombas revolucionaram o sudoeste da Ásia.

8.20 *O maior perigo que ronda toda empresa é querer saber mais que o cliente. É o cliente que sabe o que é, de verdade, o produto, os serviços que presta, como deveria ser vendido, e como pretende usá-lo. A empresa precisa estar preparada para aceitar o sucesso inesperado e não planejado não como uma afronta, mas como uma dádiva. Esse e assim é o marketing. Empresas não são remuneradas e muito menos recompensadas por mudar clientes; são pagas exclusivamente para satisfazê-los.*

8.21 *QUALIDADE não é tudo o que um fabricante coloca num produto. É apenas e tão somente o que o consumidor reconhece nele, retira dele e aproveita, e pelo que está disposto a pagar. Nenhum produto é DE QUALIDADE porque é difícil e custa muito para fabricar. Isso é INCOMPETÊNCIA.*

8.22 *Empresas não têm que maximizar; têm que otimizar. Quando os fabricantes de copiadoras japoneses apareceram no mercado ofereciam produtos destinados a grupo específicos de usuários – um pequeno escritório, um dentista ou médico, um professor. Jamais se preocuparam em competir com a XEROX em velocidade de máquina e qualidade de cópia. Apenas ofereciam o que os pequenos negócios precisavam. Máquinas simples com custo baixo.*

8.23 *Não existem clientes irracionais; apenas fabricantes preguiçosos.*

8.24 *Nenhum lojista tem como oferecer mercadorias melhores ou exclusivas. Tudo que tem a fazer é, primeiro, tornar o ato de fazer compras mais agradável, gostoso, divertido; e, segundo, transformar a loja num lugar onde as pessoas gostem de trabalhar e que considerem como um espaço seu.*

8.25 *Nenhum negócio define-se pela denominação da empresa, ou por sua ata de constituição, ou quaisquer das cláusulas estatutárias. Um negócio define-se pelo desejo correspondido de um consumidor ao comprar um produto e aprovar os serviços que esse produto presta.*

8.26 *A quase totalidade das empresas tem, no mínimo, dois clientes. E os dois precisam comprar. De pouco adianta motivar um consumidor, sensibilizar uma dona de casa, se o produto não se encontrar disponível. Se o varejo não comprar,*

174 ■ DRUCKER, FOREVER

não dispor de estoque suficiente, e não expor de forma adequada. A recíproca é verdadeira, e pouco adianta o varejista comprar e dispor, se a dona de casa não se motiva ou, como acontece na maioria das vezes, ignora a existência do produto.

8.27 *A melhor maneira de definir-se a missão de uma empresa é compreender o que, de verdade, tem valor para o cliente. Via de regra, é a pergunta mais importante e a menos feita. Os profissionais da empresa sempre acreditam que não precisam perguntar porque sabem a resposta. Sintetizam de forma simplória na palavra qualidade, quando a verdadeira razão é, os clientes compram o que consideram valor para eles. E que evolui no correr dos anos. Para uma adolescente o valor de um par de sapatos é a moda. Anos depois, já moça, jovem mãe, não vai comprar nada que esteja fora da moda, mas agregar aos valores que busca: preço, durabilidade, conforto, estilo, e assim por diante. Assim, só uma única pessoa pode responder o que é valor. O cliente.*

8.28 *O sucesso nas parcerias passa pela compreensão e entendimento que não se dá ordens a parceiros. Parcerias de qualidade sustentam-se num trabalho permanente de marketing, o que significa colocar-se permanentemente no lugar de cada parceiro. Perguntar-se quais são seus valores, expectativas, objetivos. Excepcionalmente, os CEOs das empresas darão ordens. E assim, precisam ter a necessária sensibilidade para saber quando isso deve acontecer, e a forma de proceder.*

8.29 *No ano de 1917, Julius Rosenberg chocou seus vendedores na Sears ao dizer: "Seu papel não é vender, é comprar". Aprendi que os únicos vendedores bem-sucedidos são aqueles que veem a si mesmos como compradores, e não vendedores. Quando não se tem a mercadoria certa, não há nada que se possa fazer, de qualquer maneira.*

Em seguida, Rosenberg perguntou ao gerente de cada loja: "O que essa frase significa para você?". E um dos gerentes, respondeu: "Não é suficiente ter o produto. É preciso saber como expor, e como funciona para que o cliente tire todo o proveito do que comprou". O êxito da Sears durante a depressão foi fenomenal enquanto seus concorrentes fracassaram.

8.30 *O entendimento e compreensão de Alfred Sloan Jr. sobre o mercado norte-americano revelou-se mais que acertado por 40 anos. Perdeu o sentido, no entanto, a partir dos anos 1960. Muitos norte-americanos de idade seguiram* *comprando carros de acordo com a segmentação econômica. Mas Detroit foi perdendo os mais jovens, e com eles, o futuro. Metade desses jovens passaram a comprar automóveis que tinham tudo a ver com seu "estilo de vida". Claro, a renda era importante também, mas o estilo de vida, mais. Valores e expectativas que um cliente deseja e quer. Assim, o grande sucesso daqueles tempos foi o Beetle – fusca. O símbolo da "cultura jovem". Carro econômico, de baixo preço, para famílias afluentes. E aí veio a crise do petróleo, e dirigir um carro pequeno e elegante conotava inteligência e elegância.*

8.31   *Definitivamente, comprar clientes não deu e jamais dará certo. Dois fracassos espetaculares dos últimos anos são provas irrefutáveis e contundentes desse equívoco.*

O Excel era o "wundercar" de 1987-1988. Quinze meses após a introdução desse carro no mercado dos Estados Unidos, rapidamente suas vendas ultrapassaram o espetacular número de 400 mil unidades. O mais rápido crescimento de qualquer tempo da história dos automóveis naquele país. Em meados de 1990, poucos anos depois, o EXCEL tinha, literalmente, desaparecido. Investiu todas as suas verbas exclusivamente no preço, em descontos, e ignorou as demais necessidades de comunicação, assistência técnica, apoio a revendedores.

De certa forma, e em menores proporções aconteceu fato semelhante com a GM, CHRYSLER e FORD que também tentaram "comprar" clientes no final dos anos 1980. Mergulharam numa briga de mais e mais descontos e vantagens. Durante a vigência dos descontos, as vendas batiam recordes. Terminada a vigência, as vendas caiam a um nível inferior ao que se encontravam antes dos descontos. E a partir de um determinado momento, os clientes aprenderam que podiam esperar porque a próxima oferta seria melhor. E rapidamente essa política agressiva de promoções atrás de promoções começou a ser lida pelos americanos, como: "Se só conseguem vender carros quase dando de presente, é porque os carros não devem ser tão bons assim".

8.32   *Na minha mais prolongada viagem à China passei quase três semanas visitando fábricas e plantações de algodão no interior do país. As maiores plantações estão nas províncias mais remotas, perto das fronteiras com a Mongólia, no extremo norte. Era difícil chegar lá e as plantações eram muito pobres e pri-*

mitivas. Assim, e por exemplo, somente as salas de reuniões tinham luz elétrica. Numa dessas salas um dia fizemos uma reunião e, às 6h da tarde, os 22 gerentes das plantações levantaram-se, pediram licença para se ausentarem por alguns momentos, e desapareceram. Depois de meia hora todos estavam de volta e fiz um resumo de todas as discussões. No final, não resisti e perguntei: "Por que vocês saíram... Outra reunião, outro grupo de visitantes, alguma oração? E a resposta foi: "Não! Fomos assistir ao seriado Dallas na televisão".

8.33 *A atual revolução no processo de se transmitir a informação, na comunicação, é a quarta da história.*

A primeira foi a invenção da escrita, há aproximadamente 6000 anos na Mesopotâmia.

A segunda, com a invenção do livro – primeiro na China, 1.300 a.C., e depois na Grécia. Quando Peisistratos, tirano de Atenas, determinou que os épicos de Homero também virassem livros, e não apenas fosse do conhecimento das pessoas mediante recitação.

A terceira, com a invenção da prensa por Gutenberg, entre 1450 e 1455.

E a atual, e que muitos acreditam que as anteriores não tiveram o mesmo impacto. Equívoco. A invenção de Gutenberg acabou com o emprego de 10 mil monges copistas em toda a Europa. De vinte artesãos e dezenas de encadernadores necessários para a produção de poucos livros, e anos depois com a máquina de Gutenberg os novos processos e equipes produziam o equivalente a 250 mil páginas por membro da equipe, contra as 1.200 que um monge era capaz de copiar no correr de um ano...

E os preços despencaram. Quando a Bíblia alemã de Martinho Lutero, um livro de mais de mil páginas, foi colocada à venda em 1522, seu preço era tão baixo que até a mais pobre das famílias de camponeses conseguia comprar.

8.34 *O derreter dos preços está sempre presente em todas as grandes revoluções tecnológicas. Mesmo sendo a mais desejável dentre todas as fibras têxteis, o algodão exigia um processo dispendioso. Demandava tempo e mão de obra. Era preciso de 12 a 14 homens-dia para se produzir manualmente uma libra de fio* *de algodão, comparados com um a dois homens-dia para a lã, dois a cinco para o linho, e seis para a seda.*

Entre 1764 e 1782, quando chegam as primeiras máquinas de beneficiamento de algodão, o tempo necessário para a produção de uma libra de algodão caiu para poucas horas. Assim, e enquanto a produção cresceu 25 vezes, o preço despencou em 70%. Um pouco mais adiante, quando Eli Whitney, em 1793, inventou a descaroçadora de algodão, o preço do fio registrou uma nova queda de 90%, reduzindo-se a um milésimo do que custava antes da Revolução Industrial.

8.35 *Um dia a Caterpillar Company, maior produtora mundial de máquinas para movimentação de terra, perguntou-se: "Qual é o nosso negócio, para que somos pagos?". E respondeu: "Não estamos sendo pagos pelo maquinário, mas pelos serviços que é capaz de prestar na obra das empresas clientes. Assim, tudo o que precisamos é manter o equipamento funcionando, mesmo porque uma hora do equipamento parado pode ter como consequência, e custa para a empresa cliente, mais que o próprio equipamento. Assim, nosso negócio principal é 'assistência técnica'".*

8.36 *Sob a ótica da técnica, a lâmpada elétrica de Joseph Swan, era melhor que a de Edison. No entanto, a lâmpada de sucesso foi a de Edison pela simples razão de ter sido imaginada, concebida e criada sob a ótica do mercado. Edison levou em consideração o que era melhor para as empresas de energia elétrica e, simultaneamente, o que era melhor para as pessoas. Colocou-se na posição e lugar dos clientes e formulou as mesmas perguntas que certamente eles formulariam. E encontrou as respostas certas. Tecnicamente a solução de Swan era melhor, e até mesmo mais elegante, mas ignorou as expectativas e desejos do mercado.*

8.37 *Um negócio não se define ou se resolve pela denominação da empresa, pelo seu commitment, acionistas, localização, estrutura, unidades, e tudo o mais. O negócio de uma empresa se revela no exato momento em que um cliente sorri diante do desempenho total de um produto que acabou de comprar. A satisfação e reconhecimento do cliente é que é o negócio de uma empresa. Assim, para se definir "Qual é nosso negócio?" é necessário postar-se do lado de fora da empresa, colocando-se permanentemente no lugar dos clientes. Nada a ver com tentativas de "leitura mental" a partir do alto das torres corporativas.*

8.38 *Todo processo de melhorias e aperfeiçoamentos pressupõe conhecer-se o que é, de verdade, a qualidade do desempenho no olhar e avaliação dos clientes. Um grande banco decidiu, anos atrás, que a melhor forma de melhorar seu desempenho na avaliação de seus clientes, seria oferecer novos serviços financeiros. Uma vez lançados esses novos serviços, para surpresa do banco, em vez do reconhecimento dos clientes e da conquista de novos, começou a perder clientes.*

Foi conferir e descobriu, perplexo, que na avaliação e entendimento dos clientes, era infinitamente mais importante, davam e reconheciam valor se o banco conseguisse diminuir ou eliminar as filas. Talvez, e uma vez que isso acontecesse, conseguiriam prestar atenção nos novos produtos.

8.39 *Muitas empresas, e só diante do fracasso, decidem sair, ir ao mercado e conferir o que aconteceu. Tanto o sucesso como o fracasso são da maior valia e carregam informações preciosas. Fracasso, por exemplo, talvez seja o melhor sinal de que uma inovação é mais que aguardada e necessária.*

Melhor ainda, o fracasso pode estar a dizer sobre uma mudança significativa nos valores e percepções dos clientes. Os pressupostos que deram origem a um novo produto, ou aos supostos aperfeiçoamentos, podem ter ficado pelo caminho.

8.40 *Toda a empresa deve ser extremamente criteriosa ao definir que participação de mercado ambiciona alcançar. Muitas afirmam, "Queremos ser líderes"; outras, "Esse negócio de participação de mercado é bobagem desde que as vendas sigam crescendo".*

As duas definições, aparentemente plausíveis, estão completamente equivocadas. A posição de mercado a ser perseguida e alcançada é a ótima. Que pressupõe uma análise sensível sobre os clientes, produtos, serviços, segmentos de mercado, canais de distribuição, fornecedores, parceiros, e só então se consegue definir qual é a participação de mercado possível e melhor, a ótima.

8.41 *Prevenção de custos, e não controle ou corte de custos. Não importa o método e o que será feito. Importa como será comunicado e percebido. Assim, controlar os custos não tem nada a ver com redução, e sim, prevenção de custos.*

Quando isso acontece, imediatamente ganha a adesão de todos os profissionais da empresa, de todo o seu capital humano. Mas, se visto e comunicado como re-

dução, converte-se em ameaça. Que, de certa forma, e em algum momento, suas cabeças serão colocadas a prêmio. Já como prevenção de custos, não apenas não se sentiram ameaçados, mas confiantes em tratar-se de uma forma e providências que garantem os empregos.

Leitura

Drucker e Kotler

Philip Kotler

Um escritor de extraordinário valor, mas cujo maior mérito em relação ao MARKETING é o de ter disseminado a palavra MARKETING por todas as plataformas, países, cidades, cantos e livrarias. Mas como verdadeiro conhecedor do VERDADEIRO MARKETING, uma presença discreta.

Um dia, KOTLER tromba com os 4 "Ps" de Jeromy McCarthy, e que até hoje muitos acreditam ser de sua criação, de tanto que falou e continua falando. Mas não me recordo de ter concedido todos os créditos, sempre e de forma recorrente, que McCARTHY merece. Mas, vamos ao encontro de KOTLER com DRUCKER, segundo o relato de PHILIP KOTLER.

Kotler inicia sua narrativa, dizendo: "Tudo começou com um telefonema. Ouvi um homem falando no outro lado da linha, com um sotaque alemão. Enquanto eu escutava com atenção, ele disse: 'Aqui é PETER DRUCKER. Você viria para a Califórnia conversar comigo sobre várias coisas?'. Confesso minha surpresa e tentei manter a calma. Já havia lido atentamente seus livros, cheio de novas ideias, e tinha grande respeito por ele, embora ainda não o conhecesse pessoalmente. Um telefonema de PETER DRUCKER significava mais para mim que uma ligação do presidente dos Estados Unidos. Ele repetiu: 'Você viria para a Califórnia conversar comigo sobre algumas coisas?'. Pulei a bordo do primeiro avião na manhã seguinte."

Esse encontro aconteceu na segunda metade dos anos 1980. "Peter" – diz Kotler – "não é apenas o pai da administração moderna. Também é um grande pioneiro na disciplina do marketing moderno. Há mais de 40 anos, PETER vinha explicando a todos que o cliente é a razão de ser das empresas. Tudo na empresa deveria girar em torno de conhecer e satisfazer as necessidades dos clientes. Criar valor para o cliente é o propósito do marketing."

Antes de contar sobre seu encontro com o mestre, Kotler relaciona algumas de suas razões da grande admiração que tem por PETER DRUCKER: "Fui muito influenciado por quatro perguntas que DRUCKER fazia às empresas:

1. QUAL O PRINCIPAL NEGÓCIO DA EMPRESA?

2. QUEM É O CLIENTE?

3. EM QUE O CLIENTE ENCONTRA VALOR?

4. QUAL DEVE SER O SEU NEGÓCIO PRINCIPAL?

Mais adiante KOTLER diz que DRUCKER acrescentou uma quinta pergunta:

5. QUAL O SEU PLANO?

Kotler diz que em suas caminhadas pelas empresas faz perguntas semelhantes e, na sequência, relaciona algumas outras manifestações do mestre que ele, KOTLER, preza muito.

Diz KOTLER: "Drucker sempre repetia: "O PROPÓSITO DE UM NEGÓCIO É CRIAR CLIENTES". Essa afirmação opunha-se à opinião da maioria dos gestores da época, segundo a qual o propósito de um negócio era gerar lucros. Para DRUCKER, essa ideia então predominante era uma teoria vazia, que carecia da definição de como gerar lucros, ou seja, criando clientes. A única fonte de lucros são os clientes. E para atender clientes, a empresa precisa oferecer mais valor aos mesmos – o resultado da equação benefícios x custos."

"Peter me pegou no aeroporto e fomos direto para a CLAREMONT GRADUATE UNIVERSISTY, onde ele lecionava. Era professor de gestão e, também, de artes. A universidade ofereceu e Drucker aceitou toda uma galeria privada onde ele armazenava sua coleção de biombos japoneses e pendurava rolos de pergaminho. Peter abriu e desenrolou alguns pergaminhos. Enquanto íamos apreciando, um por um, íamos conversando sobre cada uma das obras. As horas passaram rapidamente. Discutimos o fato de os japoneses terem uma maneira diferente de interpretar e avaliar a arte. Gostam do que denominam 'SABI', a aura da serenidade que deve caracterizar a obra de arte. Também valorizam o 'WABI', o sentimento de que a obra de arte tem história e vivência. O senso de beleza do Japão é bastante diferente dos padrões ocidentais. Terminada a visita à coleção de arte japonesa de DRUCKER, saímos para almoçar em um restaurante próximo."

MARKETING ■ **181**

Terminado o almoço, KOTLER conta sobre sua ida à casa de DRUCKER: "Depois da sobremesa, sorvete, PETER me convidou para conhecer sua casa. DORIS, esposa de DRUCKER, física de formação, nos esperava. Mesmo com muios anos de vida ainda jogava tênis. Me recebeu com um sorriso e com uma casa de uma simplicidade emocionante. E pensei comigo, é nesta casa que Drucker tem recebido os principais executivos das mais importantes empresas do mundo. Eles eram assim, era da natureza deles.

À noite fomos para um estúdio de gravação perto de sua casa. Ele, assim como eu, estava realizando uma pesquisa sobre organizações não lucrativas. E foi no silêncio daquele estúdio que DRUCKER me pediu para discorrer sobre como o marketing poderia orientar e apoiar os líderes dessas organizações a performarem melhor. Suas perguntas eram instigantes, falamos muito sobre museus e orquestras, e boa parte do que conversamos e gravamos naquela noite está no livro de 1990, *ADMINISTRAÇÃO DE ORGANIZAÇÕES SEM FINS LUCRATIVOS.*"

E nada mais se saberá sobre essas 24 horas em que dois dos mais importantes pensadores da administração moderna trocaram informações e experiências, a menos que KOTLER, um dia, venha a comentar. Ao final de seus registros sobre o encontro com PETER DRUCKER, KOTLER diz: "Sempre que eu conversava com DRUCKER sentia-me estimulado por seu profundo conhecimento de história e por suas epifanias proféticas sobre o futuro. Não consigo atinar como adquiriu conhecimentos tão vastos sobre tamanha variedade de campos. Ele, um raro exemplar de HOMEM DA RENASCENÇA, é decerto uma das pessoas mais notáveis que tive o prazer de conhecer."

9 Cidadania

9.1   *Cidadania é a disposição de contribuir com seu país. Significa a disposição de viver, em vez de morrer, pelo país. A restauração da cidadania é uma exigência vital para a sociedade pós-capitalista.*

9.2   *O conhecimento era um bem privado, associado ao verbo saber. Agora, é um bem público ligado ao verbo fazer.*

9.3   *Pode ser dito, sem grande simplificação, que não há países subdesenvolvidos. Há apenas subadministrados.*

9.4   *Vá em frente e se torne relevante; para os outros, e também para você.*

9.5   *O que conta não é o quanto você tem, e sim o quanto você contribui.*

9.6   *Liberdade não é diversão. É uma escolha responsável.*

9.7   *Há muitos anos tive de decidir entre o que estava fazendo bem e com sucesso e meus valores. Era um próspero banqueiro de investimentos na cidade de Londres em meados dos anos 1930; tudo estava perfeito. Mas não conseguia me ver fazendo uma contribuição relevante em termos de valores, e de qualquer espécie. Percebi que as pessoas, e não o dinheiro, eram os meus valores. E não me atraia ser o sujeito mais rico do cemitério. Eu não tinha reservas e nem um outro emprego à vista num momento de terrível depressão econômica. Mas pedi demissão – e aquela foi a coisa certa.*

9.8   *Uma corporação não é apenas uma instituição econômica e um caminho para a lucratividade. A corporação é permanente; os acionistas, transitórios. A essência da corporação é social, é humana. É uma instituição social, uma comunidade, e assim tem que ser entendida, estudada e gerida. Dessa forma devemos cobrar-lhe não apenas as funções econômicas, mas a execução das tarefas sociais e políticas.*

9.9   *Não haverá países pobres – só países ignorantes. E o mesmo será verdade para os indivíduos, as empresas, as indústrias e todos os tipos de organização.*

9.10   *Nunca me esqueci da frase que Schumpeter disse a meu pai antes de morrer. Que queria ser lembrado pela diferença que fez na vida das pessoas. Essa é a razão de ter decidido continuar a ser professor até o final de meus dias.*

9.11   *Dentre as pessoas que conheci – não necessariamente felizes, mas satisfeitas e contentes – foram as que viveram em mais de um mundo. As pessoas de mente estreita – fáceis de serem encontradas dentre os políticos – sempre se revelavam infelizes no final.*

9.12   *No Natal de 1949, meu pai veio da Califórnia me visitar em Nova York. Eu lecionava na NYU. E juntos fomos visitar JOSEPH SCHUMPETER, então com 76 anos, já famoso e consagrado em todo o mundo. Meu pai, brincando, lembrou a seu amigo sobre o que costumava dizer. Que queria ser lembrado por ter sido o maior amante de mulheres bonitas da Europa. SCHUMPETER sorriu e disse que agora a resposta era diferente – "Sabe de uma coisa, ADOLPH, agora cheguei a uma idade em que sei que ser lembrado por livros e boas teorias não é suficiente. Ninguém se destaca a menos que faça diferença na vida das pessoas". SCHUMPETER, já muito doente, morreu cinco dias depois. Nunca mais me esqueci daquela conversa. Naquele dia aprendi três coisas:*

- *Primeiro, é preciso perguntar-se sempre sobre como gostaríamos de ser lembrados.*

- *Segundo, rever, se necessário, a resposta à medida que avançamos nos anos.*

- *E, terceiro, a certeza de que a melhor lembrança que podemos deixar é a diferença que fizemos na vida das pessoas.*

9.13   *Quando eu tinha 13 anos, um professor de religião, o Padre Pflieger, entrou na classe dos meninos perguntando: "Pelo que você deve ser lembrado?". Nenhum de nós, evidentemente, respondeu. Então ele riu e disse: "Eu não esperava que vocês fossem capazes de responder. Se vocês não conseguirem responder a essa pergunta quando tiverem 50 anos terão desperdiçado a vida". Se você tiver sorte, alguém com a autoridade moral do Padre Pflieger lhe fará essa pergunta bem cedo, para que você a repita pelo resto da vida.*

CIDADANIA ∎ **185**

9.14 *Não faz muito tempo, administradores e economistas consideravam a dimensão social tão intangível que julgavam ser impossível definirem-se objetivos para a mesma. Hoje a realidade nos revela que o supostamente intangível é muito tangível. O consumismo inconsequente, assim como o ataque às indústrias que conspiram e atentam contra o meio ambiente, é o caminho mais dispendioso para uma empresa conscientizar-se de que precisa pensar e assumir sua responsabilidade nos impactos que causa.*

9.15 *A empresa moderna existe para prestar um serviço específico à sociedade. Tem de participar da comunidade, ser uma vizinha, realizar suas tarefas dentro do contexto social, e empregar pessoas para prestar o serviço. Assim, os impactos sociais que causa transcendem o serviço específico que presta e que é a razão de sua existência.*

9.16 *Cada um é responsável pelo impacto que causa, seja esse impacto intencional ou não. Não é suficiente alegar que as pessoas não fazem nenhuma objeção. Cedo ou tarde a sociedade vai considerar qualquer impacto causado um ataque à sua própria integridade e vai cobrar um elevado preço a todos aqueles que não tomaram para si a responsabilidade de se empenhar para ou eliminar o impacto ou encontrar uma solução para o problema. No final da década de 1940 e início da de 1950, a FORD tentou sensibilizar os americanos para os desafios da segurança. Por decorrência, decidiu lançar carros já equipados com cintos de segurança. As vendas despencaram. A FORD recolheu os carros e desistiu da ideia. Quinze anos depois, e quando os americanos começaram a tomar consciência dos problemas de segurança, todos os fabricantes de automóveis foram criticados por não se preocuparem com a segurança e taxados de mercadores da morte. Assim, as leis elaboradas tinham muito mais o espírito de punir as empresas do que proteger as pessoas.*

9.17 *O primeiro compromisso de uma empresa é antecipar-se aos impactos que certamente causará – com sinceridade e transparência. Não deve se perguntar se o que está fazendo é o certo. E sim, se o que está fazendo é o que os clientes e a sociedade pagam para receber.*

9.18 *Dizem, solenemente, que os empresários não devem enganar, roubar, mentir, subornar ou aceitar suborno. Ninguém deve, tampouco. Homens e mulheres não ficam isentos das regras básicas do comportamento pessoal, em virtude de* *seu trabalho ou tarefa, e nem deixam de ser seres humanos porque exercem o cargo de vice-presidente, prefeito ou reitor. Sempre existiu uma grande quantidade de pessoas que engana, rouba, mente, suborna e aceita suborno. O problema é uma questão de valores morais, de educação moral, do indivíduo, da família, da escola. Não existe uma ética especial para as empresas, e nem é necessário. Tudo o que se precisa é a atribuição de severas punições para aqueles – executivos ou não – que cedam à tentação.*

9.19   *As comunicações mais importantes em toda a sociedade não são verbais, mas culturais, percebidas através da maneira como as pessoas ficam paradas, se movimentam ou agem. EDWARD T. HALL, em The Silent Language, demonstrou que é a natureza da tarefa que determina a natureza de uma organização, e não a comunidade em que está sendo realizada. Assim, o sistema de valor de cada organização é determinado por sua tarefa.*

9.20   *O maior perigo que correm os fundos de pensão dos funcionários públicos é o saque para fins políticos. Grupos de interesses especiais, como sindicatos trabalhistas, usarem seu poder político para desviar recursos de fundos de pensão para subsidiarem a si mesmos, sob o pretexto criminoso de fazer com que o dinheiro dos fundos de pensão sirva a "fins socialmente relevantes". Fundos de pensão constituem-se na economia dos empregados de hoje e não devem servir a qualquer outra finalidade que não seja garantir o futuro financeiro dos atuais empregados. Esse é o verdadeiro e único FIM SOCIAL que podem ter.*

9.21   *O capitalismo dos fundos de pensão é, em seus fundamentos, totalmente diferente de qualquer outra forma anterior de capitalismo como de qualquer economia socialista imaginada. Os fundos de pensão constituem-se num fenômeno curioso e paradoxal. São investidores que controlam enormes capitais e seus investimentos. Mas nem os profissionais que os administram, nem os donos dos investimentos, são capitalistas. O capitalismo dos fundos de pensão é o capitalismo sem os capitalistas.*

9.22   *Organizações não são mais construídas com base na força, mas na confiança. A existência de confiança entre as pessoas não significa necessariamente que elas gostem uma da outra. Significa que se entendem e se respeitam.*

Assim, assumir a responsabilidade pelos relacionamentos é uma necessidade absoluta. Um dever. Todos têm essa responsabilidade entre si. Aqueles dos quais seus trabalhos dependem, bem como aqueles que dependem de seu trabalho.

9.23 *Todos, no processo de autogerenciamento, terão de se perguntar quais são os seus valores. Chamo esse momento ou obrigação de TESTE DO ESPELHO.*

Nos primeiros anos do século passado, o diplomata mais respeitado de todas as grandes potências era o embaixador alemão em Londres. Estava claramente destinado a grandes funções, quando de repente, no ano de 1906, para a surpresa de todos renunciou. Fora escolhido para organizar um jantar em honra de EDUARDO VII. O rei era um notório mulherengo e deixou bastante claro o tipo de jantar que queria. O embaixador alemão manifestou-se no ato: "Recuso-me a ver um cafetão no espelho quando for me barbear de manhã". Todos deveriam sempre se perguntar que pessoa gostariam de ver no espelho no dia seguinte.

9.24 *A primeira responsabilidade de uma empresa é seu desempenho econômico. Mas não a única. O desempenho econômico é condição* sine qua non *para que a empresa possa cumprir com suas demais obrigações. Mas os resultados financeiros não consistem em sua única responsabilidade, da mesma forma que o ensino não é a única responsabilidade de uma escola, e os cuidados médicos o único dever de um hospital.*

Assim, a demanda por organizações socialmente responsáveis é crescente. E isso significa assumir responsabilidades sobre o impacto que causa a seus funcionários, no ambiente, nos clientes, em todas as pessoas ou demais manifestações com que cruze em sua trajetória.

9.25 *O mundo continua convivendo com o mesmo desafio das sociedades pluralistas. A quem compete cuidar do bem comum? Quem o define? Quem equilibra a relação mutuamente conflitante entre objetivos e valores das instituições da sociedade? Quem concilia as decisões e em que bases isso deve ser feito? O feudalismo medieval foi substituído por um Estado único e soberano porque revelou-se incapaz de resolver essas questões. Hoje sabe-se que esse Estado único e soberano não satisfaz as necessidades da sociedade e nem executa as atividades que lhe são fundamentais. Essa seguramente é a mais importante lição que se aprende com o naufrágio do socialismo. O equívoco de acreditar num Estado onipresente e* onipotente. O grande desafio que o mundo enfrenta hoje nas democracias desenvolvidas e de livre-mercado é compatibilizar o pluralismo de organizações independentes e baseadas no conhecimento em desempenho econômico com coesão e sustentabilidade política e social.

9.26   Os jovens executivos em novas posições, PhDs e doutores, – alguém precisa ensiná-los – têm de aprender que seus clientes não são PhDs, e que a maior parte das pessoas que trabalham com eles também não são. Precisam se comunicar numa linguagem que todos entendam, em vez de ficarem colocando fórmulas nos quadros-negros. Precisam aprender a ouvir as pessoas que não têm a mais pálida ideia do que seja uma análise de regressão. Basicamente, precisam aprender o significado e a importância do respeito.

9.27   É preciso não só termos conhecimento de nossas próprias competências, como se familiarizar com os pontos fortes e fracos dos homens e mulheres que comandamos, a quem delegamos tarefas. A grande maioria dos gestores segue confiando em médias. Dizem, "nossos engenheiros", e eu corto e retruco, "Cara, você não tem engenheiros, você tem Joe, Mary, Jim e Bob, e cada um deles é diferente".

9.28   Nenhuma de nossas instituições é uma ilha ou existe isoladamente, e não possui um fim em si mesma. Somos todos integrantes da sociedade e existimos para preservá-la e aprimorá-la. Essa é a responsabilidade comum a todas as empresas. A "livre empresa" não se justifica apenas porque tem um bom desempenho nos negócios. Justifica-se, sim, se der sua contribuição para o fortalecimento da sociedade.

9.29   É comum e recorrente, nas melhores organizações, resultar numa evolução moral e intelectual de seu capital humano. Via de regra, seus colaboradores saem melhor do que entraram.

9.30   Quando as instituições de nossa sociedade pluralista não funcionam bem, ficamos restritos ou privados em nossa individualidade, onde todos têm a possibilidade de se realizar. Ao contrário, estaremos nos impondo um alinhamento total, onde todos perdem sua autonomia. Nesse momento, e ao invés da democracia participativa, teremos uma das manifestações do totalitarismo, a tirania. A tirania que troca o pluralismo das instituições concorrentes por um chefe absoluto. A responsabilidade pelo terror. Que afoga as instituições sob o peso de

CIDADANIA ■ **189**

crescente burocracia. Pode até produzir bens e serviços, mas só o faz de forma espasmódica, dispendiosa, de péssima qualidade, e um enorme custo adicional de sofrimento e humilhação. Assim, fazer com que nossas instituições ajam de forma responsável, autônoma e com nível de desempenho elevado é a única e verdadeira proteção para a liberdade e a dignidade numa sociedade pluralista e democrática.

9.31 A liderança se testa na adversidade – disse Xenofonte 2.500 anos atrás na Ciropédia – até hoje o melhor livro escrito sobre liderança, ao lado das epístolas de São Paulo. É fácil parecer bom nos tempos de vacas gordas. E cada período de vacas gordas – testemunhei cinco – leva vigaristas ao topo. Em janeiro de 1930, minha primeira pauta como jovem repórter foi cobrir o julgamento da diretoria daquela que fora, talvez, a mais arrogante dentre todas as seguradoras da Europa, a Frankfurt Allgemeine. A empresa fora saqueada de forma sistemática. E é normalmente o que acontece depois de um período de vacas gordas. Nos períodos recentes de prosperidade aumentou substancialmente a prática de fraudes. A ênfase excessiva nos resultados trimestrais, no valor das ações, a crença bem-intencionada, mas estúpida de conceder participações acionárias aos executivos – stock options – porta de entrada para a má gestão. Ou seja, com exceção de títulos, denominações, e outras supostas novidades, nada mudou. Já os tempos de adversidade...

9.32 Na sociedade do amanhã, aumentam as responsabilidades do comando das empresas. Além das atividades clássicas dos que lideram uma empresa, e que passam pelo planejamento, formulação da estratégia, definição de valores e princípios, acrescentam-se a relação com todos seus stakeholders, alianças e parcerias, pesquisa, design, inovação. E a construção de uma identidade e personalidade únicas e irresistivelmente cativantes. Assim, construir-se essa nova persona implica numa revisão e atualização dos valores das empresas. Nos 50 anos seguintes à Segunda Guerra Mundial, a empresa privada revelou-se competente na geração de riqueza, empregos e prosperidade. Na sociedade do amanhã, precisará conquistar sua legitimidade social.

9.33 O desenvolvimento permanente dos gestores de uma organização tornou-se uma necessidade essencial, não apenas pelas crises recorrentes na economia, mas principalmente porque a empresa privada moderna converteu-se na instituição básica da sociedade de hoje e do amanhã. Assim, em qualquer organização, a descoberta, o desenvolvimento, e a testagem permanente de seus líderes é tarefa compulsória e em tempo integral de seus dirigentes.

9.34   As políticas que cada país adota impõem restrições específicas e pontuais à estratégia das empresas globais. A realidade econômica comum e pura acontece apenas no fluxo de capitais e informação. Assim, a estratégia de uma empresa jamais pode ignorar as especificidades da política de cada um dos países onde atua. Para poder compatibilizar a estratégia com a realidade dos países, as novas lideranças precisam reconhecer que o sucesso do negócio, nas diferentes partes do mundo, implica na adoção permanente de uma política de alianças com parceiros regionais ou locais.

9.35   Daqui a duas semanas, no seminário de Aspen, e em que serei o palestrante principal, certamente vou me tornar o mais impopular dentre todos. Vou dizer que não estamos passando por problemas econômicos, e sim, problemas sociais. Hoje de madrugada, acordei às 3h da manhã e não consegui dormir mais tentando me livrar desse desespero, e até agora não consegui. As pessoas estão precisando de visão, liderança e direcionamento. Mais que na hora da sociedade moderna garantir uma condição de criatura para as pessoas simples e comuns. Ou nosso país sobrevive como uma civilização judaico-cristã, ou pura e simplesmente não sobreviverá.

9.36   As necessidades sociais vão aumentar em duas áreas. Primeiro naquilo que tradicionalmente chamamos de caridade – ajuda aos pobres, aos deficientes, aos desamparados. E aumentarão ainda mais naqueles serviços cujo principal objetivo é transformar as pessoas e a comunidade. Em períodos de transição, o número de pessoas necessitadas sempre aumenta. Até mesmo nas sociedades mais estabelecidas e estáveis, muitas pessoas ficarão para trás. Em especial na transição que terão de fazer para trabalhadores do conhecimento. Leva entre uma a duas gerações até que uma sociedade e sua população acompanhem as transformações radicais que se processam na força de trabalho e na demanda por talentos e conhecimento. Assim, leva um bom tempo até que a produtividade dos trabalhadores do conhecimento aumente o suficiente para que alcancem um padrão de vida de classe média.

CIDADANIA ■ **191**

9.37 *Dos programas americanos dos últimos 40 anos em que se tentou atacar um problema social por meio da ação do governo, nenhum produziu resultado de monta. Mas agências independentes, sem fins lucrativos, conseguiram, sim, resultados expressivos. Escolas públicas urbanas, por exemplo, em Nova York, Detroit e Chicago têm piorado de forma alarmante. Já as escolas pertencentes a igrejas vêm alcançando tremendo sucesso e nessas mesmas comunidades, com crianças de famílias desestruturadas e com os mesmos grupos raciais e étnicos. Os únicos êxitos na luta contra o alcoolismo e o vício em drogas foram alcançados por organizações independentes como os Alcoólicos Anônimos, Exército da Salvação e os Samaritanos.*

9.38 *O exercício da cidadania não é uma panaceia para os males da sociedade moderna. Mas pode ser um pré-requisito para combatê-los. Fortalece e enaltece a responsabilidade cívica que é a marca da cidadania, e o orgulho cívico que é a marca do espírito comunitário. Assim, todos os países desenvolvidos precisam de um setor social de organizações comunitárias autônomo para não apenas prover os serviços que a comunidade demanda, mas acima de tudo para resgatar os laços comunitários e um senso de cidadania ativa. Comunidades são fatalidades históricas. Na sociedade moderna, precisam ter comprometimento.*

9.39 *Não pode haver ordem social sem que o poder seja legítimo. Nenhuma sociedade pode funcionar a menos que dê a seus membros individuais um status e uma função social, e que o poder social decisivo seja legítimo. A primeira dessas duas condições estabelece o enquadramento social básico da vida social: o propósito e o sentido da sociedade. E a segunda condição molda o espaço desse enquadramento – concretiza a sociedade e cria suas instituições. Se não se concedem ao indivíduo um status e uma função social, não existe sociedade, e sim, uma massa de átomos sociais voando pelo espaço de forma anárquica e desprovida de objetivo. E, se o poder não for legítimo, não se forma o tecido social; existe apenas e tão somente uma espécie de vácuo social unido precariamente por inércia ou escravidão.*

9.40 *Organizações, assim como pessoas, possuem valores. Para uma pessoa ser eficaz numa organização, seus valores precisam ser compatíveis com os valores da organização. Não precisam ser idênticos, mas suficientemente próximos e con-*

vergentes para uma convivência produtiva. Caso contrário, a pessoa irá se sentir frustrada e não produzirá resultados.

9.41 Hoje, 8 de novembro de 1992, quase 50 anos que Doris e eu chegamos aos Estados Unidos, vindos da Inglaterra na primavera de 1937. Chegamos naquele que talvez tenha sido o pior momento da Grande Depressão. A economia sofrera um novo colapso em 1936, depois de uma recuperação débil. Assim, e naquele momento, 1937, a economia americana encontrava-se num estado pior do que a maioria dos países europeus, fazendo com que, a luta para nos adaptarmos a uma economia extremamente deprimida fosse motivo, para nós, de imensa empolgação. Chegamos em meio a uma economia totalmente deprimida, mas a sociedade era forte, e os Estados Unidos eram um país onde não existia a inveja, o povo era honesto, e com uma grande dose de doçura. O que me incomoda hoje não é a economia. O que me incomoda neste país é que a sociedade atual perdeu a doçura. Ficou amarga, terrivelmente amarga, e acho que não há muito que o governo possa fazer, ou provavelmente vá fazer. Na verdade, e do jeito que estamos indo, o governo está conseguindo tornar a vida mais amarga ainda.

9.42 A pergunta não é ter ou não ter valores? Todo ser humano tem e todo grupo humano, qualquer que seja sua forma de organização, também. A pergunta é, esses valores estão certos ou errados? São valores que produzem vida ou causam a morte? E, como nos lembra Lorde Griffiths – e todas as pesquisas recentes confirmam – a empresa mais bem-sucedida não é aquela cujos valores são puro oportunismo, pura ganância, puro egoísmo e autoglorificação, nem mesmo no curto prazo. A empresa vencedora é aquela que tem um conjunto de valores que permite a própria empresa e seu capital humano respeitarem-se, sentirem orgulho e seguirem em frente, evoluindo.

9.43 São as empresas com valores que acreditam existir para importantes contribuições à sociedade, em vez de apenas ganhar e tirar vantagens, que conseguirão sobreviver nos períodos adversos. Em tempos de vacas gordas ter valores pode parecer capricho ou frescura. Já nos períodos de adversidade, que testam a alma das pessoas, os valores são essenciais. Se os valores faltam nesses momentos, as pessoas não se sentirão motivadas a fazer um esforço a mais, oferecer uma dedicação adicional e, principalmente, realizar o trabalho penoso e exaustivo que é o de rever a estratégia, reconstruir. Não é apenas por dinheiro que as pessoas se *dispõem a tanto. Farão isso se acreditarem que aquilo que a empresa faz é importante.*

9.44   *Conheço um empresário muito rico há anos. Semana passada veio a uma palestra minha na Pensilvânia. É um homem generoso. Muito generoso. Depois da palestra fomos jantar. Falou o tempo todo sobre dinheiro. Na sobremesa perguntei: "Você passou o jantar falando em dinheiro, qual a razão?" E ele me respondeu: "Pelo que mais eu poderia me interessar?". Perguntei, então: "Quantos anos você tem?". "56". "E você sente que sua vida faz sentido?". Parou, olhou para mim, e sorrindo disse: "É engraçado você fazer essa pergunta; ainda hoje de manhã me fiz essa mesma pergunta... Não, não faz!". A maioria das pessoas muito ricas que conheci – não foram poucas – é gente absurdamente triste.*

9.45   *Sou um escritor. Meu legado é minha obra. Meu legado são meus livros. No que me diz respeito, considero meus livros meu legado, e não uma instituição. Estou satisfeito com os livros que publiquei, e estou convencido de que permanecerão muitos anos no catálogo. Os planejei para que isso acontecesse. A Harvard Business School concordou em editá-los, caso um dia a HARPERS COLLINS desista. E se isso acontecer, a Harvard comprometeu-se por contrato em mantê-los pelo menos por 17 anos em catálogo.*

9.46   *Um homem pode ter pouco conhecimento, ter um desempenho medíocre, não saber julgar, enfim, não ter nenhuma habilidade, e ainda assim não provocar muitos estragos como gestor. Mas se não tiver caráter e integridade – não importa a dimensão e qualidade de seu conhecimento, quão brilhante ou bem-sucedido seja – simplesmente destrói; destrói especialmente pessoas, o recurso mais valioso da empresa. Destrói espírito. Destrói o desempenho.*

9.47   *Há enormes evidências de que o governo é grande, em vez de forte; gordo e inchado, em vez de poderoso; que custa muito e faz pouco... Bem quando mais que precisamos de um governo forte, saudável e vigoroso. Precisamos do governo como instituição central na sociedade de organizações. Precisamos de um órgão que traduza e expresse o desejo e a visão comum, garantindo que cada organização dê sua melhor contribuição à sociedade e aos cidadãos, expressando crenças e valores comuns. Assim, e tão simples quanto, o propósito do governo é de exclusivamente governar.*

9.48 *Não é suficiente fazer bem, é preciso também fazer o bem. Mas para poder fazer o bem, uma empresa, primeiramente, precisa fazer bem.*

9.49 *Todas as organizações precisam ter consciência de que nenhum programa ou atividade é para sempre, e precisa de correções e atualizações de forma recorrente. A incapacidade de parar de fazer o que quer que seja é a mais grave doença do Estado e que o faz permanecer febril e doente o tempo todo.*

Já nas empresas privadas, a cobrança de resultados as obriga a desembaraçarem--se, o mais rápido possível, de insucessos e de tudo o que não apresente graus mínimos de produtividade. Já no Estado, o resultado econômico é irrelevante. Todas as organizações precisam e têm de desenvolver a capacidade de mudar. Privadas e públicas, também.

9.50 *Em meu entendimento, a esfera econômica é uma esfera, jamais a esfera. As considerações econômicas são condicionantes, jamais, determinantes. Necessidades e satisfações econômicas são importantes, mas não absolutas.*

Acima de tudo, as atividades econômicas, as instituições econômicas, a racionalidade econômica, são meios para se alcançar fins não econômicos – humanos ou sociais. Não são um fim em si mesmas.

Portanto, não vejo a economia como uma ciência autônoma. Um dia, assistindo aos seminários de John Maynard Keynes, em Cambridge, me dei conta de que ele estava interessado no comportamento das mercadorias, enquanto eu, no comportamento das pessoas.

9.51 *Considero-me um ecologista social. Preocupado com o meio ambiente humanizado da mesma forma que o ecologista natural preocupa-se com o ambiente biológico.*

Sou o autor do termo ecologia social. Suas raízes encontram-se no documento – Da Democracia na América – de Alexis de Tocqueville.

E ninguém está mais próximo de meus pensamentos, conceitos, abordagens, que Walter Bagehot, britânico que viveu na época Vitoriana. Uma época, como a atual, de grandes transformações sociais.

Da mesma forma como registrado por Bagehot, também para a minha pessoa, a tensão entre a necessidade de continuidade e a necessidade de inovação e mudança é crucial para a sociedade e a civilização.

Assim, me é claro ao que Bagehot referiu-se quando disse que por vezes sentia-se como um conservador liberal e, por vezes, um liberal conservador. Jamais um conservador conservador, ou um liberal liberal.

9.52 *A maioria das empresas com atuação global ainda está organizada sob o formato de multinacional tradicional. Mas muito rapidamente estão se convertendo em empresas transnacionais. Produtos e serviços podem permanecer os mesmos, mas a estrutura organizacional precisará ser radicalmente revista.*

Numa empresa transnacional só existe um olhar, o mundo. Vendas, serviços, relações públicas seguem locais. Mas planejamento, pesquisas, investimentos, marketing, pricing, gestão e branding, são definidos sob a ótica de um mercado mundial. Assim, as empresas verdadeiramente transnacionais veem-se como entidades à parte e não nacionais. A origem passa a ser irrelevante.

9.53 *Liberdade, definitivamente, não é divertimento. Não é felicidade, individual, nem segurança, paz ou progresso. É uma escolha responsável. Nem direito nem dever. Nem libertação do que quer que seja; isso é dispensa. Liberdade é escolher entre fazer e não fazer, de agir de uma forma ou de outra, de aderir e adotar uma crença ou não.*

Não só não é divertimento como é o fardo mais pesado imposto ao ser humano: o de decidir sua própria conduta individual em consonância com a sociedade e sentir-se e ser responsável por sua decisão.

9.54 *Até a Primeira Guerra Mundial, nenhum governo na história revelou-se capaz de conseguir de seus cidadãos pouco mais do que a receita nacional do país; alguma coisa como 5% a 6%. Assim, e até então, os governos atuavam com orçamento limitado e sob severas restrições.*

A partir da Primeira Guerra Mundial, e mais fortemente a partir da Segunda, tudo passou a ser possível e não existiam limites econômicos para as receitas que os governos decidissem alcançar. Os governos converteram-se numa espécie de donos da sociedade. Desde então o Estado corrói, cada vez mais, os alicerces de uma sociedade livre. Os representantes extorquem dinheiro de seus eleitores para seu próprio enriquecimento e o de grupos especiais, na preservação de seus votos. Em síntese, a negação do verdadeiro conceito de cidadania.

9.55 *O axioma no qual a tradição ocidental da ética sempre se baseou diz o seguinte: Existe apenas um código de ética, o do comportamento individual, para príncipes e pedintes, para ricos e pobres, para poderosos e submissos, igual para todos.*

A ética, na tradição judaico-cristã, é a afirmação de que todos os homens e mulheres são criaturas semelhantes – independentemente de o criador ser chamado de Deus, natureza ou sociedade. Assim, só existe uma única ética, a que estabelece as normas da moralidade. Só existe um código, o do comportamento individual, por meio do qual se aplicam a todas as demais pessoas as mesmas regras. É exatamente esse importante axioma que a regra empresarial nega. Assim, a ética empresarial nem sequer é ética. A ética empresarial parte do princípio de que, por algumas razões, as regras comuns à ética não se aplicam às empresas.

9.56 *A responsabilidade primordial de qualquer profissional foi enunciada há 2.500 anos, por um médico grego chamado Hipócrates: premium non nocere, "jamais fazer o mal conscientemente".*

Nenhum profissional, seja médico, advogado ou gestor pode garantir que conseguirá sucesso para seus clientes. Apenas irá tentar. Mas, no entanto, pode garantir que jamais fará mal a seus clientes deliberadamente. E assim, o cliente pode confiar nos profissionais que, de forma consciente, jamais os prejudicarão. Assim, premium no nocere – "jamais fazer o mal conscientemente" – é a regra básica da ética profissional, a ética básica da responsabilidade pública.

9.57 *Para a maior parte das pessoas com mais de 45 anos, nos países desenvolvidos, os fundos de pensão constituem-se em seu ativo singular.*

No século XIX as pessoas procuravam ter um seguro de vida para a proteção da família em situações de morte prematura. Com a atual expectativa de vida – quase o dobro do século passado – inverte-se a motivação. Busca-se uma proteção por viver-se mais tempo.

Em verdade, o chamado seguro de vida do século XIX era um seguro de morte. Já os fundos de pensão são uma espécie de seguro de velhice. Assim, uma instituição essencial numa sociedade que a cada dia que passa ganha mais dias de vida.

Por decorrência, a regulação dos fundos de pensão e todas as prevenções diante de saqueamentos e gestões criminosas é um dos maiores desafios dos novos tempos. Espera-se que esses cuidados sejam adotados antecipadamente, e não apenas depois dos primeiros saques criminosos.

9.58 *O trabalho, simultaneamente, é um fardo e uma necessidade, uma maldição e uma bênção. O desemprego gera graves distúrbios psicológicos, não apenas devido à privação econômica, mas especialmente por destruir o respeito que as pessoas têm por si próprias. Assim, o trabalho é uma extensão da personalidade. É realização. Talvez, a melhor das formas de uma pessoa definir-se, avaliar seu valor e a sua componente humana.*

9.59 *No início dos anos 1990, todos os que eram sentenciados a uma primeira pena de prisão no estado da Flórida – via de regra negros, pobres e jovens hispânicos – saiam em liberdade condicional sob a custódia do Exército da Salvação – cerca de 25 mil por ano. As estatísticas revelaram que se esses jovens, homens e mulheres, permanecessem na prisão, a maioria teria acabado no mundo do crime. Mas o Exército da Salvação tinha capacidade para reabilitar 80% deles, através de um rigoroso programa de trabalho que era gerido, em grande medida, por voluntários. E o programa custava uma fração daquilo que seria necessário despender para manter delinquentes atrás das grades.*

9.60 *A sociedade precisa resgatar e regressar aos valores espirituais. Vivemos uma época de promessas de abundância material ou, e pelo menos, de suficiência material. A humanidade precisa resgatar a compaixão.*

Numa época de terror, perseguições, assassinatos em massa, a nossa sobrevivência passa pela proteção fornecida pela moral. Aprendemos que o humanismo ético do século XIX não impediu o Homem de se tornar um monstro. Assim, as pessoas precisam retornar aos valores espirituais, uma vez que só poderão sobreviver nas atuais circunstâncias se reafirmarem-se não apenas como um ser biológico e psicológico, mas, também, espiritual.

Leitura

Peter Drucker e Sigmund Freud

SIGMUND FREUD, bem mais velho que o adorado mestre Peter Drucker, era conhecido de seus pais. Vez por outra, cruzavam com os FREUDS, que tinham uma *vila de verão*, à beira do lago alpino. O pai de DRUCKER, também mais moço que FREUD, sempre o cumprimentava respeitosamente. Segundo DRUCKER, sua mãe sempre se interessou por psiquiatria e tinha por hábito comprar os livros de FREUD. Livros esses que pertenceram à biblioteca de Drucker em sua casa em CLAREMONT. Dentre esses, a primeira edição datada de 1900 do *A INTERPRETAÇÃO DOS SONHOS*. Quando tinha 8 anos de idade, DRUCKER foi apresentado a FREUD. OS DRUCKERS e os FREUDS sentaram-se numa mesma mesa de restaurante. E na volta para casa, o pai de Drucker disse a ele: "Lembre-se sempre deste dia em que você conheceu o homem mais importante da Áustria".

São poucas as manifestações que o adorado mestre PETER DRUCKER faz em relação a FREUD, mas, dentre essas, a questão que sempre fez de dar fim aos mitos que divulgava sobre ele mesmo. Segundo DRUCKER: "Quase todas as pessoas sempre aceitaram três supostos fatos sobre a vida de FREUD, sem um mínimo de cuidado ou crítica. Que FREUD viveu na pobreza e com dificuldades financeiras; que sofreu muito com o antissemitismo de sua época e por isso não teve o reconhecimento merecido, e que ainda foi solenemente ignorado pela Viena de seu tempo, muito especialmente pela classe médica vienense. Todos esses fatos não passam de mitos. FREUD mesmo jovem era "bem de vida", só foi sofrer discriminação por ser judeu pouco antes de sua morte e quando HITLER forçou-o ao exílio, e sempre foi respeitado e admirado pela academia, merecendo e ganhando sucessivas homenagens e prêmios."

"Em verdade", diz DRUCKER, "a classe médica de Viena não só não o ignorou como também não desrespeitou FREUD. O rejeitava porque acreditava que ele violava frontalmente a ética médica pelos seus métodos e procedimentos."

Segundo DRUCKER, os mitos sobre Freud foram inventados e disseminados por ele mesmo. "É suficiente atentarmos para toda a sua correspondência. Dava uma importância fenomenal nessas cartas aos supostos mitos por ele mesmo criados e disseminados." E concluía DRUCKER: "Todos em Viena na época de

FREUD percebiam essa sua característica e comentavam suas estranhas obsessões. A principal razão para a comunidade médica vienense ter rejeitado FREUD foi o fato de ela ser predominantemente judia, e entender que ele violava a ética judaica fundamental a todo o médico. Freud era criticado por não só não aceitar doentes de caridade como orientar os demais psicanalistas para que jamais trabalhassem sem uma correspondente de justa remuneração. Esse comportamento era entendido como antiético pela comunidade médica vienense. Também incomodava a todos na época a defesa intransigente que FREUD fazia no desligamento emocional do médico em relação a seus pacientes (...) FREUD exigia que os médicos se despojassem de qualquer simpatia pelo paciente, asseverando que se envolver com o ser humano em tratamento era deletério, gerador de dependências e prejudicial à recuperação e à cura". "Segundo FREUD", explica DRUCKER, "em vez de tratar o paciente como um irmão, o médico para preservar sua isenção deveria tratá-lo como um objeto. E, assim, e para a comunidade médica de Viena, FREUD estava convertendo médicos em mecânicos, negando os princípios e as motivações que os levaram a fazer medicina."

Conta DRUCKER que um dia, em um jantar em sua casa, MARCUS HAJEK, um dos mais antigos e respeitados cirurgiões judeus, um médico consagrado e professor de medicina adorado por seus alunos, disse: "Se FREUD estiver certo, então a psicanálise é um narcótico. E se um médico pretende criar intencionalmente um vício e gerar dependência, estará cometendo um crime e uma violação a seu juramento". Por fim, nosso adorado mestre testemunhou e reconheceu o impacto de FREUD na sociedade vienense, que se rendia a seu extraordinário valor, mas colocava em dúvida suas manifestações e crenças.

Diz DRUCKER: "O que mais incomodava os médicos vienenses é que nunca sabiam se FREUD e seus discípulos referiam-se a cura de doenças ou a contribuições à literatura. Num momento diziam estar curando um mal específico, desde medo de atravessar a rua até impotência e, no momento seguinte, divagavam usando a mesma nomenclatura para analisar os *CONTOS DE GRIMM* ou o *REI LEAR*". DRUCKER finaliza sua postura distante e cética em relação a FREUD, dizendo: "FREUD magoava-se profundamente com qualquer insinuação de que sua teoria era mais poética do que científica. E ficou terrivelmente sentido com o discurso de THOMAS MANN em seu aniversário, mesmo sendo ele que o convidou para falar, quando repetiu essas insinuações, acreditando estar elogiando".

A relação de DRUCKER com a psicoterapia sempre foi de distância e relativa desconfiança. Para Drucker, "Os estudos sobre os resultados da psicoterapia

200 ■ DRUCKER, FOREVER

ainda hoje mostram as mesmas conclusões: podem apresentar resultados significativos, mas, apesar dos dados permitirem afirmações categóricas, nenhum método apresenta resultados marcadamente superiores ou diferentes dos outros. E isso pode significar duas coisas: que a psicanálise freudiana é um tratamento específico para algumas, mas não todas, desordens emocionais; ou que os problemas emocionais melhoram ou são curados quando é feito um certo estardalhaço em torno deles".

10 Execução

10.1 *Planos não passam de ótimas intenções adormecidas em papel; a menos que sejam verdadeiramente implementados.*

10.2 *Como é fácil fazer tudo o que nos traz conforto, alegria, felicidade, e nos é familiar. Como é difícil estabelecer prioridades e fazer o que tem de ser feito.*

10.3 *Milagres acontecem às vezes, mas é preciso trabalhar à exaustão para que aconteçam.*

10.4 *A administração existe há muito tempo. Muitas vezes me perguntam quem foi em minha opinião o melhor executivo de todos os tempos. Minha resposta é sempre a mesma: o homem que concebeu, projetou e construiu a primeira pirâmide egípcia há cerca de 4.000 anos – que ainda permanece em pé.*

10.5 *Em A Connecticut Yankee at King Arthur´s Court, o jovem herói do livro, escrito em 1889 por Mark Twain, não era uma pessoa instruída. Não sabia nem latim nem grego, jamais lera Shakespeare, e muito menos a Bíblia. Mas sabia como fazer tudo o que fosse mecânico, inclusive como gerar eletricidade e fabricar telefones.*

10.6 *Uma organização não é, como um animal, um fim em si, nem terá sucesso pelo mero ato de perpetuar a espécie. Uma organização é um órgão da sociedade e cumpre sua função pela contribuição que oferece ao ambiente externo. Quanto maior e mais bem-sucedida for, mais os acontecimentos internos tenderão a captar a atenção, as energias e as capacidades de seus executivos, afastando-os de suas verdadeiras tarefas e os impedindo de agir com eficácia no mundo real.*

10.7 *E viveram felizes para sempre só existe nas histórias que se conta para as crianças.*

10.8 *De cada 10 novos produtos, no mínimo sete ficarão pelo caminho. O grande desafio de profissionais e empresas é decidir quais abandonar e em quais vale a pena insistir.*

10.9 *Respostas erradas para problemas certos corrige-se. Respostas certas para problemas errados é onde mora o perigo.*

10.10 *Hierarquia faz parte das organizações. Mas para se ascender na hierarquia é fundamental existir igualdade de oportunidades.*

10.11 *O mais importante dever de um gestor é alcançar o máximo de retorno usando um mínimo de recursos. Parece simples, mas a maioria não consegue. Em vez de concentrarem-se nas oportunidades alocam o melhor de seu tempo, energia e dinheiro na tentativa de resolver problemas. Em vez de fazerem certo exclusivamente as coisas certas, tentam fazer bem todas as coisas. Ignoram ou desconhecem que, em quase tudo, 90% dos resultados decorrem de 10% dos eventos e iniciativas.*

10.12 *Por que as pessoas que durante anos revelaram-se competentes, de repente, tornam-se incompetentes? Pela simples razão de que assumem uma nova atribuição, mas continuam fazendo rigorosamente o mesmo que as levou à promoção no cargo anterior. Agem com incompetência não porque tenham se tornado incompetentes. Apenas porque estão, ao repetir, tomando as mesmas iniciativas – agora erradas – diante da nova situação.*

10.13 *Sempre que um padre jesuíta ou um pastor calvinista faz qualquer coisa importante, anota os resultados esperados. Nove meses depois anota os resultados reais e compara com os projetados. Descobre o que fez bem e quais são seus pontos fortes, o que precisa aprender e melhorar, e tudo o que precisa mudar. E ainda escancara o que não tem o menor talento para fazer. Conhecer as próprias forças e saber como aprimorá-las, e reconhecer o que definitivamente não se é capaz de fazer, são as chaves do sucesso para a aprendizagem contínua.*

10.14 *Você produz resultados como tomador de decisões ou como conselheiro? Muitas pessoas têm melhor desempenho como conselheiro, mas não conseguem arcar com o peso e a pressão das decisões. Já outras pessoas precisam de um con-*

EXECUÇÃO ■ **203**

selheiro que as force a pensar, mas são capazes de tomar decisões e agir com rapidez, confiança e coragem.

10.15 *O presidente de uma empresa estava convencido que organizava seu tempo em três partes. Um terço para seus executivos e subordinados diretos, outro para os principais clientes, e o terceiro para atividades com a comunidade. Depois de seis semanas registrando suas atividades, constatou que não era isso que fazia. Era isso que julgava dever fazer, mas, em verdade, passava a maior parte do tempo despachando documentos, acompanhando pedidos de clientes e incomodando a fábrica sobre o andamento das entregas. Tudo que fluiria normalmente, com suas intervenções só conseguia gerar tumulto. Confrontado pela secretária com os registros, precisou de mais duas ou três rodadas para se convencer. Em se tratando de gestão do tempo, o que conta são os registros e jamais a memória.*

10.16 *Uma empresa bem administrada é um lugar tranquilo. Nada acontece de interessante porque as crises foram previstas e convertidas em rotina.*

10.17 *Reuniões não passam de concessões a organizações ineficientes. Ou se trabalha, ou se participa de reuniões. Em estruturas planejadas não existiriam reuniões. Assim, reuniões só fazem sentido em caráter excepcional.*

10.18 *As pessoas que não conseguem fazer nada são quase sempre as que trabalham muito. Subestimam o tempo e acreditam que tudo dará certo. Não dará. O inesperado é a única certeza com que se pode contar. Assim, executivos eficazes alocam uma margem maior de tempo além do necessário. Por outro lado, executivos comuns sempre trabalham sob a pressão da pressa e tudo o que conseguem são maiores atrasos. Em contrapartida, executivos eficazes não se apressam. Adotam um ritmo tranquilo, mas constante. E, por fim, executivos comuns tentam fazer várias coisas ao mesmo tempo. É suficiente uma se complicar para que toda a programação entre em colapso. Já os eficazes triam e hierarquizam o que tem de ser feito, e fazem exclusivamente uma coisa de cada vez.*

10.19 *Empresas são organizações sociais e, como tal, precisam permanecer tão enxutas e musculosas quanto os organismos biológicos.*

10.20 *As prioridades e as posterioridades sempre têm de ser reconsideradas e revisadas à luz da realidade. Nenhum presidente americano, diante dos aconteci-*

mentos, conseguiu pôr em prática sua lista original de tarefas prioritárias. A concentração – coragem de impor em tempo sua própria decisão aos acontecimentos quanto ao que realmente importa e vem primeiro – é a única esperança de um executivo dominar o tempo e os acontecimentos em vez de se submeter aos mesmos.

10.21 *Ir ao local e inspecionar pessoalmente o cumprimento das tarefas é o único feedback confiável. Não que haja desconfiança em relação aos subordinados, e sim, se a comunicação verdadeiramente aconteceu e foi entendida por quem é responsável pela execução.*

10.22 *É tolice supor que os problemas desaparecerão se os ignorarmos. Os problemas só acabam se alguém tiver a capacidade e a responsabilidade de resolvê-los.*

10.23 *Grandes organizações não podem ser versáteis. Uma grande organização é eficaz pelo volume jamais pela agilidade. Pulgas saltam várias vezes a própria altura; o mesmo não ocorre com os elefantes que nem mesmo saltam. O volume possibilita às organizações colocar em prática um número muito maior de conhecimentos e habilidades do que seria possível para uma pessoa ou um pequeno grupo.*

10.24 *Uma organização é sempre especializada. Define-se por sua missão. Assim, uma organização só é eficaz se concentrar-se numa tarefa específica. A orquestra sinfônica não tenta curar doentes, protagoniza concertos. Já o hospital cuida de doentes, mas não toca música. Um clube de alpinismo escala os picos do Himalaia, não cuida dos desabrigados do Nepal. A escola no ensino, a empresa em bens e serviços, a igreja ocupa-se da conversão dos pecadores e os tribunais resolvem conflitos. Assim, a sociedade, a comunidade e a família são; as organizações fazem.*

10.25 *Em 1980, a United State Steel, maior empresa siderúrgica integrada dos Estados Unidos, empregava 120 mil pessoas na produção de aço. Dez anos depois, empregava 20 mil e produzia praticamente a mesma tonelagem. Em 10 anos a produtividade dos trabalhadores manuais cresceu sete vezes. De um lado, pelo fechamento de usinas velhas e obsoletas. De outro, pelo investimento em novos equipamentos. Mas a maior parte desse salto de produtividade decorreu do replanejamento do fluxo do trabalho e das tarefas.*

EXECUÇÃO ■ **205**

10.26 *Um planejador pode descobrir que seus belos planos fracassam porque ele não os segue à risca. Assim como muita gente brilhante, ele acredita que ideias movem montanhas. De verdade, o que movem montanhas são escavadeiras; as ideias apontam onde as escavadeiras devem fazer o serviço. Planejadores precisam entender que o trabalho não termina quando o plano está finalizado; começa! É preciso encontrar as pessoas que levarão o plano adiante e orientá-las em como proceder.*

10.27 *A polidez é o óleo lubrificante de uma organização. É uma lei da natureza que a fricção é criada por dois corpos em movimento que entram em contato entre si. Isso é rigorosamente verdadeiro para seres humanos como para objetos. A polidez – coisa simples, como dizer "por favor" e "obrigado", e saber o nome de uma pessoa e nunca se esquecer de perguntar sobre sua família, permite que duas pessoas trabalhem juntas. Pessoas brilhantes, normalmente os jovens, não compreendem isso, e quase sempre quando os fracassos acontecem, a causa mais provável é a falta de cortesia, de bons modos.*

10.28 *A maioria das pessoas não acha óbvio que um cargo novo requer um comportamento novo e diferente. Quase 50 anos atrás, meu chefe me advertiu quatro meses depois de me ter promovido a um cargo de maior responsabilidade. Eu continuava a agir como sempre fiz antes da promoção. Agradeço ter-me advertido e feito enxergar que uma nova função pressupõe postura, foco e relacionamentos diferentes.*

10.29 *É difícil prever como se comportará um profissional num novo desafio e ambiente. A única forma de descobrir é testando. Caso a mudança não seja bem-sucedida, o responsável pelo profissional deve agir rápido. E assumir que cometeu um erro e tem a obrigação de corrigi-lo. Manter-se um funcionário inadequado na nova função nem é bondade e muito menos prêmio, é crueldade.*

10.30 *Um executivo eficaz não necessariamente é um líder. HARRY TRUMAN, por exemplo, não tinha grande carisma e mesmo assim foi um dos mais eficazes presidentes dos Estados Unidos. Da mesma forma como alguns executivos com quem trabalhei e não se encaixavam exatamente no estereótipo de líder. Iam do extrovertido ao semirecluso, do despreocupado ao controlador, do generoso ao parcimonioso. Mas tinham em comum o hábito de seguirem as oito práticas:*

1. *Perguntavam sempre "O que precisa ser feito?"*

2. *Perguntavam sempre "O que é bom para a empresa?"*

3. *Criavam planos de ação.*

4. *Assumiam a responsabilidade pelas decisões.*

5. *Assumiam a responsabilidade pela comunicação.*

6. *Focavam nas oportunidades e não nos problemas.*

7. *Conduziam reuniões produtivas.*

8. *Pensavam e diziam "nós", e não "eu".*

Com as duas primeiras, adquiriam o conhecimento de que precisavam. Com as quatro seguintes convertiam o conhecimento em ações. As duas últimas garantiam que a organização inteira se sentisse responsável pelos resultados.

10.31 *Perguntar o que precisa ser feito não é perguntar o que quero fazer. JACK WELCH quando assumiu a presidência da GENERAL ELECTRIC queria fazer a expansão internacional, mas descobriu que o que precisava ser feito, mesmo, era desfazer-se de negócios que por mais rentáveis que fossem não levariam a GE à primeira ou segunda posições do ranking de seu setor de atuação.*

10.32 *Organização acabou convertendo-se numa palavra do dia a dia. Todos concordam quando alguém diz que em sua organização tudo gira em torno de seus clientes. Mas nem nos Estados Unidos nem em nenhum outro lugar, usava-se a palavra ORGANIZAÇÃO até o final de Segunda Grande Guerra. Nem na edição de 1950 do OXFORD DICTIONARY a palavra aparece. Somente depois do surgimento da nova administração é que começamos a conviver com o fato de que a organização é independente e distinta de outras manifestações da sociedade.*

As organizações, diferentemente da comunidade, sociedade ou família, nascem a partir de um propósito e sempre são especializadas. E são definidas pela missão a que se propõem. A orquestra sinfônica não tenta curar doentes; limita-se a tocar música. O hospital cuida dos doentes, mas não se arrisca a tocar Beethoven.

10.33 *Um aumento notável e substancial na produtividade é o único caminho para superarmos os desafios da atualidade. Os economistas veem o investimen-*

to de capital como o segredo da produtividade; já os tecnólogos creditam tudo às novas máquinas. Em verdade, a principal força por trás da explosão de produtividade é a inteligência. O investimento de capital e a tecnologia foram tão abundantes nas economias desenvolvidas nos primeiros 100 anos da Revolução Industrial quanto no século seguinte. Foi apenas com o advento da inteligência no modo de trabalhar que a produtividade na fabricação e circulação de produtos e serviços alcançou um crescimento exponencial.

10.34 *Um dos melhores exemplos do que Taylor chamou de "trabalhar de maneira mais inteligente" é bem antigo. De autoria da Sears, entre 1906 e 1908. A Sears decidiu eliminar a demorada tarefa de contar o dinheiro resultante dos pedidos que chegavam pelo correio. Em vez de abrir os envelopes de dinheiro e pedidos, primeiro e automaticamente pesava. Naquele tempo quase todos os clientes pagavam em moedas. Se o peso da moeda correspondesse ao montante do pedido o processo seguia em frente. Da mesma maneira, a Sears eliminou outra tarefa ainda mais demorada. O registro de cada pedido recebido, substituindo-o pela programação de processamento e pela remessa de acordo com o peso da correspondência – uma média de quarenta pedidos por aproximadamente meio quilo de envelopes. Em dois anos essas mudanças responderam por um aumento de 10 vezes na produtividade de toda a operação de compras a distância.*

10.35 *Buscar resultados impossíveis de serem alcançados não é ser ambicioso. É ser estúpido. E, quando plausíveis, têm de fazer sentido e serem a diferença. De preferência, serem visíveis, mensuráveis e comprováveis.*

10.36 *Ser executivo significa não ter tempo. Todos correm atrás de seu tempo. Todos querem seu tempo. Sempre há mais o que fazer do que horas no dia. E ainda tudo acaba levando mais tempo do que seria razoável. E o dobro do tempo que seu chefe estimou e gostaria. Assim, há uma diferença substancial entre a forma como os executivos eficazes usam seu tempo, e a forma como a maioria de nós usa. É essencial saber sempre quantas horas você dispõe e em que estão sendo alocadas. Nem tudo é importante da mesma maneira. Você sabe, de verdade, quais as atividades que realmente merecem uma parte de seu tempo? Você tem consciência que uma parcela expressiva do tempo escorre entre seus dedos?*

10.37 *Existem missões de curto prazo e missões de longo prazo, e ambas têm de ser compatíveis. E esse é um dos grandes desafios de todos os gestores – administrar duas dimensões temporais diferentes. É preciso conseguir resultados de curto prazo, assim como é preciso conseguir-se resultados de longo prazo. Um antigo ditado médico diz que de nada adianta a velha e doente senhora saber que amanhã uma cirurgia vai salvar sua vida se morrer na véspera. Tampouco adianta sobreviver na véspera e morrer durante a cirurgia. Mesmo sendo diferentes, missões de hoje e de amanhã, de curto e longo prazo, precisam ser compatíveis, ainda que diferentes.*

10.38 *O executivo eficaz sabe que precisa dedicar-se a fazer certo exclusivamente as coisas certas. Assim, concentra-se. E a primeira das regras da concentração é livrar-se do passado que se tornou improdutivo. Isso possibilita o resgate dos melhores recursos, muito especialmente que o capital humano seja alocado a serviços de reais e consistentes oportunidades futuras. Quando o líder é incapaz de se livrar do ontem, simplesmente não conseguirá construir o amanhã. Sem um desapego sistemático, a organização é atropelada pelos eventos. São poucas as empresas com a disposição de se livrar do passado. Assim, poucas a disporem de recursos para o amanhã.*

10.39 *Uma antiga piada conta que um balonista se perdeu nos céus do Kansas, sem ter a mais pálida ideia para onde o seu balão estava indo. Tudo o que conseguia ver lá em baixo era uma grande plantação e nenhuma pessoa. Num determinado momento avista uma mulher, desce o suficiente e grita: "Onde estou? Tenho um compromisso e já estou uma hora atrasado". A mulher também gritando, responde: "Você está na latitude 42°8"4' norte e longitude 94°". E aí, o balonista intrigado pergunta: "Você é contadora?". E ela responde: "Como você descobriu?". "Simples, sua informação está absolutamente certa e é totalmente inútil". Ela respira fundo e devolve: "Você deve ser um executivo...". "Sou, sim, mas como você sabe disso?". "É que você está aí em cima, mas não sabe onde está, não sabe para onde vai, não dá conta da agenda, e põe a culpa em quem está aqui embaixo."*

10.40 *Na cultura de desempenho, e que se revela quando a energia produzida é maior que a soma dos esforços investidos, isso só é possível em decorrência da qualidade moral do capital humano. E isso não se revela nas exortações, sermões, boas intenções. Revela-se na prática. Assim, o foco da empresa deve* concentrar-se: *a) no desempenho, na existência de elevados padrões de desempenho; desempenho individual e no conjunto de seu capital humano; b) foco nas oportunidades e não nos problemas; c) foco nos valores e crenças da organização nas decisões que afetam seu capital humano – nomeações, promoções, remuneração, demissões; d) foco nas decisões referentes ao capital humano da empresa, na integridade de cada um de seus gestores. Uma qualidade que já se traz consigo ao ingressar na empresa, e não que ilusoriamente irá adquirir no correr do tempo.*

10.41 *Quando se inova é comum cometer-se equívocos. Um dos maiores, é de cara já tentar uma operação em grande escala. Inovações, no estágio inicial são hipóteses que precisam ser testadas. Jamais aborte o piloto. Quando isso acontece, invariavelmente, são os pequenos e naturais defeitos, absolutamente corrigíveis, que acabam destruindo a inovação. Tão grave quanto tentar remendar o velho em vez de assumir e partir para o novo. Chega uma determinada hora que o profissional tem de dizer: "Chega. Vamos parar de fazer melhorias. Essas calças já têm remendos demais".*

10.42 *As empresas do amanhã seguirão duas novas regras. Primeiro, levar o trabalho até onde as pessoas estão, em vez de insistir em levar as pessoas aonde está o trabalho.*

Segunda, transferir a terceiros as atividades que não se traduzam em oportunidades de crescimento nas empresas, tipo a sala dos fundos das corretoras de valores, a sala de desenho das empresas de arquitetura e decoração, o laboratório médico no hospital. O novo século conquistou a capacidade de transportar ideias e informações de forma rápida e barata.

10.43 *Há 200 anos, quando Adam Smith escreveu a respeito da "tradição do trabalho", seus exemplos eram pessoas da região hoje ocupada pela Alemanha Central, as quais, devido aos fortes invernos com muita neve, aprenderam a trabalhar com madeira e fazer relógios e violinos. São necessários 200 anos para construir essa tradição, afirmou Smith, exceto nos raros casos em que refugiados ou emigrantes carregam suas especializações para uma nova comunidade.*

Assim, quando os Estados Unidos conquistaram sua independência, todo cônsul americano dispunha de um fundo ilimitado de dinheiro para subornar artesões

210 ■ DRUCKER, FOREVER

ingleses e fornecer-lhes documentos falsos, para que viessem para os Estados Unidos e nos ensinassem a construir máquinas têxteis e a tingir algodão. Foi assim que a Nova Inglaterra se converteu em potência industrial lá por 1810.

Já durante o século XIX, o aprendizado – uma invenção alemã – reduziu os 200 anos para 5; e, durante o século XX, o treinamento – uma invenção americana – reduziu os 5 anos para 6 meses ou menos de 90 dias.

10.44 *No passado, o operário movimentava areia com uma pá, mas não alimentava a caldeira; na fábrica da Hawthorne, as mulheres aplicavam a solda, mas não testavam o telefone acabado; o fazendeiro não largava o trator no meio da plantação para ir a uma reunião. Hoje as enfermeiras em vez de cuidarem dos pacientes 100% do tempo, usam metade para preencher fichas e relatórios; nas universidades, muitos professores passam mais horas em reuniões que nas salas de aula; os vendedores, mais tempo fazendo relatórios do que sentado na frente de prospects realizando novas vendas. Isso não é enriquecimento, e sim empobrecimento de função. Assim, sempre devemos nos perguntar na sociedade de serviços e onde o capital é o conhecimento: Pelo que verdadeiramente estamos pagando nossos profissionais?". E garantir que possam alocar a quase totalidade do tempo para se concentrarem em seus serviços específicos e melhorarem seus desempenhos.*

10.45 *A grande cidade moderna é uma criação da capacidade de movimentar pessoas do século XIX. Na Londres de Dickens, todos iam a pé para o trabalho, exceto os proprietários, que moravam em cima de suas lojas ou escritórios. Mas a partir de meados do século, as pessoas começaram a adquirir rodas – primeiro a ferrovia, depois o ônibus, o bonde, o metrô, o trem elevado, o automóvel, a bicicleta. De repente, grandes massas de pessoas podiam se movimentar por grandes distâncias até onde ficava o trabalho. E, por fim, o elevador acrescentou a mobilidade vertical. Foi exatamente essa capacidade de movimentar pessoas que, mais que qualquer outra coisa, tornou possível grandes organizações, empresas, hospitais, repartições públicas e universidades.*

Lá por 1914, já haviam sido desenvolvidos todos os meios para movimentar pessoas em direção aos escritórios no centro das grandes cidades. Essa tendência, na verdade, chegou ao fim. Os funcionários nas grandes cidades do mundo não têm mais dias de 8 horas, têm de 12 horas. Duas para ir e duas para voltar. E todas as tentativas feitas nos últimos 30 anos para aliviar os congestionamentos fracassaram a despeito dos bilhões investidos.

Assim, hoje, deslocar-se até o trabalho é obsoleto. Hoje é infinitamente mais fácil, barato e rápido fazer aquilo que o século XIX não conseguiu fazer: movimentar as informações e com elas o trabalho do escritório, para onde estão as pessoas.

10.46 *Quando RAY KROC, fundador do McDonald´s, dispôs-se a tornar suas lojas mais produtivas, redesenhou cada implemento, incluindo colheres, suportes para guardanapos, frigideiras e tudo o mais.*

Para melhorar a produtividade, empresas de manutenção de hospitais precisam redesenhar vassouras, pás de lixo, cestos de papéis, incluindo lençóis, travesseiros e cobertores. Quando construiu o Federal Express, Fred Smith estudou cada etapa da coleta, no transporte e na entrega de pacotes, e também de faturamento. E na sequência, treinar, treinar, treinar, treinar, sempre e permanentemente, todo o pessoal. Isso exige foco e determinação num objetivo específico – fazer hambúrgueres, arrumar camas de hospitais, entregar pacotes. E, via de regra, isso só é possível de ser obtido de um prestador de serviços externo e independente, não de um chefe de departamento dentro da organização.

10.47 *Trabalhos administrativos, de manutenção, de apoio, só quando realizados por empresas externas e independentes podem alcançar a excelência. Enquanto funcionários de uma escola, os gerentes dos refeitórios dos alunos jamais passarão de subalternos. Já numa empresa que presta serviços de alimentação poderão chegar a vice-presidentes, gerentes de alimentação de todos os alunos de um grupo de 10 ou mais escolas, e até mesmo e um dia, chegarem a CEO da empresa.*

Numa grande empresa de manutenção de hospitais, algumas das mulheres que começaram a 15, 20 anos, empurrando aspiradores de pó, hoje são chefes de divisão, vice-presidentes, e possuem parcela expressiva do capital das empresas. Como funcionárias do hospital, a maioria delas seguiria empurrando aspiradores de pó.

10.48 *Cento e vinte anos atrás, quando surgiram as primeiras grandes empresas, a única referência que tinham eram os grandes exércitos. Número de soldados, hierarquia, comando, controle, linha e assessoria. O modelo do amanhã, definiti-*

vamente, é a orquestra sinfônica. As sinfonias de Mahler preveem a presença de 385 músicos no palco, sem contar o coral com seus cantores. Caso Mahler fosse se organizar da mesma maneira pela qual organizamos nossas grandes empresas, teria de ter um executivo-chefe, um presidente maestro, dois maestros não--executivos, seis vice-presidentes de um conselho de maestros, mais incontáveis vice-presidentes maestros, sem falar na quantidade de músicos. Em vez disso, a orquestra tem um maestro, a quem se dirige cada um dos músicos especialistas. E todos têm uma mesma partitura. Em outras palavras, não há intermediários, a organização, ou melhor, a orquestra, é plana.

10.49 *Nos anos 1920, contava-se a seguinte piada. A um engenheiro alemão é confiada a missão de ir a um concerto e produzir um relatório com as críticas que possibilitassem uma melhoria no desempenho. Em seu relatório manifesta sua indignação diante dos músicos permanecerem sentados muito tempo sem fazer nada. E recomenda que nesse tempo ocioso tocassem peças de Rossini, Beethoven e Brahms, simultaneamente, permanecendo ocupados o tempo todo.*

A orquestra, organiza-se ao redor da informação, tocando uma peça de cada vez, para evitar que as pessoas presentes fiquem confusas. A orquestra é virtuosa, dentre outras razões, porque todos os músicos, independentemente de estarem tocando todos ao mesmo tempo, sabem que estão tocando Mozart, e não Haydn. Já as empresas comuns, ou as estatais, criam sua própria partitura, no decorrer dos trabalhos.

10.50 *A primeira aplicação prática da teoria da administração não ocorreu numa empresa, mas sim em instituições sem fins lucrativos e agências governamentais. É provável que Frederick Winslow Taylor (1856-1915) inventor da "administração científica", tenha também cunhado os termos "administração" e "consultor". Em seu cartão de visitas identificava-se como "consultor de administração", e explicava ter escolhido os novos e estranhos termos para chocar os clientes em potencial e conscientizá-los de que estava oferecendo um serviço verdadeiramente novo. No ano de 1912, e em depoimento no Congresso, Taylor deu como exemplo perfeito de administração científica a Clínica Mayo, uma empresa sem fins lucrativos, e partir daí o país começou a tomar consciência da administração.*

EXECUÇÃO ■ 213

10.51 *O que levou à identificação da administração com a administração de negócios foi a Grande Depressão, com sua hostilidade aos negócios e seu desprezo pelos executivos de empresas. Para não ser manchada pelos negócios, a administração no setor público foi rebatizada de administração pública e proclamada como uma disciplina separada, com departamentos universitários próprios, terminologia e carreiras próprias. Assim, não ter a denominação "gerenciamento" era politicamente correto nos anos de Depressão.*

Porém, no período Pós-guerra a moda voltou. Em 1950, "negócio" voltou a ser uma boa palavra; e, por decorrência, "gerenciamento de negócios" passou a ser politicamente correto.

10.52 *Há mais ou menos 80 anos que o "relatório mensal" passou a fazer parte da rotina das empresas. Apresenta na primeira página, o resultado geral do mês, e as áreas onde as metas foram superadas, e onde não se conseguiu alcançá-las. Nessa reunião mensal do comitê executivo, na qual se realiza a análise dos resultados, e que se tornou praticamente na maioria de empresas e demais instituições, esse é o tema único e principal.*

Os problemas jamais podem ser ignorados e precisam de providências imediatas. Mas para que a empresa ambicione a liderança, proceda as mudanças necessárias, precisa concentrar a totalidade de sua energia e tempo nas oportunidades. Matar de fome os problemas e alimentar de forma consistente e permanente as oportunidades.

10.53 *Executivos verdadeiramente eficazes procuram ativar tudo o que fazem da forma mais eficaz possível. E o segredo para tanto é concentração. A primeira regra para a concentração é desvencilhar-se do passado que perdeu sentido e tornou-se improdutivo.*

Os melhores recursos precisam ser alocados em sua totalidade e todo o tempo nas oportunidades de amanhã. Se as lideranças não tiverem a capacidade de descartar o passado, jamais construirão o amanhã. Sem uma cultura de abandono sistemático e intencional, toda a organização deixa-se levar pelos acontecimentos. Como são poucas as empresas que se revelam dispostas a descartar o ontem, são poucas que se revelam disponíveis para o amanhã.

10.54 *São as capacidades, não as incapacidades que contam. Harry Hopkins, assessor de política externa e braço-direito do presidente Franklin Delano Roosevelt, durante a Segunda Guerra Mundial, é um ótimo exemplo. Era fisicamente um moribundo, que se arrastava para dar cada passo e, assim, só conseguia trabalhar poucas horas por dia. Isso posto, concentrava todas as suas poucas horas no que era verdadeiramente relevante, essencial. Um ser humano 100% eficaz. Churchill o chamava "O Senhor Cerne da Questão". E para tê-lo a seu lado, Roosevelt quebrou todas as regras estabelecidas.*

10.55 *Quem chega lá, alcança e demonstra resultados, adora o que faz. Claro, ninguém gosta de tudo o que faz. Como, por exemplo, o trabalho rotineiro. Mas, mesmo não gostando dos trabalhos rotineiros, quase sempre são o caminho para se chegar a um desempenho único e de excepcional qualidade.*

Todos os grandes pianistas fazem três horas de escala todos os dias. Nenhum gosta. Mas é preciso fazer escala para escalar. Não é divertido. Mas sabem da importância porque mesmo depois de 40 anos de escalas diárias sentem os dedos em contínuo e permanente progresso.

Assim, os pianistas têm uma expressão maravilhosa que ouvi e guardei há muitos anos – "Pratico até ter minha vida nos dedos". Rigorosamente o mesmo se aplica a quem gosta do trabalho que faz. Tem de ser feito e gosto de fazer porque gosto do que faço.

Esta é a diferença não entre a mediocridade e a ação, mas entre aquilo que chamo de uma organização em permanente processo de aprendizagem – em que toda a organização cresce e os processos evoluem – de uma outra organização que até e talvez se saia bem, mas da qual seus trabalhadores não sentem a menor saudade depois das cinco da tarde.

10.56 *Corrigir os erros, sempre, mas sem jamais deixar de valorizar e destacar os acertos. Não conheço outra forma melhor para mudanças e aperfeiçoamentos bem-sucedidos que não seja trabalhar sobre os sucessos alcançados.*

Repito, problemas sempre têm que ser resolvidos, mas, mudanças de sucesso decorrem de se concentrar os melhores esforços e competências em explorar as opor-

tunidades. E em todos os sucessos sempre existem muitas e novas oportunidades a serem exploradas.

Em termos práticos, minha recomendação é que a primeira página de todo o relatório de desempenho e gestão traga uma espécie de sobrecapa, com os sucessos alcançados, e sobre os quais, repito, as melhores competências e esforços devem se concentrar.

Um dos melhores exemplos que conheço foi a SONY que, durante muito tempo, e trabalhando sobre os sucessos alcançados, conseguiu o milagre da multiplicação de sucessos.

10.57 *Conhece o teu tempo. Se, como ensinava a antiga receita de sabedoria, "conhece-te a ti mesmo" era uma impossibilidade quase absoluta para o comum dos mortais, o mesmo não se pode dizer e nem é impossível conhecer o tempo que dispomos.*

Em quase todos os debates que participei sobre trabalhos de profissionais, as manifestações concentravam-se no planejamento do próprio trabalho. Mais que plausível, mas quase nunca funciona. Os planos morrem nos papéis e quase nunca funcionam. Apenas, boas intenções.

Os executivos verdadeiramente eficazes começam pelo tempo disponível, e não pelo planejamento. Analisam como despendem o tempo disponível. Depois procuram eliminar o que não faz sentido dentro desse tempo. E, com o domínio do tempo, aí sim começam o planejamento.

10.58 *A gestão do tempo é dever essencial de todos os executivos. Alguns recorrem a secretárias, mas os mais eficazes acreditam que gerir o tempo é missão indelegável. Cada um faz de uma forma diferente – a que se sente melhor e que traz melhores resultados para seu desempenho. Muitos começam o dia repassando o tempo e os compromissos previstos, e terminam o dia fazendo um balanço da gestão do tempo daquele dia. Com as lições recorrentemente aprendidas vai eliminando com rapidez e decisão tudo o que não precisa ser feito. E, para concluir muito rapidamente o que não fazer, é suficiente responder à pergunta: "O que acontecerá se isto não for realizado?". Se a resposta for "nada", mais que óbvio, deixar de fazer.*

10.59 *"Onde posso oferecer minha melhor contribuição?" Essa é a pergunta que todos os profissionais devem se fazer permanentemente. "Onde poderei alcançar resultados que verdadeiramente façam diferença?"*

Resultados possíveis de serem alcançados, caso contrário, trata-se de imprudência, irresponsabilidade. E para que os resultados façam diferença, claro, devem ser significativos, visíveis e mensuráveis.

10.60 *Decisões desnecessárias não significam apenas perda de tempo e ou de dinheiro. Contaminam outras decisões as tornando ineficazes também. Cirurgiões têm de tomar decisões delicadas todos os dias. Assim, entendendo que todas as decisões envolvem algum tipo e grau de risco, procuram pautar-se em suas decisões pelas seguintes regras:*

Regra 1 – Em situações em que é possível e provável que a cura aconteça naturalmente, sem a necessidade de medicação, observar e controlar;

Regra 2 – Em situações degenerativas e de elevado risco, agir imediatamente, não obstante os riscos envolvidos;

Regra 3 – Situações intermediárias entre as duas primeiras. É o momento em que o cirurgião pondera riscos x oportunidades. É aí que se descobre a excelência de um cirurgião.

10.61 *O futuro exige decisões, agora. Comporta riscos, agora. Exige ação, agora. Exige distribuição de recursos e, acima de tudo, recursos humanos, agora. Exige trabalho, agora.*

A ideia do planejamento de longo prazo é uma série de mal-entendidos. O longo prazo constrói-se por decisões de curto prazo. Assim, tudo o que é planejado implica em compromissos para agora.

Leitura

Drucker, Sloan, GM, o Berço da Administração Moderna e de sua Ideologia, o Marketing

A história começa no ano em que nasci, 1943. Um dia, toca o telefone do adorado mestre PETER DRUCKER, e do lado de lá da linha está PAUL GARRET. Drucker atende, identifica-se e diz: "Pois não", e ouve a seguinte frase: "Eu me chamo PAUL GARRETT, sou o RP da General Motors. Estou ligando a pedido do vice-presidente da companhia, o Sr. DONALDSON BROWN. Ele me encarregou de contratá-lo para estudar os planos que a GM vem fazendo, as diretrizes decorrentes, e oferecer suas contribuições". Drucker ouviu o convite, agradeceu, e disse que daria uma resposta dali a alguns dias.

Segundo o adorado mestre: "Nenhum outro convite poderia ser tão inesperado e mais bem-vindo. Acabara de escrever meu livro *O FUTURO DO HOMEM INDUSTRIAL,* no qual concluo que a empresa moderna passa a ser a instituição básica e constitutiva de uma nova sociedade. E assim, para comprovar minha tese, precisava ter acesso a uma grande empresa por dentro. Tentei em vão conseguir que alguma empresa me permitisse realizar um estudo nessa direção e não conseguira. E naquele momento, era como se um convite tivesse caído do céu."

DRUCKER mais que aceitou. Mas, antes de darmos sequência aos seus primeiros passos na GM, preciso recordar com você o que aconteceu com o mestre no início dos anos 1940.

Drucker, Anos 1940

Drucker lecionava economia e estatística uma vez por semana no SARAH LAWRENCE COLLEGE, em BRONXVILLE, onde morava naquele momento. Fora convidado pelas Universidades de Harvard e Princeton para integrar o corpo docente das duas instituições. E em 1942, decidiu-se por uma posição em tempo integral no BENNIGNTON COLLEGE, tinha toda a liberdade de ensinar o que quer que fosse – teoria política, governo, história dos Estados Unidos, economia, filosofia, religião – o que entendesse ser mais relevante para os alunos.

Já colaborava regularmente com a *HARPERS MAGAZINE (Nova York) e com o SATURDAY EVENING POST* (Filadélfia). Vincent, seu segundo filho com DO-

RIS, já tinha nascido, e a família mudou-se para VERMONT no verão de 1942. Os pais conseguiram driblar a polícia de Hitler e saíram da Áustria, e seu pai foi lecionar economia internacional na Universidade da Carolina do Norte. Em 1941, aos 65 anos, mudou-se para WASHINGTON e passou a dar aulas na American University. Meses antes do telefonema do RP da GM, PAUL GAR-RETT, e na ânsia de estudar uma empresa por dentro e confirmar ou não sua tese, DRUCKER alugou um apartamento em Nova York para facilitar sua busca. Todas as tentativas revelavam-se infrutíferas. Estava desanimado e quase desistindo quando o telefone tocou e era Paul Garrett.

18 de Outubro de 1943

Retomando o curso da história, tocou o telefone e era o RP da GENERAL MO-TORS. Mal sabia o mundo e todos nós que ele convidaria o mestre para o momento mais extraordinário do século passado e da história da administração. A maior epifania dentre todas no território dos negócios. Juntar, num mesmo lugar, a mais extraordinária e revolucionária obra de uma liderança empresarial, ALFRED SLOAN JR., que resgatou uma empresa da morte ao reposicioná-la sobre a ótica do mercado, e um pensador sensível, capaz de entender a dimensão da conquista e converter todo esse aprendizado no mais espetacular conhecimento sobre a administração do mundo moderno e, então, em frangalhos depois de duas Guerras Mundiais. PETER DRUCKER, mergulhando de cabeça, coração e alma na obra antológica e revolucionária de ALFRED SLOAN JR. na General Motors. No dia 18 de outubro de 1943, PETER DRUCKER entra pela primeira vez na GENERAL MOTORS. É recebido por DONALDSON BROWN que, antes mesmo das apresentações, vai dizendo:

"Li seu livro *O FUTURO DO HOMEM INDUSTRIAL*. Nós aqui da GM estamos trabalhando com várias das coisas que você menciona – controle e governança de uma grande organização, estrutura e composição, o papel das grandes empresas na sociedade, e os princípios da ordem industrial. Não temos familiaridades com esses termos e nem somos cientistas políticos, e sim engenheiros ou homens de finanças. Mas minha geração na GENERAL MOTORS tem se dado conta, ainda que de maneira obscura, de que estamos realizando um trabalho pioneiro e único na história da humanidade. Pierre Du Pont que deu início a essa grande obra já nos deixou há anos. E nosso grande líder ALFRED SLOAN JR., que sucedeu du Pont, vem comandando a empresa nos últimos 20 anos, já passou da idade de se aposentar. Precisamos de alguém que seja capaz de entender e traduzir tudo o que criamos e conquistamos, possibilitando transmitir esse conhecimento para nossos sucessores. Imagino que você não saiba nada sobre a indústria automobilística e ainda muito pouco sobre o ambiente empresarial. Mas depois de lermos seu livro, concluímos que você seria capaz de estudar tudo o que construímos e, como cientista social, tornar organizado e compreensível nossa estrutura, diretrizes, relações internas e externas, de tal modo que nos possibilitasse transferir todo esse conhecimento para as gerações que nos sucederão. Se esse desafio interessa a você, DRUCKER, estamos propondo que passe os próximos dois anos conosco nessa missão, e pagaremos a você o mesmo que ganha com suas aulas".

DRUCKER, que passou meses atrás de uma oportunidade como essa, disse: "COMEÇO NA PRÓXIMA SEGUNDA-FEIRA, 25 de outubro". E nunca mais o mundo, as empresas, os negócios, a administração, os profissionais, os empresários, foram os mesmos. A chave das portas do melhor laboratório de business da primeira metade do século passado foi entregue ao mais sensível dos pensadores. E assim tem início a administração moderna e sua ideologia, o marketing.

25 de Outubro de 1943

PETER DRUCKER chega para seu primeiro dia na General Motors. É recebido por DONALDSON BROWN, VP da empresa. DONALDSON dá boas-vindas e bom-dia ao mestre, e sugere: "Recomendo que comece seu périplo pela nossa empresa entrevistando e conhecendo de 10 a 12 de nossos principais executivos, pessoas-chave no sucesso da empresa. Para colher suas impressões e julgar-se o suficientemente informado sobre nossas crenças e DNA, para agendarmos um primeiro encontro seu com ALFRED SLOAN JR. Ele é a GM. É o grande maestro. Todos nós fazemos parte da orquestra. Assim, para que esse primeiro encontro seja o mais produtivo possível, acho importante o senhor ter conhecido um pouco melhor como somos, e qual é nossa alma."

Drucker concordou, e disse: "Desses 10 ou 12, com quem você recomenda que eu converse primeiro?". "ALBERT BRADLEY, nosso diretor financeiro e meu sucessor como vice-presidente executivo mais adiante. No futuro, muito provavelmente será o presidente do Comitê Executivo da GM. É dentre todos os profissionais da empresa quem mais perto e por mais tempo trabalhou com

ALFRED SLOAN JR. Vou pedir que o departamento pessoal forneça ao senhor as credenciais e o currículo dele."

"No dia seguinte" – revela Drucker – "eu recebi o currículo de todas as pessoas que deveria entrevistar, menos de ALBERT BRADLEY." O encarregado do pessoal justificou: "Estamos temporariamente sem nenhuma cópia, você receberá amanhã". Drucker registra em suas anotações: "Obviamente havia algo no passado de BRADLEY que eles queriam esconder. Mencionei isso a Brown, e ele, rindo, disse: "Vou lhe arranjar a biografia de Bradley e depois você me dirá o que estamos escondendo."

No seu segundo dia na GM, Drucker recebeu todos os currículos inclusive o de ALBERT BRADLEY. Em verdade e contrariando a impressão do mestre, não havia nada a esconder.

Brincando com DRUCKER, BROWN disse: "Como você pode constatar, a GM tem mais pessoas de formação universitária que a média das indústrias americanas. SLOAN, por exemplo, tem um diploma de engenharia do MIT, eu tenho um da VIRGINIA POLYTECHNIC, e WILSON, nosso presidente, formou--se pela CARNEGIE UNIVERSITY. Mas temos muita gente que também começou de baixo. No comando de cada unidade de negócios temos um craque. KNUDSEN, que hoje cuida de um programa voltado para a força aérea americana; DREYSTADT, que pilota a divisão CADILLAC; MERCEDES CURTICE, na BUICK; COYLE, na CHEVROLET."

Em verdade, o que DRUCKER descobriu é que BRADLEY escondia suas credenciais para não constranger todos os que ascenderam na GM, mas não tinham formação superior. Já o maestro da grande orquestra, ALFRED SLOAN JR. revelava grande orgulho de sua passagem pelo MIT (Massachusetts Institute of Technology). Nos anos em que se graduou, ostentou sempre as melhores notas dentre todos os alunos de todas as turmas. Notas jamais alcançadas por qualquer outro aluno. Quando morreu, SLOAN deixou parte de sua fortuna para o MIT, a sua própria fundação e o Hospital de Câncer Sloan-Kettering, de Nova York. Uma das maiores obras de SLOAN foi a criação do GMTI (General Motors Technology Institute), onde os operários da GM que quisessem poderiam estudar. Em todas as ocasiões em que conversavam, SLOAN dizia a DRUCKER: "Precisamos de pessoas com formação universitária. A indústria está se tornando complexa demais para alguém ascender em sua carreira sem uma educação formal". Mas era o mesmo SLOAN quem recomendava que para fora sempre se estimulasse pessoas talentosas, mas sem educação formal a

EXECUÇÃO ■ 221

interessarem-se pela GM. Sloan dizia: "Não creio que devamos dar ao público a impressão de que é necessário um diploma para fazer carreira na indústria americana. Assim, prefiro destacar aqueles que aqui começaram como mecânicos ou escriturários".

Fim das Entrevistas e suas Primeiras Impressões

Drucker terminou de entrevistar os principais executivos da GM e começou a descrever suas impressões: "Dos executivos que entrevistei, e de outros que acabei convivendo, não havia dois iguais. Incrível a diversidade de personalidades, temperamentos e idiossincrasias, num contraste absoluto com o mito da BUROCRACIA ORGANIZACIONAL, que prevalecia até então. Mas de todos esses personagens, três ou quatro ainda se revelam presentes em minha memória, passadas mais de três décadas. A começar por DONALDSON BROWN, VP da empresa, e quem me recepcionou logo no primeiro dia. BROWN era conhecido na GM como o cérebro da empresa, mas, surpreendentemente, todos diziam que ele não falava a língua dos homens. Dele vinham as principais ideias. Foi dele, BROWN, a ideia dos novos controles financeiros, a política de expansão no exterior, planos de remuneração e gratificação, e os melhores métodos para solucionar conflitos. Mesmo assim, era evitado porque as demais pessoas não entendiam o que BROWN falava. Depois que terminava de falar, ALFRED SLOAN JR., fazia a tradução. Em verdade, as pessoas não tinham paciência. Absolutamente caótico e confuso em sua genialidade, tinha imensa dificuldade em explicar todas aquelas ideias geniais que para ele eram óbvias. E assim levava dezenas de minutos para explicar o que o mais comum e medíocre dos mortais levaria não mais que três minutos. E como eu era paciente, logo ganhei sua atenção, simpatia e amizade".

Dentre as confidências que BROWN fez a DRUCKER, a história de seu casamento. Um dia seu chefe o chamou e disse que se quisesse ter chances de chegar ao comando da companhia, teria de se casar com uma DU PONT. E deu a ele uma lista de 28 solteiras da família esperando por um marido. BROWN contou a DRUCKER como terminou essa história: "O problema é que uma das moças da lista, GRETA DU PONT, e eu havíamos nos casado secretamente um ano antes, mas não ousamos contar para nossas famílias. Finalmente fomos obrigados – GRETA engravidou – e os DU PONT nunca me perdoaram por ter me casado com a garota certa na hora errada".

Marvin Coyle, Divisão Chevrolet

O mestre segue conhecendo a GM. Seu próximo entrevistado é MARVIN COYLE, o presidente da divisão CHEVROLET. Segundo DRUCKER: "COYLE tinha a estampa de um velho e bom contador. Lembrava a figura caricata e teatral de um policial irlandês. Enorme, branco, atlético e embrutecido. Um verdadeiro caxias; extremamente duro com seus subordinados. "Um dia", diz DRUCKER, "eu estava com ele em seu escritório e o teletipo, que ficava num canto da sala, começou a matraquear. Era o gerente da fábrica de KANSAS CITY avisando a MARVIN que estava saindo para o almoço".

A divisão Chevrolet representava metade do negócio de toda a GM. As outras quatro divisões, os restantes 50%. Dentre todos os presidentes de cada divisão, MARVIN foi quem mais resistiu à descentralização defendida por ALFRED SLOAN JR. Anos depois, as divisões descentralizadas, acabaram revelando e produzindo os melhores talentos da empresa. Nenhum dos sucessores no comando, não obstante o tamanho da Chevrolet, foi revelado e forjado na unidade comandada por MARVIN COYLE. Por outro lado, foi MARVIN COYLE quem melhor adotou a prática de contratar treinamentos e professores fora da empresa. Nas palavras de DRUCKER: "MARVIN COYLE foi um dos primeiros da indústria americana a utilizar recursos externos para a capacitação e aperfeiçoamento dos jovens gerentes da empresa". Ou seja, ao mesmo tempo em que não acreditava ser a descentralização o melhor caminho para a divisão que comandava, promovia a presença de profissionais de outras empresas no processo de treinamento de sua equipe.

"Em cima de toda essa experiência", – diz nosso mentor Peter Drucker – "escrevi o livro *CONCEPT OF THE CORPORATION*" (traduzido de forma medíocre e equivocada no Brasil como *CONCEPÇÃO DA COMPANHIA INDUSTRIAL*). Esse livro, baseado na obra monumental de ALFRED SLOAN JR., na GM, e documentada, organizada, revelada, analisada, interpretada e aperfeiçoada pelo mestre, tornou-se a obra de referência de todas as empresas no início dos anos 1950, de um mundo que se reconstruía a partir da Segunda Guerra Mundial, e onde começava a se entender a verdadeira forma de se organizar da empresa moderna: de fora para dentro. Do mercado e dos clientes para a empresa, privilegiando a descentralização das operações e a centralização das definições estratégicas. E, dentre essas empresas, a FORD, conforme comenta PETER DRUCKER: "Quando o jovem HENRY FORD II substituiu seu avô na direção da empresa, estudou meu livro que acabara de ser lançado e passou a contratar administradores da GM na tentativa de salvar uma empresa que descia ladeira abaixo e estava num morre-não-morre... A descentralização do modelo da GM tornou-se rapidamente o cabedal das firmas americanas de consultoria, ao se expandirem internacionalmente nos anos 1950".

Nick – Nicholas Dreystadt

NICHOLAS DREYSTADT – NICK – assumiu o comando da divisão CHEVROLET no lugar de MARVIN COYLE, que se aposentara. NICK vinha de uma unidade menor, a CADILLAC.

DRUCKER, ao despedir-se de MARVIN COYLE, os dois lembraram-se das intermináveis discussões que travaram sobre descentralização. Segundo Drucker, muitas vezes, diante das cobranças que fazia, COYLE saia do sério: "Diga-me você como devo descentralizar a CHEVROLET antes de ficar aqui só criticando". "COYLE", finalizada o mestre, "era uma pessoa difícil de gostar, mas jamais deixei de respeitar sua honestidade intelectual e sua capacidade e coragem de dizer coisas impopulares e fazer perguntas desagradáveis".

Já seu substituto, conta o mestre, era o oposto: "Se COYLE era gélido, NICK irradiava calor humano. Se COYLE era temido; Nick, amado. Se COYLE, impessoal; NICK preocupava-se com as pessoas, preocupava-se com o que faziam quem eram, e as respeitava como indivíduos. COYLE só se vestia impecável em sarja azul e sapatos pretos pesadões. NICK usava velhos paletós de tweed, cheios de buracos das brasas que caiam do cachimbo. Sua secretária guardava alguns pares de sapatos no armário do escritório, pois, frequentemente, aparecia calçando pares trocados".

Não obstante esses traços de personalidade, NICK tinha uma elevada reputação pela sua performance à frente da unidade CADILLAC – o negócio mais exclusivo e lucrativo da GM. O que o credenciava para ser o próximo presidente da empresa. Mas, conta DRUCKER, que as circunstâncias reservavam notícias ruins para NICK, que acabou falecendo seis meses depois de assumir o comando da CHEVROLET, em 1946, devido a um câncer na garganta, aos 48 anos de idade e, na aparência, saúde perfeita. E aí, lembra DRUCKER, chegou a depressão Pós-guerra e impactou fortemente todos os negócios da GM.

O Fim das Primeiras Entrevistas

Agora DRUCKER já concluiu as primeiras entrevistas. Conversou detalhadamente com uma das cinco divisões da GM, a maior de todas, responsável por

50% do faturamento da empresa, a divisão CHEVROLET. Estamos no exato momento em que NICK – NICHOLAS DREYSTADT – é escolhido para substituir MARVIN COYLE. Mal sabendo que morreria meses depois em função de grave doença. Nick, ainda comandava a divisão CADILLAC quando veio a depressão, logo após a Segunda Guerra Mundial. Durante a Depressão, das cinco divisões, CHEVROLET e CADILLAC resistiram, mas as outras três, BUICK, OLDSMOBILE e PONTIAC foram agrupadas em uma única, e assim permaneceram durante anos.

Em verdade, conta o mestre, a que estava em pior situação e prestes a ser descontinuada era a divisão CADILLAC. Disseminou-se na empresa a ideia de que era impossível, numa economia em depressão, vender-se carros de preço tão alto. E assim seria, não fosse um dia, NICK conseguir participar de uma reunião da cúpula da GM em que falou durante 10 minutos. Apresentou um plano e garantiu que tornaria a CADILLAC próspera novamente, em no máximo 18 meses. Mudou radicalmente o posicionamento da divisão, e o CADILLAC, em vez de ser promovido como um carro caro e luxuoso, passou a ser comunicado e vendido como um carro que conferia status a seus proprietários. Sua proposta veio de observar as pessoas que compravam o CADILLAC já há algum tempo.

Atenção! Agora uma importante revelação do adorado mestre e mentor PETER DRUCKER. De onde NICK tirou a molécula, a semente, para seu plano. Emocionante! A GM, por política, não vendia o CADILLAC para negros. Acreditava que, usando a palavra lamentável, mas mais comum na época, isso poderia "denegrir" a marca e afastar os brancos. Conclusão, segundo as observações de Nick, os principais compradores do CADILLAC eram os negros ricos – artistas, boxeadores, médicos, corretores de imóveis. Negros. E como a GM não vendia CADILLACS para negros, eles compravam de brancos e pagavam ágio. Brancos que compravam exclusivamente para vender para os negros. NICK concluiu que o CADILLAC era o único símbolo de status que os negros podiam comprar. NICK cumpriu o combinado. Antes dos 18 meses, a divisão CADILLAC vendendo para os negros converteu-se na divisão mais lucrativa da GM. Simultaneamente mudou todos os processos de produção. A ponto de conseguir equiparar o custo de se produzir um CADILLAC ao mesmo custo de se produzir um CHEVROLET. E foi nesse exato momento que PETER DRUCKER concluiu tratar-se de bobagem continuar tratando a evolução das empresas como decorrente de supostas e futuras revoluções industriais. Anotando e registrando as conquistas de NICK, e que disse ao mestre: "PETER, a produção em massa não é o que HENRY Ford pretendia fazer. Definitivamente, não é a linha de montagem. A linha de montagem é apenas o instrumento. Produção em massa é usar a cabeça, o conhecimento, e produzir melhor". E ainda foi com NICK que DRUCKER recolheu outros importantes ensinamentos. Dentre todos, talvez o maior.

Um dia DRUCKER estava na sala de NICK quando entra um de seus mestres de produção e diz o seguinte: "NICK, fulano de tal não está à altura de continuar trabalhando conosco", esperando autorização para despedi-lo. E NICK disse: "Conte-me como ele cuida das ferramentas, como se relaciona com seus colegas de trabalho, como trata você?". O mestre de produção respondeu: "Bem, nada a reclamar, mas o problema é que ele não sabe trabalhar". E NICK disse: "Nós na GM não contratamos funcionários para 90 dias; nós os contratamos para 30 anos. No decorrer desses 30 anos ele certamente chegará à altura dos padrões do serviço, já que todas as demais credenciais e virtudes – respeito às pessoas, a si próprio, aos colegas de trabalho e às ferramentas – ele tem".

Visor de Bombardeio e as Prostitutas Negras

Este é um dos episódios mais marcantes e nebulosos testemunhados por PETER DRUCKER na GENERAL MOTORS, prestando serviços de consultoria e, ao mesmo tempo, tentando compreender e decodificar todas as conquistas revolucionárias de ALFRED SLOAN JR. no comando da empresa, conquistas que mudaram para sempre a ciência e a arte de administrar empresas. A GM aceitou a encomenda de produzir para as Forças Armadas dos Estados Unidos, uma peça de altíssima precisão – visor de bombardeio que utilizava eletrônica – e confiou a missão à divisão Cadillac, comandada por NICHOLAS DREYSTADT, o NICK.

Durante a guerra, muitas indústrias tornaram-se fornecedores compulsórios das Forças Armadas Americanas. A Guerra aproximava-se de seu final e, naquele momento, não existia nenhum tipo de mão de obra disponível na cidade de DETROIT, quanto mais operários especializados. NICK, ao receber a missão, não apenas aceitou como disse: "Se nós da Cadillac não formos capazes de fazê-lo, quem será?".

Conta DRUCKER: "Naquele momento, a única mão de obra disponível em DETROIT eram prostitutas negras desgastadas pelo tempo. Para surpresa, espanto e horror generalizado, NICK contratou 2 mil delas. E ainda exigiu que a GM contratasse também suas líderes e cafetinas. A maioria não sabia ler e não havia tempo para alfabetizá-las. Antes de treinar as prostitutas, NICK foi até a fábrica e aprendeu a montar os visores. Quando aprendeu a técnica, mandou que todo o processo fosse filmado. Depois separou os fotogramas e criou um diagrama de fluxo de produção com três luzes. Uma vermelha que informava a cada operadora o serviço já realizado, uma verde para indicar o que precisava ser feito na sequência, e uma amarela indicando o que precisava ser conferido antes de seguir adiante. Em poucas semanas, aquelas mulheres analfabetas e devastadas pelo tempo e pela vida estavam trabalhando mais e melhor do que os operários especializados. Mas, na cidade, e nos concorrentes, os comentários maldosos e cruéis cresciam de intensidade. Chamavam aquela unidade de fabricação de a 'zona da GM'. NICK, inconformado, respondia: 'Estas mulheres são as minhas e as suas companheiras de trabalho. Seja qual for o seu passado, merecem o mesmo respeito que todos os demais trabalhadores. Os sindicatos eram comandados na época por homens, brancos, machistas, que abominavam mulheres brancas como companheiras de trabalho, quanto mais prostitutas e negras, como não se cansavam de repetir'. Quando a guerra terminou e os soldados retornaram, trocando a farda pelo macacão de trabalho, como NICK previra, quase todas foram dispensadas. NICK fez tudo o que estava ao seu alcance. Em sucessivas entrevistas na imprensa dizia, 'Estas pobres miseráveis estão sendo remuneradas decentemente, trabalham em condições humanas e têm alguns direitos. Pela primeira vez, sentem uma certa dignidade e respeito próprio. É nossa obrigação impedir que sejam novamente rejeitadas e desprezadas'".

Muitas das prostitutas demitidas tentaram o suicídio; algumas conseguiram. "Lembro-me de NICK", diz DRUCKER, "com a cabeça entre as mãos, e em lágrimas dizendo: 'Deus, me perdoe, eu desenganei essas pobres almas'. Uma espécie de derivativo do antológico conto BOLA DE SEBO, de GUY DE MAUPASSANT, décadas depois, convertendo-se em triste e lamentável realidade.

As Primeiras Recomendações

Agora nosso adorado mestre já terminou todas as entrevistas com os principais executivos da GM, e inicia um relato de algumas de suas recomendações. Fala de um dos profissionais com quem mais se relacionou na empresa, e que usava sapatos com uma sucessão de furos na sola, CHARLES E. WILSON, presidente e diretor de operações da GM: "Todos na GM foram delicados comigo. Mas apenas uma pessoa da alta administração estava genuinamente interessada nas minhas tarefas. Foi a única pessoa a prestar atenção em minhas recomendações e converter a maior parte delas em realidade. CHARLES E. WILSON. Foi ele também o único alto executivo da empresa que manteve contato comigo após a conclusão de meu trabalho de consultoria, e durante todos os anos em que permaneceu no comando da GM, sucedendo ALFRED SLOAN JR. Em verdade, só conheci CHARLES WILSON quando praticamente tinha terminado todas as entrevistas. Quando comecei, ele permaneceu muitos meses em licença por motivos de saúde. Durante a guerra, ficou encarregado de converter uma parte da fábrica da GM em unidade de produção bélica. Durante dois anos, e dada a emergência da guerra, não teve um único dia de folga. No NATAL de 1943, todos os contratos de produção de guerra da GENERAL MOTORS estavam dentro do prazo ou adiantados. Foi nesse momento que WILSON teve um acidente circulatório, uma espécie de derrame por exaustão total. E jamais se recuperou plenamente. Um dia, Wilson foi conversar com EISENHOWER e os cartunistas descobriram os buracos na sola de seu sapato. Foi uma festa. Mas os buracos estavam lá de propósito. A circulação sanguínea de seus pés ficara permanentemente prejudicada e sem os buracos nas solas do sapato jamais poderia usar os mesmos. Sofria de dores de cabeça atrozes e notava-se um leve defeito na fala – quando ficava cansado misturava os sons. Seu médico ordenou que ficasse em repouso no mínimo por seis meses, mas três meses depois estava de volta, e assim que chegou mandou me chamar. Quando entrei em sua sala, disse: 'Conte-me, Drucker, o que você anda fazendo?'".

Embora Drucker soubesse que essa não era exatamente a expectativa da empresa ao contratá-lo, ele disse a WILSON que pretendia fazer uma primeira e completa descrição de cargos e funções, e tornar mais clara e compreensível a relação da empresa com seu capital humano. Wilson, inflamado, conta o mestre, interrompeu-o e disse: "Nos meses em que estive parado pensei muito sobre o futuro da GM e cheguei às mesmas conclusões que você agora está falando, DRUCKER. Moldar a estrutura e formular os princípios constitucionais de uma grande empresa industrial foi a grande realização dos fundadores da companhia, a geração passada. Desenvolver o senso de cidadania e comunidade é a tarefa da próxima geração".

O Aguardado Encontro, Sloan e Drucker

Finalmente, o mestre chega ao gênio que produziu o milagre, resgatando a GM da falência e a convertendo na primeira empresa a se reposicionar e reinventar sob a ótica do mercado e do cliente, e não mais de dentro para fora como procediam as empresas até então. Ele, ALFRED SLOAN JR.

Relata o mestre: "Por mais interessantes e capazes que fossem todos esses executivos da GM, foi se tornando cada vez mais claro, à medida que conversava com eles, que eram de fato e apenas o elenco de apoio. A superestrela era ele, ALFRED SLOAN JR. Todos os administradores da empresa que conheci exalavam confiança em si mesmos, manifestavam opiniões ferrenhas e inabaláveis, e certamente não tinham papas na língua. Mas quando pronunciavam o nome de Sloan, suas vozes mudavam, e quando diziam 'O Sr. Sloan concorda com isso', pareciam, pelo tom, estar citando as Escrituras Sagradas".

"Ouvi" – diz DRUCKER – "dezenas de história sobre SLOAN, mas a que me marcou mais continua sendo o dia em que DREYSTADT invadiu a sala de reuniões do comitê executivo e pediu uma chance para salvar a divisão CADILLAC e um dos diretores o advertiu, 'lembre-se de que se fracassar, não terá mais emprego na GM', imediatamente interrompido por SLOAN que falou, 'Se fracassar, Sr. DREYSTADT, não terá mais emprego na Cadillac. Não haverá mais Cadillac, mas, enquanto houver uma GM e enquanto eu a dirigir, sempre haverá lugar para uma pessoa que assuma responsabilidade, que tome iniciativa e que tenha coragem e imaginação. Quanto ao senhor – Sr. Dreystradt –, não se preocupe com a Cadillac. Seu futuro na GM é minha preocupação'."

Drucker conta sobre Sloan

Drucker a partir de agora começa a narrar sua relação com o genial ALFRED SLOAN JR., que tirou a GM da falência e a fez líder do mercado de automóveis por mais de 70 anos consecutivos. Este é o relato de suas primeiras impressões sobre ALFRED SLOAN JR.: "Quando conheci ALFRED SLOAN fiquei decepcionado. Um homem magro, de altura média, com um rosto comprido e equino, e usando um enorme aparelho para surdez. Pareceu-me pouco cativante. Seus cabelos eram brancos, com nuances do ruivo que haviam sido, e com o temperamento típico de homens de cabelo de fogo. Era conhecido por seus assomos de cólera. O timbre da voz era irritante, sotaque carregado do Brooklyn, onde foi morar com a família aos 10 anos de idade, tendo nascido em NEW HAVEN, em CONNECTICUT. Porém, já em suas primeiras manifestações, revelou as qualidades que lhe conferiam uma autoridade moral inabalável sobre sua equipe de profissionais poderosos, agressivos e independentes. Foi logo dizendo: 'Sr. DRUCKER, como deve ser de seu conhecimento, eu não fui o responsável por sua contratação. Aliás, não via razão para. Mas submeti-me à decisão de meus colegas de diretoria. Portanto, é meu dever assegurar que consiga realizar o melhor trabalho de que é capaz. Não hesite em me procurar sempre que achar que eu posso ajudá-lo. Fique à vontade para fazer todas as perguntas que desejar. É preciso garantir que o senhor tenha acesso a todas as informações que considere essenciais para seu trabalho de consultor. Confesso que pensei muito sobre o que seria necessário para seu trabalho. É a primeira vez que contratamos esses serviços e não imagino que voltaremos a fazê-lo. Mas imagino que deveríamos garantir seu acesso total à cúpula da GM, às reuniões, tomando conhecimento de como trabalhamos e de como nossa empresa funciona. Contamos com a sua discrição e dever profissional ao preservar todas as informações a que terá acesso'".

E antes de encerrar sua manifestação, Sloan ponderou: "Claro que não vou dizer como o senhor deve proceder e que conclusões nos apresentar, mas antecipo que a GENERAL MOTORS tem 35 vice-presidentes, todos eles muito diferentes uns dos outros. E todos eles qualificados e capacitados a decidirem sem a ajuda de um consultor. Assim tudo o que esperamos é que apenas nos diga o que pensa ser certo, sem se preocupar com quem está certo. Em pouco tempo descobrirá, ao apresentar suas análises e recomendações, se eu achei certas ou erradas as coisas que o senhor disse serem certas ou erradas".

E para surpresa de seus seguidores e mentorados, como é o meu caso, DRUCKER confessa que fraquejou: "Sloan foi mais que fiel às suas palavras. Até o fim não considerou meu estudo e recomendações de alguma utilidade, mas fez tudo o que estava a seu alcance para me garantir os meios necessários a consecução da consultoria. Inexperiente, deixei-me tentar pelas concessões em busca de apoio de alguns executivos da empresa".

Uma Reunião

Num determinado dia, saindo de uma reunião de diretoria, SLOAN levou DRUCKER até sua sala para uma conversa síntese. Aliás, como sempre procedia ao final de cada reunião. E disse a ele, como fazia sempre, se tinha alguma dúvida ou gostaria de fazer algum comentário. Drucker disse: "Sr. ALFRED, mas por que poderiam lhe interessar as objeções que eu venha a fazer? O senhor, afinal, tem cinquenta anos ou mais de experiência. E SLOAN respondeu-me, 'É precisamente por isso que eu me interesso e que devo me interessar... Sou o chefe há cinquenta anos e estou acostumado às coisas do meu modo. Mas preciso verificar se não sou um imperador sem roupas, e ninguém da GM jamais dirá que o rei está nu'".

As Reuniões de Diretoria

Anota PETER DRUCKER: "SLOAN me fazia participar regularmente das reuniões da cúpula da GM. Após cada reunião íamos, ele e eu, para a sua sala e ele me perguntava sobre sentimentos, sensações e dúvidas de tudo o que acabara de ouvir e testemunhar. Nos dois anos em que frequentei essas reuniões, a GM tomou decisões fundamentais sobre suas diretrizes pós-guerra, assim como investimentos, expansão em novos mercados. Mas a emergência da guerra, decisões que precisavam ser tomadas o mais rápido possível, muito especialmente sobre pessoas, fizeram com que a empresa perdesse o hábito de olhar mais adiante, de pensar e se planejar estrategicamente. Com o passar do tempo, SLOAN foi se convertendo muito mais em alguém que observava e se inteirava dos trabalhos das comissões de profissionais de cada uma das áreas da empresa.

Encarregava-se mais de conduzir os debates do que se antecipar em decidir no lugar de seus profissionais. Ou seja, sua virtude maior era comportar-se como um verdadeiro líder e sempre acreditando que jamais poderia estar presente em todos os momentos e decisões. Assim, o segredo do sucesso era ter as pessoas certas em cada cargo e função. Dentre todos os episódios sobre essa crença, e que vivemos juntos, o que mais me marcou foi o seguinte. Numa reunião de uma das unidades, passamos horas discutindo uma posição do terceiro nível da hierarquia. Mecânico-mestre de uma pequena divisão de acessórios. Quando íamos indo embora perguntei para SLOAN: Como o senhor pode despender quatro horas para um cargo secundário como esse? SLOAN parou, olhou bem nos meus olhos, e disse: 'Querido amigo DRUCKER, esta companhia me paga um bom salário, para tomar decisões importantes e certas. Diga-me se existe alguma decisão mais importante do que aquelas que tratam da gestão de pessoas? As que vão realizar o trabalho. Nós aqui, do 14º andar, podemos ser muito espertos. Mas, se aquele mecânico em DAYTON for a pessoa errada, nossas decisões não valerão nem um tostão furado. É ele que torna realidade prática tudo o que decidimos. Por outro lado, DRUCKER, quanto a gastar muito tempo, esquece. Quantas divisões temos? Isso mesmo, 47. E quantas decisões tomamos no ano passado sobre pessoas? 143. Ou seja, apenas três por divisão não obstante todo o tumulto causado pela guerra. Assim, se não investíssemos quatro horas na busca e colocação da pessoa certa na posição certa, seguramente despendíamos 400 ou mais tentando consertar o erro e, como o senhor sabe, não dispomos desse tempo'".

Um Momento Sublime

Em uma das muitas conversas que tiveram sobre o capital humano das e nas empresas, um momento sublime. ALFRED SLOAN JR. diz a DRUCKER: "Sei que o senhor me considera um bom juiz das pessoas. Creia-me, esse homem ainda está para nascer. Existem apenas indivíduos que tomam decisões acertadas sobre pessoas, e isso significa que tomam vagarosamente, e indivíduos que tomam decisões erradas sobre pessoas e que depois convivem bem ou mal com seu arrependimento. Nós aqui na GM cometemos menos erros, não por sermos melhores julgadores do ser humano, mas por sermos conscienciosos. A primeira regra que seguimos é antiga. NÃO PERMITIR QUE NINGUÉM NOMEIE O PRÓPRIO SUCESSOR. O resultado, quando isso acontece, é uma cópia sempre de pior qualidade".

"Interrompi SLOAN nesse preciso momento", diz DRUCKER, "e perguntei a ele: E sua sucessão? E ele diz: 'Pedi à comissão executiva do conselho que se encarregasse dela. Não lhes disse quem eu recomendaria embora quisessem saber. Avisei-os de que lhes informaria se escolhessem alguém que eu julgasse incompetente para a posição. Não se decidiram por alguém que eu escolheria, mas por alguém a quem eu não teria nada a objetar. As decisões' – concluiu – 'sobre pessoas são as únicas verdadeiramente cruciais. O único erro que jamais se pode cometer. O Sr. DRUCKER acredita e todos acreditam que uma empresa pode ter melhores pessoas. O máximo que se pode conseguir é colocar as pessoas certas nos lugares certos – não necessariamente as melhores pessoas – e só assim terão um bom desempenho'."

Decisões sobre Pessoas

"As decisões sobre pessoas invariavelmente provocavam debates acalorados na direção da GM. Lembro-me de uma reunião em que se analisava a performance de um candidato a uma promoção. Em suas realizações na GM o fato de ter enfrentado e superado uma crise de forma magistral, ter resolvido um outro problema complicado com sensibilidade e rapidez... E os elogios e referências continuariam não fosse ALFRED SLOAN JR. interromper: 'Verdadeiramente impressionante o que esse senhor já realizou, mas ainda não ouvi nenhum de vocês dizer sobre porque ele se envolve e participa de tantas crises que depois se

232 ■ DRUCKER, FOREVER

desvencilha com qualidade'. Fez-se o silêncio, e todos se deram conta de que aquele profissional fomentava crises exclusivamente para demonstrar sua suposta capacidade."

Por outro lado, lembra-se DRUCKER dos comentários de SLOAN sobre um outro profissional. Todos o criticavam e apontavam seus erros e defeitos. SLOAN apenas disse: "Muito bem, todos os senhores se encontram mais que informados sobre tudo o que esse senhor não sabe fazer e dos erros que cometeu. Imagino que para chegar até aqui ele tenha feito coisas importantes. Vocês poderiam me dizer o que ele é capaz de fazer?". E aí disseram, e SLOAN decidiu: "Tudo bem, não se trata de uma pessoa brilhante, não tem raciocínio ágil e é uma pessoa apagada e monótona. O que jamais o impediu de ter um ótimo desempenho. Assim, vamos promovê-lo a gerente geral da divisão". E anos depois constatou-se o acerto de Sloan. Dentre todas as divisões, a que apresentou os melhores resultados foi a dele.

Ataques de Fúria

Segundo PETER DRUCKER, SLOAN geralmente trancava a porta de seu escritório e ordenava não ser perturbado durante seus ataques de fúria. Drucker conta que "Um dia, a secretária de SLOAN faltou por motivo de doença, e um alto executivo entrou em sua sala e eu atrás, no exato momento em que ele protagonizava um de seus ataques. Fora de si, e derramando palavrões. O executivo que invadiu sua sala era JOHN THOMAS SMITH, o advogado da companhia e de sua total confiança. Sloan estava literalmente puto com um executivo que tomara uma decisão desastrosa. SMITH olhou para SLOAN e disse: 'Se esse profissional o irrita a esse ponto, por que não o manda embora?' No ato, SLOAN acalmou-se e disse, 'Mandá-lo embora? Que ideia absurda, esse homem realiza coisas'".

De outra feita, conta DRUCKER, "Um gerente geral recém-nomeado estava enfiando os pés pelas mãos, protagonizando um papel ASININO – comportando-se como um asno. Funcionário de carreira, sendo desmoralizado por um diretor por não saber responder perguntas básicas. Pior ainda, tentava improvisar nas respostas em vez de permanecer calado. O funcionário já estava próximo de desmaiar quando SLOAN interveio, ajudando nas respostas e chamando as perguntas para si. Terminada a reunião", diz o mestre, "saí com SLOAN. E perguntei a ele por que tinha sido tão bondoso com aquele profissional. E SLOAN me disse: 'PETER, como presidente do conselho desta companhia, é minha responsabilidade preservar nossas fontes geradoras de receitas e já investimos mais de 20 anos naquele profissional'".

O Livro de Sloan

Em suas anotações, PETER DRUCKER fala sobre o livro que ALFRED SLOAN JR. escreveu, e que vende até hoje, anos 2020. E continuará vendendo. Conta o mestre, "ALFRED SLOAN JR. escreveu seu livro *MEUS ANOS COM A GENERAL MOTORS* entre 1947 e 1952. O livro foi finalizado na época em que CHARLES WILSON deixou a GM para trabalhar ao lado do GENERAL EISENHOWER, em janeiro de 1953. SLOAN começou um périplo absurdo, visitando e mostrando a cada uma das pessoas que apareciam no livro os fatos que relatava e onde participaram, e pedia a todas que confirmasse o que havia escrito. Mais ainda e contrariando a recomendação de seu editor, disse a todos que citara de forma desfavorável que, em respeito a eles, só publicaria seu livro depois que morressem. Ou, se morresse antes, não autorizaria a publicação do livro. SLOAN quando tomou essa decisão estava com 78 anos. Diante da insistência de seu editor, ameaçou trocá-lo, dizendo: 'Você precisa acreditar e apostar na minha sobrevivência'. O livro foi publicado, como hoje é do conhecimento de todos. ALFRED SLOAN JR. viveu mais que todas as demais pessoas citadas em seu livro, falecendo aos 91 anos de idade, um ano depois da publicação do livro, que teve sua primeira edição esgotada em poucos dias".

No Brasil, o livro já teve três edições e dificilmente terá uma nova edição. Não que não mereça. É que pela nova dinâmica de venda de livros, os livros usados ganharam um canal que nunca tiveram. As próprias livrarias eletrônicas e *marketplaces*, como a AMAZON, onde, por exemplo, a última edição do livro de SLOAN tem alguns exemplares usados, em diferentes estados, à venda. Mais que recomendo.

Amizade e Trabalho

Uma das principais características de Alfred Sloan Jr., o primeiro e talvez maior dentre os gestores da administração moderna, é que jamais misturou amizade e trabalho, conta nosso adorado mestre PETER DRUCKER: "Assim, SLOAN isolou-se de todos os seus colegas. Sempre dizia que se tivesse amigos entre seus companheiros de trabalho teria predileções. E era pago para jamais tê-las. SLOAN sempre foi uma pessoa muito sociável quando jovem, tinha muitos queridos amigos. Mas todos, sem exceção, fora da GM. WALTER P. CHRYSLER, o fundador da CHRYSLER COMPANY, foi um dos grandes amigos de Sloan. Sempre procuravam passar as férias juntos, até a morte de WALTER, no ano de 1938. Em seu livro, num determinado trecho, Sloan escreve: 'Tem sido uma tremenda solidão desde que CHRYSLER morreu'".

DRUCKER conta que SLOAN e WALTER foram companheiros de trabalho na GM, quando WALTER comandava a divisão BUICK. E só depois, sim, é que se tornaram amigos. Em toda a sua vida profissional, SLOAN, diz DRUCKER, jamais manifestou sua opinião pessoal sobre qualquer pessoa. E, em seu livro de memórias, explica essa sua característica, que estava relacionada às pessoas que trabalhavam com ele na GENERAL MOTORS. Diz SLOAN, no seu livro: "Certas pessoas gostam de ficar sozinhas. Eu não. Sempre gostei de boas companhias. Mas tenho o dever de não fazer amigos em meu local de trabalho. Preciso ser imparcial e não posso sequer dar a impressão de ter favoritismos. O desempenho das pessoas, essa é a minha obrigação, e não as aprovar ou as aceitar trabalhando. Jamais manifesto minha impressão sobre a pessoa. Atenho-me exclusivamente a seu desempenho profissional".

A Eleição de Eisenhower

"SLOAN tinha um padrão de honra elevado. Embora não fosse o candidato de sua preferência, apoiou EISENHOWER em 1925, porque era a primeira chance de se eleger um republicano para a CASA BRANCA. Mas SLOAN indignou-se quando EISENHOWER se solidarizou com o senador JENNER, que havia atacado o antigo chefe de Eisenhower, o general MARSHALL, chamando-o de traidor. Mesmo não sendo grande admirador de MARSHALL, SLOAN achava inaceitável que EISENHOWER, um ex-protegido de MARSHALL, que devia sua carreira ao apoio que recebera de MARSHALL, cortejasse e adulasse Jenner. Quando um dia um amigo de SLOAN foi convidado para integrar o governo de EISENHOWER, ele disse: 'O senhor não pode recursar um convite do presidente dos Estados Unidos, mas esteja preparado porque será apunhalado pelas costas'. Pouco mais de um ano depois, o vaticínio de SLOAN se confirmou. E SLOAN comentou, 'Um homem que não tem lealdade para quem lhe deu a mão e ajudou a subir, certamente não hesitará um único minuto em ser desleal e defenestrar um subordinado'."

A reação de Sloan ao Livro de Drucker

"No final de 1946, publiquei meu livro sobre tudo o que vi, constatei e aprendi na General Motors, sob o título *CONCEPT OF THE CORPORATION*. Procurei ser o mais fiel possível, mas registrei também minha avaliação crítica e as sugestões e recomendações que fiz."

Isso, definitivamente não foi nem compreendido e muito menos assimilado pela GM, e por ALFRED SLOAN JR. Segundo nosso mestre e mentor PETER DRUCKER: "SLOAN considerava meu livro absolutamente inútil e rejeitou-o por completo. Jamais o criticou publicamente. Apenas o ignorou solenemente. Jamais mencionou meu livro e não admitia que se comentasse sobre o livro na sua presença. Quando um dos diretores da GM propôs enviar meu livro como presente de Natal para alguns amigos, SLOAN apenas disse: 'Eu não o faria, seus amigos pensarão que endossa as críticas à GM nele contidas'. Como jamais aceitou que meu livro fosse fidedigno à sua obra, ALFRED SLOAN JR. decidiu escrever o livro com sua versão oficial, *MY YEARS WITH GENERAL MOTORS*, publicado no ano de 1954."

SLOAN jamais faltou com respeito a DRUCKER, e vice-versa. Talvez o mestre devesse esperar mais alguns anos antes de publicar o seu livro, até mesmo para decantar um pouco mais tudo o que aprendeu e registrou na GM. Mas, por coincidência, no mesmo ano em que Sloan decidiu publicar sua versão oficial da sua GENERAL MOTORS, conduzida de forma brilhante pela sua liderança, em 1954, Drucker publica uma de suas obras-primas, *PRÁTICA DE ADMINISTRAÇÃO DE EMPRESAS*, com uma síntese primorosa de tudo o que viu e aprendeu na primeira empresa que se reinventou sob a ótica do cliente e do mercado, a GENERAL MOTORS.

Assim, no mesmo ano em que SLOAN publicou sua versão da sua GM, DRUCKER, repito, baseado nos quase dois anos que passou na empresa, anunciou ao mundo a ADMINISTRAÇÃO MODERNA e sua ideologia, o MARKETING. Nas palavras do autor da obra, ALFRED SLOAN Jr., seu livro registrava seus feitos na GM. Nas palavras de DRUCKER, em seu livro, os mesmos registros sobre a GM só que convertidos em aprendizados, lições e conhecimento. Ao leitor que dispuser de tempo, recomendo ler os dois livros ao mesmo tempo. Uma experiência fantástica.

Visões Opostas

Se SLOAN não gostou do que DRUCKER escreveu, nosso adorado mestre viu na obra de SLOAN a molécula inicial da ADMINISTRAÇÃO MODERNA e do VERDADEIRO MARKETING. E assim, mesmo comentando as conquistas, deu uma ênfase maior no conhecimento decorrente das realizações de SLOAN e seus

236 ■ DRUCKER, FOREVER

companheiros de GM. E como eu comentei com vocês, quiseram o destino e as circunstâncias que no ano em que ALFRED SLOAN JR. decidiu publicar seu livro com suas memórias e obra, DRUCKER publicou o monumental e épico livro que, baseado na obra de SLOAN, deu origem à ADMINISTRAÇÃO MODERNA e à sua ideologia, o MARKETING.

O livro *PRÁTICA DE ADMINISTRAÇÃO DE EMPRESAS*. Os dois livros lançados no ano de 1954. O de SLOAN, *MY YEARS WITH GENERAL MOTORS*, e o de Drucker, *THE PRACTICE OF MANAGEMENT*. Cuja primeira edição foi lançada no Brasil apenas em janeiro de 1962.

Em meu entendimento, e com todo o respeito, o adorado mestre errou em não conferir o mais que merecido crédito a ALFRED SLOAN JR. no prefácio de seu livro. Agradece a duas dezenas de empresários, muito especialmente a HAROLD F. SMIDDY, da GENERAL ELECTRIC COMPANY. Diz o mestre: "HAROLD, não obstante dúvidas e discordâncias, é de fato o padrinho deste livro". PETER DRUCKER diz que seu livro sobre a GM, *CONCEPT OF THE CORPORATION – A STUDY OF GENERAL MOTORS* – fora da GM, foi considerado exageradamente favorável à empresa. Mas dentro da GM pegou mal. Diz o mestre: "A maioria dos executivos da companhia me acharam hipercrítico e muitos reclamaram que fui até mesmo hostil. Por criticar a política trabalhista da empresa, a maneira como tratava os mestres, e a falta de descentralização nas mais importantes decisões. Ousei recomendar uma radical revisão estratégica no pensamento da empresa."

E conclui o mestre, com o que concordo integralmente com ele, sobre a verdadeira razão do desapontamento de Sloan. Diz DRUCKER: "ALFRED SLOAN JR. decidiu concretizar a tarefa que, no entendimento dele, eu fracassara, ao escrever seu livro. SLOAN, tenho certeza, estava convencido de que tratei sua obra na GM traduzindo o sentido da administração como uma disciplina. E, de verdade, esperava que eu me concentrasse na profissão e nos méritos do administrador. No caso, ele."

Drucker Fala Sobre Sloan

"SLOAN pertencia à geração dos proprietários. Quando tinha 23 anos pediu US$ 5 mil emprestado a seu pai, um comerciante de café, chá e tabaco e comprou uma pequena empresa próxima da falência. A ROLAMENTOS HYATT. Em seis meses, tirou a empresa do buraco e a fez lucrativa. Entendeu que a partir daquele momento os 'novos automóveis' eram o novo foco da empresa – o que os fundadores da HYATT jamais tinham considerado. Assim, e primeira providência, redesenhou os rolamentos originariamente concebidos para locomotivas e vagões de carga. E redirecionou a agora sua empresa, HYATT, para fornecer peças para HENRY FORD. Mais adiante, vendeu a HYATT para a própria GM, recebendo a maior parte da venda em ações da empresa, e assim, tornando-se um dos principais acionistas da GENERAL MOTORS.

Nesse exato momento quase todos os dirigentes eram ex-proprietários das empresas vendidas a grandes empresas, onde passaram a trabalhar. Assim, até então eram gestores acionistas, e não executivos e administradores profissionais. Foi nesse exato momento que as grandes empresas passaram por uma total transformação em suas lideranças e comando. Saíram os proprietários capitalistas e ingressaram os administradores profissionais. Os assalariados. SLOAN estava mais que consciente de que ele foi o primeiro dos verdadeiros ADMINISTRADORES PROFISSIONAIS, aquele que montou a primeira organização realmente comandada por administradores profissionais."

Henry Ford na Visão de Sloan, e o Relato de Drucker

"Aos olhos de SLOAN, HENRY FORD era e comportava-se como um proprietário. Isso explicava, segundo SLOAN, a sua monumental decadência após um espetacular e meteórico sucesso. Os últimos 20 anos da vida de FORD foram de extrema dificuldade. O mesmo, segundo Sloan aconteceu com WALTER P. CHRYSLER. Que já reconhecera que não fazia mais sentido ter uma empresa de propriedade, de dono, e não migrar para a profissionalização do negócio. Quando começou a caminhar nessa direção estava gravemente doente e acabou falecendo."

Já a GM, segundo SLOAN, e mais que reconhecido por Peter Drucker, conseguiu migrar de uma empresa proprietária para uma empresa profissional. E assim, afirma PETER DRUCKER, mudou a história da administração, criou o verdadeiro marketing, e deu início ao administrador profissional. DRUCKER concluiu suas considerações sobre o tema, afirmando: "*MEUS ANOS COM A GENERAL MOTORS* tornou-se, merecidamente, um best-seller. É um livro fascinante. Em verdade, o mais importante não é o que contém, porque não tratou diretamente do tema administrador profissional. É o que o leitor, nas entrelinhas, consegue intuir e constatar o nascimento do administrador profissional."

Um Título Errado

Segundo Drucker, o título do livro de Sloan é um equívoco: "Em vez de se chamar MEUS ANOS COM A GENERAL MOTORS, deveria se chamar A GENERAL MOTORS DURANTE OS MEUS ANOS. A GM é o herói do livro. Sloan é apenas um simples redator. Escondeu-se. Da sua pessoa – um homem altamente idiossincrático, profundamente envolvido e comprometido, interessantíssimo, com infinitos interesses – não existe o menor vestígio". Por fim, diz DRUCKER: "SLOAN era impiedoso com todos e consigo mesmo, e talvez por essa sua característica de personalidade tenha mudado a história da administração e do marketing. Para melhor, para muito melhor". E conclui o mestre: "Em todo o seu livro não existe uma única menção a GENERAL MOTORS TECHNICAL INSTITUTE, ao qual dedicou horas sem fim e que considerava sua realização mais importante. Mas acredita ser esse um interesse pessoal e não profissional e, assim, foi suprimido. E ainda, durante muito tempo, recusou-se a permitir que seus editores incluíssem até mesmo duas singelas páginas que falam de sua família, da sua infância e de sua juventude. E somente quando a obra já estava pronta e na gráfica é que autorizou a inclusão, num livro recheado de ilustrações, apenas uma, uma única fotografia de sua família. Pai, esposa, irmã e irmãos. Mesmo sendo um homem totalmente dedicado à família, permanecendo casado por mais de cinquenta anos com a mesma mulher".

Esse foi ALFRED SLOAN JR., um ser humano que tinha consciência de sua obra. Que estava mudando a história do mundo e criando o primeiro experimento orgânico, legítimo e consistente da ADMINISTRAÇÃO MODERNA e de sua ideologia, o MARKETING. E que encontrou em PETER DRUCKER o gênio que entendeu a obra e soube traduzi-la em ensinamentos que até hoje orientam e guiam empresas, empresários e profissionais de sucesso.

"Uma vez" – conta DRUCKER – "SLOAN disse a mim: 'Senhor DRUCKER, um cirurgião não extrai um apêndice porque é especialista em apendicite ou porque gosta de operar. Extrai porque o diagnóstico assim o exige'. E o livro de SLOAN" – conclui DRUCKER – "é sobre diagnose."

A Dimensão do Homem

"Quando ficou claro para todos, durante a Segunda Grande Guerra, que a FORD MOTOR COMPANY estava em profundas dificuldades, Sloan não conseguiu dissimular sua imensa preocupação". E para complicar mais a situação, o filho de

EXECUÇÃO ■ **239**

HENRY FORD, EDSEL, morre em 1944 e não existia mais ninguém minimamente preparado para tentar salvar a empresa.

Não tenho como nem garantir e muito menos provar, mas diversas fontes confiáveis me revelaram que durante meses Sloan juntou-se ao J.P. MORGAN e ao MORGAN STANLEY, banqueiros da GM, na tentativa de formular uma sociedade preparada para socorrer a Ford caso fosse necessário. Fornecendo o capital suficiente para sua reconstrução. Mais ainda, quando a Ford revelou sintomas de que poderia ser salva, Sloan facilitou a ida de alguns de seus principais executivos para trabalharem no resgate do concorrente.

Uma vez perguntei a ele do porquê desse comportamento, e ele me respondeu: 'É do interesse da GM. Se a Ford naufragar, perde o país. E é bem possível que o governo, na falta de alternativa, acabe intervindo na empresa, o que é péssimo para o ambiente corporativo e dos negócios. Assim, ajudar a FORD faz parte dos deveres e responsabilidades da GENERAL MOTORS'."

Últimos Relatos

Somando pequenas histórias, o registro do início da ADMINISTRAÇÃO MODERNA e de sua ideologia, o MARKETING, que aconteceu nos meses finais da Segunda Grande Guerra, quando o RP da General Motors convidou Peter Drucker para conhecer a obra monumental de Alfred Sloan Jr. naquela empresa. Sufocada pelo sucesso da FORD, a GM agonizava. Sloan Jr., funcionário de uma de suas subsidiárias, foi desafiado a resgatar a empresa. Não sabendo como proceder internamente, decidiu conversar com as pessoas que tinham comprado o tal do Fordinho Preto. E descobriu que o mercado americano tinha, no mínimo, quatro tribos de consumidores diferentes, e que não fazia mais sentido continuar oferecendo a tribos com comportamentos tão diferentes um único modelo de automóvel. Voltou para GM, destruiu a GM, e a reconstruiu de fora para dentro. A primeira empresa do mundo a ser reconstruída sob a ótica do mercado, sob a ótica do cliente. Deu certo. Um megasucesso. Durante mais de 70 anos, a GM foi líder mundial do negócio de automóveis.

Orgulhoso de seu feito, e consciente que era de sua obrigação passar para todas as demais empresas o conhecimento adquirido, ALFRED SLOAN JR. convidou DRUCKER para fazer essa documentação. DRUCKER não se limitou a uma compilação e transcrição. Interpretou, analisou e transformou toda a fantástica experiência da GM em lições definitivas e acessíveis a todas as demais empresas do mundo. Converteu a monumental obra de ALFRED SLOAN JR. em ouro puro, em conhecimento de excepcional qualidade.

Encerro este capítulo final com um último depoimento de PETER FERDI-NAND DRUCKER: "Hoje, anos depois, quando alguém me pergunta se conheço algum instrumento administrativo perfeito, respondo, sim, conheço. O apare-lho de surdez de ALFRED SLOAN JR.! Há anos que SLOAN tinha dificuldade de ouvir e usava um aparelho antiquado com uma bateria pesada dependurada no peito e uma enorme corneta em um dos ouvidos. Tinha de ser desligado quando ele falava, caso contrário troaria tão alto que ele ficaria aturdido com sua própria voz. SLOAN mandou acoplar um amplificador à tecla de liga, des-liga. Quando a apertava para falar, sua voz soava como o ribombar do fim do mundo e todos na sala calavam-se instantaneamente. Era o único recurso que utilizava para dominar uma reunião e só recorria ao mesmo depois que todos tinham se manifestado. Nunca mais conheci outro recurso de igual ou melhor qualidade."

No outono de 1943, num dos poucos telefones de antigamente, uma voz disse para nosso adorado mestre PETER DRUCKER: "Eu me chamo PAUL GARRETT, sou o relações públicas da General Motors. O Sr. ALFRED SLOAN JR. é seu admirador e gostaria de convidá-lo a conhecer melhor os trabalhos que vem fazendo na GM".

DRUCKER aceitou, passou quase dois anos na empresa, e ao sair começou a ensinar o mundo o que é a ADMINISTRAÇÃO MODERNA e sua ideologia, o verdadeiro MARKETING.

11 Drucker

Casualidades, Causalidades e Circunstâncias, na Vida de Nosso Adorado Mestre e Mentor

Que completam, dão o retoque final, às derradeiras pinceladas na tentativa de traçar e compartilhar com você, leitor, e o mais próximo possível, a imensa luz que até hoje continua emanando desse ser humano único e espetacular, mesmo depois de quase duas décadas de sua partida.

Guardamos para este capítulo final sobre a vida singular, extraordinária e imensamente rica de sabedoria, conhecimento e generosidade de nosso adorado mestre e mentor PETER DRUCKER, episódios soltos e pontuais, que tentam complementar, como se fossem derradeiras pinceladas de um livro tela – este – que procuramos construir, com comedimento e sensibilidade, até onde paixões submetem-se a esses cuidados ou preocupações. Não necessariamente por qualquer ordem ou critério. Apenas registros finais de uma obra escrita sob total respeito, mas indisfarçável e incontida emoção. Registros finais de um livro que jamais gostaríamos de parar de escrever...

1. Drucker e "O Monstro"

Como era de seu hábito matinal, DRUCKER abre o *The New York Times*, dá uma corrida pelas notícias, e para numa pequena nota na página 17: "Reinhold Hensch, um dos criminosos nazistas de guerra mais procurados, suicidou-se ao ser capturado pelas tropas americanas no porão de uma casa semidestruída na cidade de Frankfurt. Hensch, general do exército e vice-chefe da SS nazista, comandou a infame aniquilação de tropas e foi responsável pela campanha do extermínio de judeus e de outros 'inimigos do Estado-Nazi', pelo assassinato de deficientes físicos e mentais da Alemanha e pelo esmagamento de movi-

242 ■ DRUCKER, FOREVER

mentos de resistência dos países ocupados. Sua crueldade era de tal ordem que ficou mais conhecido como "O Monstro". Pela primeira vez, desde que deixou a Alemanha no inverno de 1933, Drucker voltou a ouvir falar sobre Hensch. O visitante que recebeu na última noite que passou na Alemanha.

Drucker foi para a Alemanha no outono de 1927, para ser trainee numa empresa de exportação na cidade de Hamburgo. Anos depois, mudou-se para Frankfurt como analista de investimento de um banco comercial, correspondente de uma corretora de valores de Nova York. Com a quebra da bolsa em 1929, migrou para o jornalismo, contratado como editor de finanças do maior jornal da cidade, o FRANKFURTER GENERAL-ANZEIGER.

Em paralelo continuou seus estudos, e em 1931 concluía seu doutorado em direito público e internacional. Seus ensaios e artigos eram disputados por importantes publicações, mas a sombra do nazismo crescia de forma preocupante, e Drucker começou a preparar sua saída da Alemanha. No dia 31 de janeiro de 1933, mesmo perdendo apoio popular, Hitler foi colocado no poder, sentindo Drucker que a hora da partida aproximava-se. No dia 25 de fevereiro, todos os professores e monitores da Universidade de Frankfurt, incluindo Drucker, foram convocados para uma primeira reunião com um comissário nazista designado para dirigir a universidade. Assim que assumiu proibiu todos os judeus de terem acesso à Universidade, demitindo todos os professores judeus no dia 15 de março. No meio da reunião, segundo Drucker, "partiu para uma série de ofensas, xingamentos recorrendo a obscenidades e palavrões até então estranhos ao ambiente universitário: uma sucessão de merdas, fodam-se, e vá tomar no cu...". Na sequência, e apontando o dedo para cada chefe de departamento, urrava: "Ou você faz o que eu mando ou mando você para um campo de concentração".

Drucker voltou para sua casa decidido a partir no dia seguinte pegando o trem de Frankfurt para Viena. Quando dirigia-se para a cama, viu do lado de fora da porta um vulto com o uniforme das tropas de Hitler.

"Meu coração acelerou", disse Drucker, "mas logo reconheci meu colega de jornal, Hensch... abri a porta e ele me disse: 'Soube que você decidiu partir e vim me despedir'. E começou a falar: 'Passei a maior parte do dia em reunião com o comando nazista. Fui promovido e recebi novas e importantes missões. Fui até o jornal, convoquei uma reunião com todos os editores para avisá-los de que agora o comando era meu, e quando soube de sua partida... Vim aqui pedir que reconsidere sua decisão. Precisamos de você'. Agradeci", disse Drucker, "mas repeti que aquela era minha última noite na Alemanha. 'Achei que responderia isso, mas não deixe de pensar no assunto. Se reconsiderar...', levantou-se, ameaçou sair e sentou-se novamente... 'Meu Deus, como invejo você! Gostaria de partir também – mas não posso. Fico assustado quando ouço as conversas nos conselhos superiores do partido nazista e eu agora faço parte deles. São uns loucos que falam em exterminar os judeus, em fazer guerra e exterminar todos os que tiverem opinião diferente ou questionarem o Führer. Lembro que você disse há um ano que os nazistas eram malucos e que eu deveria levar suas ameaças a sério. Eu acreditei que tudo não passasse da retórica eleitoral. Estou começando a ficar com medo. Você não sabe o que os figurões do comando dizem quando não há ninguém de fora ouvindo'".

Drucker fez um sinal com a mão para HENSCH e disse: "Se é de verdade que você sente tudo isso, se você tem medo mesmo, por que não vai embora? Você ainda nem tem 30 anos, tem um bom diploma de economia, não terá dificuldade de encontrar um emprego." E ouviu HENSCH dizer: "Você não compreende, Drucker. Estou há mais tempo no jornal do que você. Não sei escrever. O pai da minha mulher diz que eu não a mereço. Gostaria de ter poder e ser alguém. Foi por isso que me alistei no partido nazista. Finalmente vou ser alguém. Outras pessoas, de bom berço, com relações influentes, jamais aceitarão fazer o trabalho sujo. É exatamente aí que eu entro. Guarde minhas palavras, Peter Ferdinand Drucker, você ainda vai ouvir falar de mim".

2. O Dia em que Thomas John Watson Ligou para Peter Drucker

Drucker chegou nos Estados Unidos na primavera de 1936, quando HENRY LUCE era o todo poderoso editor das três principais revistas daquele país: LIFE, TIME e FORTUNE. Depois de ler o livro O FIM DO HOMEM ECONÔMICO, queria porque queria que seu autor, DRUCKER, fosse dirigir a FORTUNE. Fez todas as propostas possíveis e imagináveis, mas DRUCKER sempre conseguiu encontrar alguma razão para recusar, polidamente, os convites.

No ano de 1940, FORTUNE completava seus primeiros 10 anos, e produziu uma edição especial, era da praxe da boa imprensa, na época, e antes de publicar a matéria sobre uma empresa, enviar seu conteúdo para prevenir que a matéria não contivesse algum absurdo. Sem o direito da empresa cortar o que quer que fosse, mas evitar que a publicação cometesse algum erro irreparável.

Equivocadamente, LUCE contratou um editor inadequado, lento, e semanas antes da publicação decidiu dar uma conferida no material e ficou apavorado. Pela enésima vez recorreu a DRUCKER que aceitou socorrer um amigo, mas deixando claro que não pretendia seguir à frente de FORTUNE.

Dentre as matérias reescritas e editadas por DRUCKER, uma sobre a IBM, e que, como era de praxe, foi encaminhada à empresa para uma olhada final. Um dia toca o telefone na redação:

— Aqui quem fala é Thomas Watson, por favor, quero falar com o autor da reportagem sobre minha empresa.

O telefone é passado para DRUCKER que diz:

— Sr. Watson, agora o encarregado da matéria e da edição sou eu, e assim peço que fale comigo... Se tiver alguma dúvida e quiser discutir o artigo comigo estou pronto para ouvir suas ponderações.

— Não quero discutir artigo nenhum. Quero contratar o autor para ser nosso diretor de relações públicas e com salário em aberto.

Drucker ainda ponderou:

— Sr. Watson, o senhor está ciente de que a matéria será publicada na revista, independentemente de seu autor continuar ou não conosco?

Desculpe insistir, Sr. Watson, ponderou Drucker:

— O senhor leu a matéria?

— Claro que li, sempre leio tudo o que se escreve sobre minha pessoa e sobre a IBM...".

— E mesmo assim ainda quer seu autor como diretor de relações públicas de sua empresa?, perguntou Drucker, incrédulo.

— Sim, e não pergunte de novo. Finalmente encontrei alguém que me leva a sério.

Drucker só voltou a encontrar-se com LUCE mais de 10 anos depois, no ano de 1953. Luce pretendia lançar uma revista intelectual que, segundo ele, era o projeto de sua vida. Pediu que Drucker auditasse o projeto e desse seu veredicto, recomendação. Drucker concluiu seu rápido estudo dizendo:

— É um belíssimo projeto. Pena que tenha chegado com 50 anos de atraso. E mesmo que assim não fosse, os jornalistas do *Times* não têm competência para pilotar esse projeto".

E LUCE, olhando para Drucker, disse:

— Chamei você porque desconfiava exatamente disso que você acaba de me dizer. Quando lancei o *Times*, tudo o que queria era fazer o máximo de dinheiro para poder bancar este projeto. E consegui o dinheiro mais que necessário para publicar a grande revista cultural dos Estados Unidos. Que nosso país merece... Mas você está coberto de razão.

E o projeto foi abortado.

Uma derradeira vez, LUCE chamou Drucker na tentativa de salvar LIFE. Diz Drucker: "Não sei se minhas conclusões chegaram até ele. Trabalhei com a equipe da revista que de alguma forma dera um jeito de desaparecer com o mesmo. Constatei que LIFE perdera sua razão de ser, deixara de ter utilidade. Fora superada pela televisão".

O último encontro de Drucker com Henry Luce foi num congresso de administração na cidade de Nova York, no mês de setembro de 1966, seis meses antes da morte de Luce. Segundo Drucker: "Era um homem de 65 anos com aparência de 85. Mortalmente doente. Levantou-se ao me ver, me abraçou, e me colocou a seu lado".

— Me diga, Drucker, o que tem feito ultimamente?

Drucker respondeu:

— Acabo de voltar do Japão, e você não é capaz de imaginar o que os japoneses estão se saindo bem em fazer, estão japonezando a cultura ocidental.

"Luce fez uma careta", relata Drucker, "levantou-se, me deu as costas, e nunca mais o vi."

Luce, o editor das três mais importantes revistas da história dos Estados Unidos – *Life*, *Times* e *Fortune* –, que moldaram muito do pensamento econômico antes, durante e depois das duas Grandes Guerras.

3. Drucker Testemunha uma Epifania

Drucker conheceu Marshall McLuhan no início dos anos 1940. Convidado a participar de uma reunião numa sociedade cultural e realizar uma palestra, decidiu ficar para ouvir o palestrante seguinte. Um jovem alto e magro, de voz anasalada, e que começou a ler sua monografia com um sotaque do meio-oeste americano.

"Tudo seguia normalmente" – conta Drucker – "quando aquele jovem começou a dizer coisas estranhas... Tipo, a universidade medieval tornou-se obsoleta com o livro impresso. Em princípio todos os presentes sorriram e concordaram. Mas o jovem foi adiante afirmando que a universidade moderna nasceu no século XVI por causa da impressão, que não apenas modificou o modo de instrução como a forma de apresentação dos conhecimentos, assim como transformou o que as universidades pretendiam ensinar e a natureza do que era ensinado. Segundo aquele jovem, a nova sabedoria tinha pouco ou nada a ver com a Renascença ou uma espécie de retorno do interesse pela Antiguidade, como a redescoberta dos autores clássicos, com a astronomia, descobertas geográficas ou novas ciências. Segundo aquele jovem, McLuhan, tudo isso aconteceu exclusivamente pela nova tecnologia de Gutenberg...".

"Quando o jovem terminou sua leitura, um dos professores presentes, não se conteve e, em tom irônico, disse:

— Será que ouvi bem, o senhor acredita que a impressão influenciou os cursos ensinados nas universidades e reviu o próprio papel da universidade?

E McLuhan respondeu,

— O senhor entendeu mal. Eu não disse que influenciou, eu disse que a impressão determinou ambos... A impressão determinou o que seria considerado conhecimento dali em diante.

— Que tolice, suspirou o professor que fizera a pergunta."

E finaliza, Drucker: "McLuhan não dissera, há quase 40 anos, que 'O meio é a mensagem', e nem poderia ter dito porque a palavra meio não existia em seu sentido atual, meio de comunicação.

Mas mesmo e já naquela época, Marshall McLuhan, sem a menor sombra de dúvida, estava mais que convencido de que "O MEIO É A MENSAGEM", que no mínimo molda e determina o sentido e razão da mensagem.

"Acabei me tornando amigo de McLuhan", conta Drucker. "E assim se passaram os anos... Durante os vinte e poucos anos que nos víamos com frequência, McLuhan foi um visionário sem uma visão. Sabia o que precisava enxergar – mas não conseguia que seus olhos se abrissem para ver... Imagino que passou esses anos todos sentindo-se como nós todos nos sentimos num pesadelo, quando sabemos que é preciso acordar, mas não conseguimos. Assim, só foi perceber o que realmente dissera naquela palestra com o advento da televisão. Foi como profeta da televisão que McLuhan tornou-se parte da elite intelectual dos anos 1960. Hoje ninguém mais tem a menor dúvida de que a mídia modifica o que é comunicado e, não apenas, como é comunicado."

"Hoje", registrou Drucker, "tenho certeza de que McLuhan sabe que, em verdade, meio e mensagem se combinam, misturam-se, e se moldam mutuamente. Mas a imagem que causou com sua epifania foi tão forte que, mesmo tendo evoluído em suas conclusões, para efeito de história será sempre lembrado como aquele que disse que O MEIO É A MENSAGEM."

"Acredito" – diz Drucker – "que todos temos uma missão a cumprir. E que atrás de cada revelação, epifania, sempre existe um monomaníaco dando cabo de sua missão. E McLuhan dedicou 25 anos perseguindo sua visão, até alcançá-la." E conclui, "Tudo bem, os monomaníacos dificilmente serão bem-sucedidos. Da maioria deles restará apenas os ossos e esqueletos descorados no deserto sem saída. Mas o restante de nós, com nossos interesses múltiplos em vez de uma missão única, certamente fracassaremos, e jamais conseguiremos impactar o que, e quem quer que seja...".

4. Drucker e as Pequenas Universidades

Durante dois ou três anos de sua vida, PETER DRUCKER fez uma espécie de roteiro de palestras em pequenas universidades americanas. Sua síntese sobre essas pequenas universidades dizia: "A imprensa e o público eram fascinados pelas grandes universidades, mesmo que algumas delas, como Princeton, ainda fossem bastante pequenas pelos padrões que vieram na sequência. Eu me encontrava mesmo era nas pequenas universidades, instituições tipicamente americanas. Não conheci nada semelhante na Europa. Essas pequenas universidades tinham virtudes únicas.

Era exaustivo viajar naqueles tempos. Eram noites e noites em carros pullman sacolejantes passando por Dubuque (Iowa), Fargo (Dakota do Norte), ou o percurso de New Orleans a Jacksonville.

Uma vez fiz uma palestra para as Damas Coloniais da América. Perguntei quem eram as Damas e minha agente de palestras respondeu que não sabia quem eram, mas que pagavam muito bem. Assim que cheguei fui recebido por uma senhora que disse: 'Sou a secretária do clube e a única sócia com menos de 75 anos. Vamos colocar todas as sócias que não são surdas nas duas primeiras fileiras, mas recomendo que o senhor fale bem alto; a maioria ouve muito mal e as demais não ouvem nada'. Depois da palestra, uma senhora veio a meu encontro, usando um peitilho de diamantes, e apoiada por duas robustas cria-

248 ■ DRUCKER, FOREVER

das: 'Dsculpe-me por não ouvir suficiente para compreender seu discurso, mas o senhor não acha, Sr. Drucker, que o mundo está chegando a um ponto em que os pobres vão exigir um lugar ao sol?'".

Desse tour de palestras, Drucker conta sobre uma noite na cidade de Rochester, Nova York, na University City, em que 10 minutos antes de começar a falar uma pessoa pediu a ele que dividisse a palestra em dois blocos. Metade para antes da música e a outra metade para depois. "Que música?", perguntou Drucker. 'Não avisaram o senhor? Vamos ter dois alunos do Conservatório Eastman representando a cena de morte de *Aida* entre as duas metades de sua palestra'. E assim aconteceu", conta Drucker, "quando os amantes amaldiçoados pelos astros deram seu último suspiro aos meus pés, o coordenador virou-se para mim e disse, 'sua vez, a última sentença antes do senhor parar foi...'".

Segundo Drucker essas sequências de palestras que dava pelo interior do país foi a melhor maneira de conhecer os Estados Unidos. Mas, e segundo ele, a importância histórica dessas instituições foi definitiva. "De uma forma geral, foi nas escolas pequenas que ocorreram grandes experiências, até mesmo em função da flexibilidade decorrente de seus tamanhos. Por exemplo, foi na cidadezinha de Yellow Spring que um engenheiro-educador introduziu a 'educação cooperativada', em que estudantes trabalhavam em empregos normais durante cinco meses do ano e estudavam também em tempo integral nos outros sete meses do ano...".

Dentre as lembranças que mais marcaram Drucker, a de uma pequena escola, a Friends University, em Wichita, Kansas. Drucker palestrou nessa escola no mês de junho de 1941. Não obstante a grandiloquência de sua denominação – Universidade de Amigos – não tinha mais que 150 alunos. Durante uma semana ficou por lá palestrando e atraindo a atenção dos moradores da cidade. Mas o que mais chamou a atenção de Drucker é relatado por ele: "Durante todo o tempo me intrigava as tentativas óbvias do diretor da escola de limitar nossa movimentação nos quatro pavimentos do edifício de cinco andares. Não resisti, e no último dia de nossa permanência, perguntei por que não nos levava para o quinto andar? 'É apenas o nosso museuzinho', respondeu envergonhado, 'e os senhores da cidade grande estão acostumados a museus muito melhores'. Em verdade, e pelo pouco número de alunos, a escola tinha espaço sobrando. Dois dos funcionários pediram o espaço para fazer um pequeno museu. Com uma pequena verba da escola passaram a escrever para as famílias de alunos e ex-alunos pedindo doações do que quer que fosse para montarem o museu.

E assim", diz Drucker, "poucas vezes em minha vida entrei num museuzinho abarrotado de bugigangas." E conclui: "Adoraria ter ficado mais naquele lugar, mas precisava pegar o avião. Quando desci, encontrei meus colegas grudados ao redor de um rádio. Hitler acabara de invadir a Rússia".

5. O Sonho Americano

No inverno de 1941, Drucker encontrava-se em Minneapolis, palestrando sobre a situação mundial, durante um encontro dominical da igreja luterana daquela cidade.

"Quando terminei de falar", disse Drucker, "um ministro, um senhor idoso com uma leve inflexão sueca em seu inglês, disse: 'Vivemos de fato em tempos medonhos. Mas jamais podemos nos esquecer de que os antepassados de todos nós desta congregação vieram para cá fugindo das guerras incessantes, dos ódios selvagens, e do orgulho pecaminoso da Europa. Lembremos que nossos antepassados trabalharam à força nas fazendas no deserto imenso, em meio a nevascas no inverno, e tempestades de areia no verão, para viver como homens e mulheres livres, inocentes da malignidade e insensatez da honra nacional e da tirania do governo disfarçada de glória militar.

Lembremos que os antepassados de todos nesta congregação vieram para criar uma nova nação subserviente a leis e não aos homens. Rezemos para que este cálice seja afastado e que os Estados Unidos permaneçam como a Última Grande Esperança. Oremos para não sucumbirmos como apenas mais um dentre a longa e vã lista de impérios'.

"Fiquei profundamente tocado", confessa Drucker. "Ninguém jamais resumiu o que realmente significa o Sonho Americano, tão sucintamente, tão cristalinamente e tão comovedoramente. Enquanto me dirigia para o aeroporto", finaliza Drucker, "eu sabia que as preces seriam em vão. Já voávamos a meia hora quando a voz do piloto pediu que colocássemos os fones de ouvido. Os japoneses estavam atacando Pearl Harbour. Quando desembarcamos em Chicago, duas horas depois, soldados com baionetas tomavam conta dos hangares e patrulhavam os corredores. A era da Inocência terminara".

6. O Nascimento do Ensino da Administração

Em depoimento para a revista EXECUTIVE DIGEST, de Portugal, de dezembro de 2001, PETER DRUCKER fala sobre os primeiros cursos de administração no mundo. "Tornei-me de fato, e circunstancialmente, o primeiro professor de Management nos Estados Unidos, entre 1949-1950, na Graduate School of Business da Universidade de Nova York. Antes desse evento, tinham criado cadeiras de Gestão de Produção, Gestão de Vendas, Gestão de Seguros.

No ano de 1949, depois da publicação de meu livro *Concept of Corporation*, do ano de 1946, convidaram-me para ser professor de Relações Humanas em vez de professor de Management. O reitor da Universidade de Nova York argumentou – com alguma razão – que seria uma pura perda de tempo, já que os estudantes, em torno dos 22 anos, licenciando-se, não chegariam a qualquer posição de comando em 10 anos, e até lá já teriam se esquecido tudo o que aprenderam sobre management, 10 anos antes. No entanto, meu livro *Concept of Corporation* – um sucesso espetacular de vendas para surpresa de todos, em especial, da minha pessoa, mais que revelou a existência de um interesse crescente sobre o tema gestão.

Naquele momento, a pequena escola Graduate School of Business, de Nova York, mais dedicada a finanças e contabilidade, passou a ter uma procura enorme por cursos de gestão. Normalmente pessoas mais velhas, a partir de 35 anos, que queriam aprender e aplicar de imediato o management. Era uma escola noturna, de profissionais interessados a aplicar amanhã de manhã o que aprenderam na noite anterior. E aí a escola veio conversar comigo, autor do único livro existente sobre administração. Foi então que aceitei o convite para lecionar management na Graduate School of Business". Onde tudo começou...

7. "Geração Romântica"

Depois do beijo de uma enfermeira e de um marinheiro, selando o fim da Segunda Grande Guerra em Times Square, e onde todos comprometiam-se a permanecerem de bico calado para não eclodir uma Terceira, o mundo mergulhou num período de 20 anos, mais conhecido como Guerra Fria, em que todos procuravam preservar-se tranquilos, pacíficos, calados.

Mas os nascidos depois da Guerra, e os nascidos antes que não abriram mão de seus sonhos de juventude, começaram a se inquietar, e de alguma forma, manifestarem sua contrariedade, desconforto, inconformismo com uma paz sob todos os aspectos artificial, e desfazendo-se pelas ruas das principais cidades do mundo.

Naquele momento, e atendendo a um convite da HARPER'S MAGAZINE, PETER DRUCKER escreve um pequeno ensaio intitulado "GERAÇÃO ROMÂNTI-CA", maio de 1966, uma espécie de um primeiro esboço do livro monumental e disruptivo que publicaria em 1968, *Uma Era de Descontinuidade*.

Um dia DRUCKER recebe um telefonema. "Aqui fala a Madre O'Rourke. Sou deã dos estudantes de uma grande faculdade feminina. A Madre-Presiden-ta e todos os membros da Congregação pediram-me que convidasse o senhor para uma palestra sobre as questões sociais de nossos tempos para todas as nossas alunas. Há 10 anos nossas alunas interessavam-se muito pelas relações trabalhistas, relações internacionais e outros problemas sociais e políticos. Hoje só se interessam por questões de consciência e comportamento pessoal, como direitos civis, uma filosofia pessoal de vida, número de filhos por família, como criar os filhos...".

Drucker agradeceu, a agenda não possibilitava atender ao convite, mas não parou mais de refletir sobre o tema, e no depoimento que a Madre deu sobre as estudantes... "Quando desliguei o telefone, confirmei o que já vinha sentindo, que os jovens americanos estavam em busca de uma ética baseada em valores pessoais. As velhas ideologias e slogans não representavam mais nada para eles. Num passeio pelas montanhas no verão passado" – anota Dru-cker –, "poucos dias depois do telefonema da Madre O'Rourke, um psicólogo amigo começou a comentar sobre os problemas de administração que vinha enfrentando em um centro de tratamento mental do Meio-Oeste, onde eram treinados um grande número de pós-graduados, antes de iniciarem suas carrei-ras como psiquiatras, psicólogos e assistentes sociais. Perguntei ao que atribui esses problemas. E meu amigo respondeu: "Nosso maior problema não se trata do grande crescimento que tivemos nos últimos anos, e sim da transforma-ção radical que constatamos dia após dia em nossos estudantes.Hoje, os que nos procuram, cientificamente são muito mais capacitados, mas comportam-se muito mais como clérigos frustrados, passando-nos a sensação que, de verda-de, estavam mais em busca de um seminário, de uma religião, nos obrigando a lembrar-lhes, a todo o momento, da importância de um saber profundo aliado a uma competência técnica e saber trabalhar com as ferramentas adequadas...".

E concluiu, dizendo, "Os alunos que nos procuravam há 10 ou 15 anos es-tavam atrás de fatos; os que nos procuram hoje estão em permanente busca de si mesmos".

"O que teria provocado tão grande transformação nos jovens", perguntava-se Drucker. E respondia, "Começa que a maior parte dos chamados problemas sociais deixou de ser 'questões' para transformar-se em 'campos de estudo'. E na sequência, com o adensamento do número de estudantes graduados que faz surgir uma comunidade de estudantes em busca de uma 'experiência íntima e mais profunda', com 'sinceridade', e na construção de uma 'filosofia pessoal'. E caracterizando esse novo comportamento", diz Drucker, "vieram as campanhas pelos direitos civis, o movimento negro, a Guerra do Vietnã, os novos poetas como Allen Ginsberg, poeta beat americano, e Yevgeni Yevtushenko, na Rússia."

Naquele momento Drucker começou a refletir sobre as questões que se impunham de forma consistente, contundente e irreversível. Diz Drucker: "Numa sociedade de grandes organizações, o que deve fazer um indivíduo para preservar sua integridade, sua vida privada? Deve conformar-se que sua liberdade individual está limitada pelo pequeno espaço de ar deixado entre os enormes arranha-céus organizacionais? Mais que na hora de encontrarem-se novas respostas para velhas perguntas, como, Quem sou eu, que sou eu, quem deveria ser...?".

É nesse exato momento, e entrando em contato com a GERAÇÃO ROMÂNTICA, de Hair e Woodstock, que Drucker escreve sua obra monumental e premonitória do mundo que começava a plantar suas primeiras sementes naquele momento. Sementes essas que seriam adubadas pelo neto da válvula incandescente, e filho do transistor, o microchip, criando as condições para uma ruptura definitiva. Do mundo velho, para o mundo novo. Onde todos, pessoas e empresas, profissionais e empresários, mais que reinventarem-se, teriam de renascer.

Drucker senta-se diante de sua máquina de escrever, e começa a datilografar o primeiro parágrafo de seu livro disruptor e premonitório *Uma Era de Descontinuidade*. "Atualmente nos defrontamos com uma época de descontinuidades... Enquanto estivemos ocupados no acabamento do grande edifício econômico do século XIX seus fundamentos modificaram-se sob nossos pés...".

8. Henry Ford, Segundo Peter Drucker

Não obstante muitos críticos, não obstante a opinião de ALFRED SLOAN JR. que registramos em capítulo anterior, PETER DRUCKER jamais escondeu sua grande admiração por HENRY FORD. Dizia DRUCKER: "Os homens de negócios não representam símbolos muito significativos. Naturalmente há os Medicis e os Rothschild; e os Krupp, mas nenhum outro homem de negócios, no decorrer da história, seja banqueiro, comerciante ou industrial, demonstrou ter a estatura carismática que HENRY FORD teve em todo o mundo.

Talvez nenhum outro homem de negócios tenha exercido tão grande impacto em nosso modo de vida quanto HENRY FORD, que revolucionou o mundo ao criar a linha de produção em massa, a linha de montagem e, em consequência, o trabalhador industrial. Infelizmente, esse genial HENRY FORD morreu com o colapso da bolsa, em 1929. O velho que sobreviveu nos 20 anos seguintes jamais passou de uma sombra".

Antes de seguir com os registros, comentários e observações de DRUCKER sobre HENRY FORD, nunca é demais lembrar que tudo o que FORD fez tinha um único e exclusivo objetivo. Fazer do automóvel, um produto acessível, que coubesse, para começar, no bolso dos próprios funcionários da FORD.

E chegou lá, conseguiu.

FORD foi o primeiro dos empresários a tornar, finalmente, o automóvel acessível a milhões de compradores, com sua linha de montagem. E todo o seu pensamento e motivação sempre estavam voltados nessa direção.

Dentre suas citações mais conhecidas e que traduziam sua maneira de ver, ser e pensar, registro:

- "Não é o empregador que paga os salários, é o cliente."

- "Há um punhado de homens que conseguem enriquecer pela simples razão de prestar atenção aos detalhes que a maioria despreza."

- "Um fabricante não cumpriu sua obrigação com seu cliente com o fechamento de uma venda. Apenas começou. No caso de um automóvel, a venda da máquina é apenas uma introdução. Se a máquina não entregar o serviço, teria sido melhor o fabricante jamais ter iniciado a introdução, porque terá a pior das publicidades – um cliente insatisfeito."

- "Um homem que comprasse um de nossos carros, em minha opinião, teria direito ao uso contínuo daquele carro e, por isso, se houvesse uma falha de qualquer natureza, era nosso dever providenciar para que aquela máquina fosse consertada o quanto antes. No sucesso do carro Ford, a garantia de assistência técnica foi um elemento vital."

- "Empresários fracassam em seus negócios porque gostam tanto dos velhos métodos que não conseguem mudar. É possível vê-los em todo o lugar – homens que não se dão conta de que o ontem é o passado e acordaram hoje cedo com as mesmas ideias de ontem."

- "A vida como a vejo não é uma localização, é uma jornada. Até mesmo o homem que se sente acomodado não está acomodado, provavelmente está fraquejando. Tudo está em fluxo e assim foi destinado a ser. A vida flui. Podemos morar no mesmo número daquela rua, mas nunca é o mesmo homem que vive lá."

No mês de julho de 1947, na revista HARPER'S MAGAZINE, DRUCKER deixou seu depoimento e testemunho em relação a HENRY FORD: "HENRY FORD assimilou a esteira rolante e a linha de montagem da indústria da carne, onde em geral era usada nos matadouros no início de 1880. Os intercâmbios de partes elaboradas com precisão eram um princípio mais antigo ainda; remontam à fabrica de rifles que Ali Whitney construiu em Bridgeport para a Guerra de 1812. A ideia de transformar uma função que exigisse qualificações em diversas atuações complementares, de modo que essa função pudesse ser exercida por trabalhadores não qualificados atuando em série, já tinha sido muito explorada por Taylor, dentre outros. Mas associamos todos esses princípios ao nome de HENRY FORD, e fazemos com total justiça.

Cada um desses acontecimentos, no entanto, fora empregado como apenas um elemento tradicional do processo de manufatura. Foi FORD quem primeiro combinou todos, consciente e deliberadamente, para que evoluísse num novo conceito de produção industrial, uma nova técnica.

Para HENRY FORD, a importância desse novo princípio residia no impacto positivo que poderia exercer sobre a sociedade – como meio de produzir produtos baratos em grande quantidade com um mínimo de esforço humano e trabalho. Assim, a importância de FORD está precisamente no fato de seu princípio de produção em massa substituir, pela coordenação dos seres humanos, a coordenação de partes inanimadas e forças mecânicas em que se baseava originalmente a indústria. Em síntese, a produção em massa baseia-se na organização dos seres humanos; pessoas que trabalham juntas numa tarefa comum, e com um mesmo objetivo".

Dentre os ensinamentos de FORD, o que mais PETER DRUCKER enaltecia, era: "Você pode tirar de mim minhas fábricas, queimar todos os meus prédios, mas, se deixar o meu pessoal comigo, construirei outra vez todos os meus negócios...".

9. José Salibi Neto, o Amigo Brasileiro de Peter Drucker

"Peter e Doris formaram o casal mais bonito que conheci. Os dois viviam sozinhos, em uma casa de classe média, na cidade de Claremont, Costa Oeste dos Estados Unidos. Os dois, sem empregada. Doris, 94, Peter 95. Dupla jornada. Cuidavam da casa e trabalhavam."

É assim que começa uma matéria histórica da revista HSM MANAGEMENT, sobre nosso adorado mestre e mentor PETER DRUCKER, e escrita por seu amigo brasileiro, JOSÉ SALIBI NETO.

"Peter datilografava em sua máquina de escrever o dia inteiro, recebia alunos e clientes de consultoria, comunicava-se com as pessoas via fax – não gostava de computador, a luminosidade da tela incomodava. Doris, física de formação, desenvolvia e patenteava inovações. Tratavam-se com um carinho e respeito invejáveis mesmo estando casados há quase sete décadas. Recebiam a visita frequente dos quatro filhos e seis netos, bem como dos amigos. Eu tive a honra de ser um desses amigos. Minha amizade com os dois começou quando ele tinha 81 anos e eu, 31."

Um dia, finalmente, SALIBI conseguiu trazer PETER DRUCKER para uma palestra no Brasil. E PETER fez um pedido, queria conhecer as cataratas de Foz do Iguaçu e as Missões Jesuíticas no Paraguai. Assim, e com o grande homem grande que é SALIBI ao volante, PETER DRUCKER ao seu lado na frente, e DORIS, no banco de trás, lá foi o trio para uma viagem de sete dias ao Paraguai...

Conta SALIBI: "Passei os sete dias deslumbrado com PETER. Fiquei tentando entender quem era aquele homem que subia e descia as escadas do Parque do Iguaçu como se tivesse 40 anos a menos e, principalmente, que conhecia tão profundamente a história das missões paraguaias que um padre jesuíta lhe perguntou se também era um jesuíta". Do mesmo modo, "Passei os 15 anos de nosso convívio a tentar decifrar o fenômeno. Como era possível ter tamanha quantidade de conhecimento sobre tudo? Nunca vi muitos livros em sua casa e mesmo revistas de negócios. Analisava a tecnologia como ninguém e usava fax e máquina de escrever. Tempos depois acredito ter decifrado o fenômeno: Peter era um iluminado... Não era o conhecimento que armazenava, mas sua capacidade de transformá-lo... Peter estudava para viver e não para escrever. Assim, sua criação era de dentro para fora, como acontece com os grandes artistas".

"Para conhecer Peter, diz Salibi, é preciso conhecer Doris. Tem um humor insuperável. Durante a viagem me contou rindo que um dia inscreveu-se em um campeonato de tênis para mulheres na faixa de 80 anos, e descobriu, depois, que era a única competidora." Quando alguém perguntava a ela se era casada com um grande homem, respondia: "Perguntem a ele como é ser casado com uma mulher incrível como eu".

"PETER ADORAVA O BRASIL", diz Salibi. "Conhecia nosso país de norte a sul, entendia o português – embora não o falasse – e tinha realmente vivas esperanças que conseguíssemos superar nossos problemas. De suas últimas três viagens internacionais três foram para o Brasil."

E finaliza JOSÉ SALIBI NETO, o AMIGO BRASILEIRO de PETER FERDINAND DRUCKER: "Peter nos deixou no dia 11 de novembro de 2005, sete dias antes de completar 96 anos. Tomei coragem para telefonar para Doris só no dia 16.

Ela não estava atendendo telefonemas segundo a filha, mas fez questão de me atender. Contou que Peter se foi em sua cama, cercado da família, com muita paz. Creio que foi melhor assim. Para Peter, viver era escrever e ele começava a ter dificuldades para escrever."

"Peter" – finaliza SALIBI – "me fez repensar o que é a vida. Quando nos tornamos amigos, ele já um pensador muito respeitado, mas ainda não chegara ao ápice. Chegou lá depois dos 80 anos e sempre dizia que seu melhor livro seria o próximo. Modesto, gostava de se definir como "apenas um velho jornalista", mesmo no auge. Com ele e Doris também aprendi o significado do amor eterno e da amizade incondicional. Não mais escutarei a voz do meu amigo e também não receberei mais seus faxes. Mas suas palavras ficarão comigo para sempre. Comigo, e com todos nós do mundo dos negócios."

10. Adeus a uma Velhinha Boba

Nada foi mais difícil, em todos os trabalhos, pesquisas, leituras, para escrever este livro, que nos despedirmos, mais do que de nosso adorado mestre mentor, PETER DRUCKER, de sua avó, dona BERTHA BONDI. Não há como não se apaixonar por uma criatura abençoada, sábia, sagaz, sensível, decidida e, como diria DRUCKER, eficaz. Conhecia todos os atalhos, decorrentes de sua inteligência natural e de sua capacidade de observação, análise e entendimento, que a faziam sábia.

Assim, e como nos finais daqueles filmes que não nos esquecemos jamais, decidimos ir juntando, aleatoriamente, pedaços, trechos, momentos, situações, colhidos com respeito e amor, nas memórias de seu circunstante neto, PETER FERDINAND DRUCKER, o homem que criou a Administração Moderna, e sua ideologia, o Marketing.

Enquanto nos despedimos de Bertha...

- "Vovó era do tipo miúdo, ossatura pequena e fora linda na juventude. Quando convivi mais com ela, restavam poucos traços de sua beleza e juventude – exceto seus fartos cabelos crespos. Ainda castanho-avermelhados, ainda brilhantes, e dos quais muito se orgulhava."

- "Enviuvou aos 40 anos, teve uma grave infecção chamada de febre reumática, que lesou permanentemente seu coração, deixando-a para sempre com falta de ar."

- "Como todos sabemos é considerado apropriado à máxima brevidade quando se envia um telegrama de modo que nos permita apenas desejar neste dia solene que esta data se repita por muitos e muitos anos." Telegrama de BERTHA, de "menos de dez palavras", enviado pelo casamento de uma de suas sobrinhas.

- "Vovó fazia suas visitas por toda a cidade de bonde e, mais frequentemente, a pé. Nunca abandonava seu guarda-chuva preto, que usava como bengala, e carregava por toda a parte uma enorme sacola preta, pesada e recheada de pacotinhos, embrulhados separadamente: um punhado de ervas para uma velha senhora, alguns selos para um estudante, meia dúzia de botões de metal que tirou de um vestido para posterior aproveitamento, e assim por diante."

- "Vovó dirigia-se a todos exatamente do mesmo modo, com a voz agradável e amiga, com a mesma cortesia de sempre. Jamais se esqueceu do que era o mais importante com cada uma das pessoas com que cruzava."

- "Diga-me, Srta. Olga" – babá dos filhos de seu vizinho que não via há anos – "como vai aquele seu sobrinho? Foi aprovado no exame final de engenharia?". Ou, para o marceneiro já idoso cujo pai construíra os móveis de seu enxoval e a quem visitava de vez em quando para lembrar dos velhos tempos, "Conseguiu que a prefeitura cancelasse o aumento do imposto predial de sua loja, Sr. Kobel? Lembro-me de que estava chateado com o caso da última vez que nos encontramos."

- "Vovó conversava do mesmo modo com a prostituta que fazia ponto na esquina do prédio onde morava. Todos fingiam não ver aquela mulher, mas Vovó sempre lhe dava boa-noite quando passava e comentava, "Está ventando frio hoje Srta. Lizzie, não se esqueça de amarrar um cachecol bem quente em volta do pescoço." Um dia Lizzie ficou doente e BERTHA foi levar remédio para ela. Imediatamente advertida por uma de suas sobrinhas netas. 'Mas, Vovó, é impróprio para uma dama falar com uma mulher como ela.' "Que bobagem", respondeu Bertha, "a cortesia nunca é imprópria. E, ademais, vocês sempre ficam preocupadas com as tais de doenças venéreas que os homens pegam dessa menina... Quanto a isso não posso fazer nada a respeito, mas, ao menos, posso evitar que a Lizzie passe dor de garganta para algum rapazinho."

- "Vovó enviuvou cedo e rica. Mas, com a inflação austríaca, sua fortuna foi desaparecendo. De um espaçoso apartamento duplex terminou seus dias num cantinho que fora a dependência de suas empregadas. Sua saúde aos poucos foi se deteriorando. E a artrite e a surdez foram lhe tirando seu maior prazer, tocar piano. Na juventude fora aluna de CLARA SCHU-MANN, tendo tocado diversas vezes e a pedido para JOHANNES BRAHMS. Até o final de seus dias jamais recusou um convite para tocar em concertos de caridade. Uma de suas últimas apresentações foi sob a regência de GUSTAV MAHLER, poucos anos antes de MAHLER tornar-se o maestro da Ópera de Viena, no ano de 1896. Vovó jamais usou os pedais. Não gostava de impregnar suas músicas de fortes sentimentos. Nas aulas que fazíamos e que ela nos acompanhava, dizia: 'Não toque música, toque notas. Se a composição for de qualidade a música brotará por ela mesma'."

- "Todos os nossos amiguinhos adoravam ouvir as histórias da Vovó. E quando começávamos a contar todos paravam para ouvir e nos transformávamos na atração da roda. Histórias como a do dia em que resolveu colocar uma ordem em seu armário de cozinha e ao terminar chamou a todos para ver. Na prateleira de cima colocou um cartão com os dizeres XÍCARAS SEM ALÇA e na de baixo outro com os dizeres ALÇAS SEM XÍCARAS."

- "Meu pai era o economista da família e tentou explicar para a Vovó a tal da inflação. Disse, 'BERTHA, você precisa entender que o valor do dinheiro é outro por causa da guerra e da inflação'. 'Como você pode dizer uma coisa dessas, Adolph, eu não passo de uma velhinha boba, mas sei que vocês economistas consideram a moeda o padrão de valor. É como se você dissesse que, de repente, eu tenho dois metros de altura porque os centímetros de hoje não são mais os mesmos de antigamente. Não importa, eu continuaria sendo baixinha."

- "Um dia meu pai, tentando facilitar a vida da Vovó, preparou uma tabela de conversão e deu a ela de presente. 'Muito gentil de sua parte, Adolph, mas, em verdade, só me será útil se me dissesse quanto custavam as coisas naquela época'. 'Mas Vovó', meu pai disse, 'isso a senhora sabe. Está sempre lembrando e dizendo quanto custavam os ovos, o alface, a salsa...'"

- "Adolph, eu não passo de uma velhinha boba, mas tenho mais o que fazer do que encher minha cabeça com tais bagatelas. Mesmo porque, e naqueles tempos, eu não fazia compras, tínhamos uma governanta e uma cozinheira que se encarregavam disso..." Numa última tentativa Adoph ponderou, "Mas, Bertha, você sempre diz ao pessoal das lojas que sabe". "É claro, Adolph, a gente precisa saber se não acaba sendo explorada por eles."

- "Permaneci anos confuso com as tais Xícaras sem Alças e Alças sem Xícaras. Como se encaixavam no século XX e qual seu significado? Até que por volta de 1955, ocorreu-me que vovó tivera a premonição de um gênio. De sua maneira primitiva e nada sofisticada, Vovó Bertha escrevera o primeiro programa de computadores. De fato, seu armário de cozinha com a classificação do desnecessário e do inaproveitável, constitui o único 'sistema total de informações' que encontrei até hoje."

PETER FERDINAND DRUCKER

...Continua em todas as empresas de sucesso por muitos e muitos anos, décadas, gerações...

Referências Bibliográficas

Obras de Peter Drucker

The End of Economic Man: The Origins of Totalitarianism (1939) The Future of Industrial Man (1942)

Concept of The Corporation (1945) (A Study of General Motors) The New Society (1950)

The Practice of Management (1954) America's Next 20 Years (1957)

Landmarks of Tomorrow: A Report on The New 'Post-Modern' World (1959) Power and Democracy in America (1961)

Managing for Results: Economic Tasks and Risk-Taking Decisions (1964) The Effective Executive (1966)

The Age of Discontinuity (1968) Technology, Management and Society (1970) Men, Ideas and Politics (1971)

Management: Tasks, Responsibilities and Practices (1973)

The Unseen Revolution: How the Pension Fund Came to America (1976) An Introductory View of Management (1977)

Adventures of A Bystander (1979) (Autobiography)

Song of The Brush: Japanese Painting from The Sanso Collection (1979)

Managing in Turbulent Times (1980)

Toward the Next Economics and Other Essays (1981) The Changing World of The Executive (1982)

The Temptation to Do Good (1984)

Innovation and Entrepreneurship: Practice and Principles (1985) The Frontiers of Management (1986)

The New Realities (1989)

Managing the Non-Profit Organization: Practices and Principles (1990) Managing for The Future: The 1990s And Beyond (1992)

The Post-Capitalist Society (1993)

The Ecological Vision: Reflections on The American Condition (1993) The Theory of The Business (1994)

Managing in A Time of Great Change (1995)

Drucker On Asia: A Dialogue Between Peter Drucker and Isao Nakauchi (1997)

Peter Drucker on The Profession of Management (1998) Management Challenges for the 21st Century (1999) Managing Oneself (1999)

The Essential Drucker: The Best of Sixty Years of Peter Drucker's Essential Writings on Management (2001)

Leading in A Time of Change: What It Will Take to Lead Tomorrow (2001; With Peter Senge)

O Homem, a Administração e a Sociedade (2001) The Effective Executive Revised (2002) Managing in The Next Society (2002)

A Functioning Society (2003)

The Daily Drucker: 366 Days of Insight and Motivation for Getting The Right Things Done (2004)

The Effective Executive in Action (2005)

Drucker, o Homem que Inventou a Administração (Coleção de artigos de Peter Drucker para a Business Week, publicada em 2019)

Obras sobre Peter Drucker

Cardoso, Jaime F. e Rodrigues, Jorge. *Peter Drucker* O essencial sobre a vida e a obra do homem que inventou a gestão. Portugal: Edições Centro Atlântico, 2006.

Cohen, William A. *Peter Drucker, Melhores Práticas*. São Paulo: Autêntica Business, 2016.

Cohen, William A. *Marketing, Segundo Peter Drucker*. São Paulo: M.Books, 2013.

Pearce, Craig L.; Marciariello, Joseph A.; Yamawaki, Hideki. *The Drucker Difference*. EUA: McGraw-Hill Education, 2010.

Pearce, Craig L.; Marciariello, Joseph A.; Yamawaki, Hideki. *O Legado Vivo de Peter Drucker*. São Paulo: M.Books, 2010.

Rosenstein Bruce, O Legado de Peter Drucker. São Paulo, Elsevier Editora, 2010.

Edersheim Elisabeth Haas. A Essência de Peter Drucker – Uma visão para o futuro. Rio de Janeiro, Alta Books Editora. 2018.

GRÁFICA PAYM
Tel. [11] 4392-3344
paym@graficapaym.com.br